# 熬通宵也要讀完的大清史

覃仕勇／著

# 目錄

## 第一章　清朝的特色制度

## 第二章 後金的崛起



## 第三章 清朝入關

## 第六章　乾隆大帝

## 第九章　女人當國（下）

# 第一章　清朝的特色制度

## 「蝌蚪」形滿文的由來

明萬曆四十四年（1616年），一代豪雄努爾哈赤在新賓縣二道河子畔的赫圖阿拉城稱汗建國，國號「後金」。

顯然，努爾哈赤這是在向世人宣告，自己這個政權和歷史上曾經平遼滅宋的赫赫大金國是一脈相承的。

在記述滿族歷史的權威史料《滿文老檔》裡，收錄有努爾哈赤寫給朝鮮國王的一封信，信中說：「我大定汗曰：『我金國征趙徽宗、趙欽宗帝時，朝鮮王不助宋亦不助金，乃是公正大國也。』」

毫無疑問，努爾哈赤是在以史上金朝直系後裔自居。

然而，讓人感到奇怪的是，大金帝國建立時，金太祖完顏阿骨打已經命令完顏希尹和葉魯創造了女真文字，完顏希尹和葉魯也奉命「依仿漢人楷書字，因契丹字制度，合本族語，制女真字」而獲得了「女真倉頡」稱號，女真族也從此有了屬於本民族的文字。

可是，努爾哈赤的建州女真在遼東半島上興起時，卻面臨著沒有本國文字的尷尬，以致其在與明朝、蒙古各部的交流和聯繫時，不得不借助於蒙古文字。

為此，努爾哈赤專門責令精通蒙古語言文字的官員額爾德尼和噶蓋仿照蒙古字創制本民族文字。額爾德尼和噶蓋勉為其難，參照蒙古字母，結合滿族語音，創制了滿文。額爾德尼和噶蓋所創制的滿文字母數目及形體與蒙古文字母大致相同，很粗鄙。三十餘年後，即皇太極時期，皇太極讓文臣達海對這種粗鄙文字進行加工改進。達海用在字母旁加圈加點、改變某些字母的形體、增加新字母等方法，規範了詞形，改進了拼寫方法，並表達了原來不能區分的語音。

作為區分，後世把額爾德尼和噶蓋所創滿文稱為無圈點滿文，把達海所改滿文稱為有圈點滿文。

不難看出，完顏阿骨打大金帝國所創制的女真文字主要來源於漢字和契丹字；而努爾哈赤後金所創制的滿文則來源於傳統蒙古文。

漢字和契丹字屬於表意文字（其實，契丹字也來源於漢字），由此，女真文字的筆劃有橫、直、點、撇、捺，很像漢字。

傳統蒙古文可追溯至古代回鶻文，用字母表音，所以，在蒙古文基礎上創制出來的滿文形如蝌蚪。

努爾哈赤雖然自稱是金朝直系後裔，卻沒能秉承金朝國語女真文，這讓人對他的女真人身分很是生疑。

還有，儘管愛新覺羅們都口口聲聲說「愛新覺羅」就是「金子」的意思，但《金史》記載的女真姓氏裡，有姓完顏的，有姓烏古論的，有姓紇石烈的，有姓徒單的，有姓女奚的，有姓兀顏的……就是沒有姓愛新覺羅的。

說起來，女真是生活於中國東北地區的古老民族，三千多年前稱「肅慎」，西元二至四世紀時期稱「挹婁」，西元五世紀時期稱「勿吉」（讀音「莫吉」），西元六至七世紀稱「黑水靺鞨」，西元九世紀起始更名「女真」（遼代為避遼興宗耶律宗真諱，稱「女直」）。「女真」一詞來自古代女真語（jusen或julcen），在音譯漢字時也寫作：「朱里真」、「珠申」、「諸申」等。西元1115年，女真族完顏部首領完顏阿骨打統一女真各部，並且在很短的時間內攻打下了遼國的北方首都上京，建立金國，定都會寧城。隨後，平遼滅宋，入主中原。

於是，生活在白山黑水的女真人傾巢南下，搶占了中原錦繡河山。

1234年，在蒙古人的持續打擊下，金國全盤崩潰，金國上上下下倉皇南逃。由於鐵木真有先祖死於金國木驢之上，宋有靖康之恥，蒙古人和漢人都對女真人有徹骨之恨，蒙宋對女真人殺戮極重。就這樣，在蒙宋的輪番輾壓下，女真或被蒙古各部吞併，或融入漢族，作為一個民族已經不復存在。

這裡面有一個值得注意的現象：金國在亡國之際，只顧一路向南跑路，始終沒有做出過向北返回故鄉的打算。這到底是什麼原因呢？

原來，自從女真全族南下，黑龍江、松花江、圖們江、長白山北部一帶便出現了真空。填補這個真空的，是來自更北的通古斯原始社會部落群。這些原始部落群不斷向東南遷移，融合當地未被女真吞併的靺鞨部落，成了後來的海西女真、野人女真和建州女真。

所以說，東北老家已沒有了金國亡國奴的立足之地，他們只能向南逃命。而海西女真、野人女真和建州女真與金國女真並沒有什麼血緣關係。即完顏阿骨打所操女真語與努爾哈赤所操滿語其實是截然不同的兩種語系，努爾哈赤的滿語沒法沿用完顏阿骨打女真文字，那是理所當然了。有語言學家認為，滿語屬阿爾泰語系滿—通古斯語族滿語支，當然，也有人認為滿語是從滿—通古斯語族分離出來而成為阿爾泰語系中獨立的分支的。努爾哈赤以金朝直系後裔自居，純屬給自己臉上貼金。

隨著後金事業的壯大，1635年皇太極下令廢除女真舊稱，改族名為「滿洲」，下詔說：「我國原有滿洲、哈達、烏喇、輝發等名。向者無知之人，往往稱為諸申。夫諸申之號乃席北超墨爾根之裔，實與我國無涉。我國建號滿洲，統緒綿遠，相傳奕世。自今之後，一切人等，止稱我滿洲原名，不得仍前妄稱。」

1636年，皇太極更是摘掉了「金」字招牌，改國號為大清。

這麼做，一方面是自信可以超越偽祖宗女真人，一方面是淡化漢人對自己的仇恨。

《滿文老檔》裡載有皇太極寫給大凌河守將祖大壽的一封信，信中說「金國汗致書與大將軍。前李喇嘛、方吉納等往來時，我誠心欲和……而明君臣，惟以前宋帝為鑑，竟無一言回報。然大明非宋帝之裔，我又非先金汗之後……。」

這一句「然大明非宋帝之裔，我又非先金汗之後」，已經揭曉了事情的真相：此女真非彼女真，後金非先金之後！

## 關於清朝帝位的傳承

在封建社會裡，皇權至高無上，不容他人稍有染指，即使是父子兄弟，稍起覬覦之心，便伏屍流血，格殺勿論。

數千年來，中國歷朝歷代，為皇權的爭奪，不知上演過多少慘不忍睹的悲劇。單以最後一個中國封建王朝——大清王朝論，雖然在皇位承接上，沒有出現大面積流血事件，但也是暗流湧動，殺機四伏，驚心動魄。

想那清太祖努爾哈赤征戰四方，開疆拓土，威風八面，氣吞山河，可謂一時豪傑。但大業尚未成功，只因為兄弟舒爾哈齊稍有侵犯到自己的威望，便翻臉殺人，奪其兵權，將之處死。

說起來，作為努爾哈赤同父同母的兄弟，舒爾哈齊與努爾哈赤此前一直是手足相護，共曆患難。努爾哈赤十歲喪母時，舒爾哈齊五歲，兩人一同遭受繼母的虐待折磨；一同到深山野林採松子、獵野禽；一同投靠到外祖父王杲門下；一同被俘入明朝遼東總兵李成梁帳中；一同跟隨李成梁征戰沙場；一同憑藉祖父遺留下來的十三副鎧甲起兵。

可以說，在創建後金事業中，舒爾哈齊是努爾哈赤最得力的助手和主要戰將，居功至偉。

然而，就因為在萬曆二十三年（1595年）間，舒爾哈齊向朝鮮來使申忠一說了一句「日後你僉使（官名）若有送禮，則不可高下於我兄弟」，努爾哈赤便殺心頓現。

萬曆二十七年（1599年），建州兵征哈達，舒爾哈齊持重不戰，努爾哈赤立刻「計殺之」、「腰斬之」。

為了維持權力的獨占，努爾哈赤對待手足兄弟是這樣，對待骨肉親子也是這樣。

努爾哈赤先後娶有十六位妻子，共生育十六個兒子和八個女兒。褚英是諸子之首，長於弓馬，武藝高強，諳熟軍事，勇敢善戰。

萬曆二十六年（1598年），十九歲的褚英初次將兵征伐東海女真安楚拉庫路，收取二十多個屯寨的部民而回，被賜號「洪巴圖魯」（漢語意為「勇士」）。

在萬曆三十五年（1607年）的烏碣岩（今朝鮮鍾城境內）之戰中，褚英冒著漫天大雪，一馬當先，殺入敵陣，大敗烏拉兵，打通了建州通向烏蘇里江流域和黑龍江中下游地區的通道。

褚英也因此被賜號阿爾哈圖土門（漢語為「廣略」之意，也就是「大智勇」的意思），次年又被授命執掌國政。

褚英既是努爾哈赤長子，又執掌國政，當時的建州還沒有立嫡以長的傳統，那麼，這背後意味著什麼，褚英懂，很多人也都懂。

然而，在光明前景的照耀下，褚英沒能保持應有的謙虛，終於招來了努爾哈赤的忌憚。

萬曆四十三年（1615年）八月二十二日，努爾哈赤將褚英處死。褚英死時，年僅三十六歲。

補一筆，努爾哈赤處死舒爾哈齊、褚英之事，本在乾隆朝已被乾隆諭旨從各種書籍中圈畫刪掉。但是百密一疏，1962年，人們在臺灣臺中市霧峰北溝「故宮博物院」地庫裡發現了一本《滿文老檔》（即《無圈點老檔》），裡面還保存有相關的文字記載。

努爾哈赤處死舒爾哈齊、褚英時，還沒有建立後金。努爾哈赤建立後金的時間是萬曆四十四年

（1616年），他在赫圖阿拉稱「覆育列國英明汗」，把自己的汗位捂得嚴嚴實實，直到死，也沒指定誰是汗位繼承人。

天命十一年（1626年），努爾哈赤患毒疽不治身亡。

由於努爾哈赤生前沒有明確指定汗位繼承人，這就使得在他死後，屍骨未寒，後金內部便發生了激烈的汗位之爭。

不過，努爾哈赤早早確立了八旗制度和四大貝勒共理朝政的制度。四大貝勒之首的代善是努爾哈赤次子，和褚英為一母所生，曾在褚英死後鋒芒太盛而被努爾哈赤呵斥、打壓，這段黑歷史嚴重影響到汗位之爭；二貝勒阿敏是舒爾哈齊之子，從父死子繼的角度上說，他並不具備繼承努爾哈赤汗位的資格，而且，舒爾哈齊也是有黑歷史的人；三貝勒莽古爾泰是個「張飛」、「李逵」式的粗人。而作為四大貝勒之一的皇太極不但軍事才能傑出，謀略、威望也遠在其他人之上，最終壓倒了其他三大貝勒，順利地繼承了汗位。

饒是這樣，登上汗位的皇太極還是間不容情地囚禁了二貝勒阿敏並剝奪了三貝勒莽古爾泰的爵位。

皇太極的才幹見識不在劉邦、劉秀、朱元璋之下，雄才大略、高瞻遠矚，早有「若得北京，當即徙都，以圖進取」之意。

說起來，皇太極改國號為大清、去汗位而稱帝，就已向天下表明：自己不僅是滿洲的大汗，而且是蒙古人、漢人以及所有人的大汗，是大清國臣民的皇帝。

可是，崇德八年（1643年），雄心勃勃、體壯如牛的皇太極卻突然猝死於盛京後宮，享年五十二歲。

皇太極死得太突然了，生前未立皇儲，臨終前又沒留下遺詔，致使諸貝勒又興起了一場皇位爭奪戰。

皇太極的長子豪格和努爾哈赤生前最鍾愛的第十四子多爾袞互不相讓，差點就要兵戎相見。最後，在諸王大臣的調停下，採取了平衡原則，推舉年方六歲的福臨登位，是為順治帝。

而多爾袞以首輔攝政王的身分獨掌了清初的朝政大權後，胡亂找了個因由，幽禁了曾經的政敵豪格，使豪格冤死獄中。

順治短命，二十三歲就去世了。不過，在去世之前，他曾一度鬧出過要出家參見佛祖的風波。話說，順治最寵愛的董鄂妃病死了，順治痛不欲生，萬念俱灰，就決心「披緇山林，孤身修道」，並在得道高僧溪森的主持下，剃光了頭髮，準備遁入空門。

在這種背景下，順治指定了皇三子玄燁，即後來的康熙為自己的帝位繼承人。

雖說在孝莊皇太后的阻撓下，順治最終沒能離宮出走，但也在短短幾個月之後撒手塵寰，離開了人世。

康熙即位後，充分感受和認識到提前指定帝位繼承人的好處，所以，在自己22歲時就參照漢族的「嫡長制」，冊立剛滿周歲的嫡長子胤礽為皇太子。

康熙以為，這麼一來，自己駕崩之後，在帝位的交接上就不會有太大的波折了。

可是，預立了儲君，當年努爾哈赤和長子褚英那不和諧的一幕又歷史性地重現了。

皇太子胤礽長大成人後，雖然只是皇帝的繼位者，還沒成為皇帝，但意氣自得，很多地方隱然顯示出皇帝的威儀和氣象。

這還了得！

康熙大斥皇太子胤礽「欲分朕威柄，以恣其行事也」，以「專擅威權」等罪名廢斥並拘執了皇太子胤礽，將之幽禁咸安宮。

廢斥皇太子這一年，是康熙四十七年（1708年），康熙帝五十五歲。

皇太子被廢，其他原本對帝位無望的皇子莫不歡呼雀躍，一場激烈的儲位之爭迅速展開。該爭鬥殘酷血腥，殺人於無形。

康熙驚駭萬分，苦不堪言。

為堵塞諸子爭儲之路，沒有辦法，康熙只能重走立嫡長子一途。

康熙四十八年（1709年）三月初九日，康熙宣布復立皇太子胤礽，遣官告祭天地、宗廟、社稷。

對於自己廢而復立的行為，康熙是這樣解釋的：「皇太子前因魘魅，以至本性汩沒耳。因召至於左右，加意調治，今已痊矣。」

然而，時間才過了兩年，康熙便啪啪啪地自己打自己的臉了。

康熙五十年（1711年），康熙懷疑皇太子在暗中策劃逼皇父儘早讓位的陰謀，於是將太子黨成員一網打盡，下諭旨說：「諸大臣皆朕擢用之人，受恩五十年矣，其附皇太子者，意將何為也？」

康熙五十一年（1712年）九月三十日，康熙正式宣布再次廢黜皇太子，他說：「皇太子胤礽自復立以來，狂疾未除，大失人心，祖宗弘業斷不可託付此人。朕已奏聞皇太后，著將胤礽拘執看守。」

這次廢黜皇太子，康熙對左右說自己「毫不介意，談笑處之」，並拒絕再預立皇太子，他還嘴硬得像煮熟了的鴨子，說：「宋仁宗三十年未立太子，我太祖皇帝並未預立皇太子，太宗皇帝亦未預立皇太子。漢唐以來，太子幼沖，尚保無事；若太子年長，其左右群小結黨營私，鮮有能無事者。……今眾皇子學問、見識，不後於人，但年俱長成，已經分封，其所屬人員未有不各庇護其主者，即使立之，能保將來無事乎？」

可是，諸子爭儲，明爭暗鬥，兵刀凶險，終是康熙的一樁心病。

康熙晚年抱病於床，心境蒼涼，寄語諸子說：「日後朕躬考終，必至將朕置乾清宮內，爾等束甲相爭耳！」

康熙話中有話，說的是春秋五霸之一齊桓公的典故。齊桓公死後，諸子相攻，屍體被射滿了箭矢，而且，兩個多月未能入殮，蛆蟲成群。

康熙最後的下場雖然沒像齊桓公那樣慘，但兒子雍正的繼位問題卻迷離撲朔，成了一個誰也說不清的千古之謎。

而也正因為雍正在即位問題上遭遇到了這麼多溝坎、磨難和尷尬，最後腦洞大開，發明了一個獨特的「祕密建儲制」。

平心而論，雍正首創的「祕密建儲制」是一種非常聰明的辦法，既避開了皇儲的風頭與皇帝相抵的可能，又避免了繼位者在繼位問題上的爭鬥，並讓皇子在公平的環境中競爭和成長。

對比一下明朝，明朝實行的就是「嫡長制」，皇子間沒有競爭，諸王「列爵而不臨民、食祿而不治事」，明朝的王爺，很多都是酒囊飯袋，成了社會的寄生蟲；清朝諸王是「內裏政本、外領師干」，都能獨當一面。

不過，清朝皇帝的生育本事卻是一代不如一代，逐代遞減。康熙生子共三十五人，雍正生子十人，乾隆生子十七人，嘉慶生子五人，道光生子九人，咸豐生子兩人（夭折了一個，剩下一個為同治帝），同治、光緒無子女。

所以，從咸豐以後，「祕密建儲制」已經形同虛設了。

像光緒、宣統兩帝，都是由慈禧太后的「懿旨立儲制」一手指定的。

不管是「嫡長制」、「祕密建儲制」還是「懿旨立儲制」，最終都把封建王朝推入了「家天下」的死胡同。

## 清朝皇帝不與後宮女人共同過夜

民間傳說，清世宗雍正皇帝胤禛是被民女呂四娘殺死的。

呂四娘是誰？

雍正五年（1727年），出現有一個「曾靜案」。即湖南人曾靜遣其門徒張熙投書川陝總督岳鍾琪，意欲策勸岳舉兵反清。岳鍾琪忠於大清，將之鎖拿，大興冤獄。

曾靜文人，不堪苦楚，供稱是受了呂留良著作和思想的影響。

呂留良是清初著名思想家，不但已去世多年，他的兒子呂葆中墳頭上的草也很高了。

雍正恨其著作蠱惑人心，下令將呂留良父子掘墓戮屍梟示，親眷族人盡悉發配邊疆，門生等亦遭株連。

民間傳說中，呂留良的孫女呂四娘在案發時恰奉母在外，因免罹禍，後訪名山、拜僧尼為師，練成絕世神功，潛入禁宮，殺了雍正。

蕭一山所著《清代通史》就認為雍正可能是被呂留良的孫女刺殺身亡的。

但要說呂四娘飛簷走壁入大內刺殺皇帝，這也太過離奇，讓人難以置信。

所以，很多野史，如《清朝外史》、《清宮遺聞》、《清代述異》等均不支持此種說法，認為呂四娘是以選妃之名混進皇宮，在雍正召其侍寢時以短劍將雍正斬首的。

老實說，雍正的死亡確實很蹊蹺。

《清實錄》、《東華錄》、《起居註冊》等官方紀錄都記說雍正是暴斃於雍正十三年八月二十三日的。

不過，誠如楊啟樵在《雍正帝及其密摺制度研究》中所述，處斬呂家時，雍正帝網羅密布，將呂家滿門斬盡殺絕，呂四娘絕無漏網之可能。再者說，大內深似海，就算呂四娘學有武林絕學，也難以找得到雍正的寢室，更不可能在殺皇帝後全身而退。而說以選妃之名混進皇宮，那是對清朝妃嬪侍寢制度的無知。

事實上，作為最後一個封建王朝，清朝吸取各種教訓，為皇帝的安全著想，皇帝與皇后之間、與所有妃嬪之間的夫妻之禮都取消了。

鑑於歷史上發生過東晉孝武帝司馬曜被寵愛的張貴人勒死、明朝嘉靖皇帝差點被宮女絞死的危險事件，清朝後宮制定了皇帝不與妃嬪甚至皇后同寢共眠的制度。

說皇帝不與皇后同居，也許不完全符合事實。因為，皇帝與皇后在大婚時是在坤寧宮東暖閣洞房同住三天的。但也只僅僅三天而已。三天一過，必須各自回自己的寢宮居住。對於其他的妃嬪，沒有誰可以和皇帝同睡上一晚的。

可以說，清朝的皇帝是最孤獨的。他們的深宵半夜，從來都是孤家寡人，半床寂寞半床冷。

這樣的皇帝，可謂毫無夫妻之樂。

後宮的女人，只是皇帝用來傳宗接代的工具。

要完成傳宗接代的任務，就要保證皇帝和後宮女人有充分的接觸時間和交歡時間，同時又要確保皇帝的安全，且不能出任何差池，怎麼辦呢？

清朝有一項森嚴而刻板的制度：皇帝需要行幸了，敬事房總管太監就會奉上寫有妃嬪姓名的「綠頭牌」，記下被皇帝「翻牌」的妃嬪，通知該妃嬪香湯沐浴。該妃嬪浴畢，不許穿衣服，只用一張毯子層層包裹住身體，由太監背到皇帝的寢宮。到了寢宮，太監退下，妃嬪才從皇帝腳下掀起被子的一角，赤身匍匐著鑽進去。事畢，仍由皇帝腳下慢慢倒著爬出被子，仍用毯子包裹住身體，由太監背走。有時候，皇帝不捨，想要跟妃嬪多纏綿一會兒，太監不放心，便會在窗外催促：「是時候了！」喊過三遍，不管皇帝答不答應，都會進屋將人背走。

所以說，呂四娘要選妃入宮刺殺雍正的可能性接近於零。

從這兒不難看出，為自身安全起見，清朝皇帝可謂做出了巨大犧牲，與後宮女人殊無男女之樂，只是猶如動物般完成交配任務，事前無前戲，事後無溫存，而且，為了防範不測，妃嬪從腳下鑽上，從腳下鑽下，夫妻之禮蕩然無存。

同治皇帝就是不堪忍受此種生活，偷溜出宮，行樂於各種私窯子之間，終於釀成千古大恨。

## 清朝女子並不都裹腳

關於中國古代女子裹足現象，大作家馮驥才在他的代表作《三寸金蓮》中透過對一個名叫戈香蓮的小姑娘的刻畫而有具體且形象的描述：

「裹腳這天，奶奶換一張臉。臉皮繃得直哆嗦，一眼不瞧香蓮，香蓮叫也不敢叫她，截門往當院一瞧，這陣勢好嚇人呀——大門關嚴，拿大門杠頂住。大黑狗也拴起來。不知哪來一對紅冠子大白公雞，指頭粗的腿給麻經子捆著，歪在地上直撲騰。裹腳拿雞幹嘛？院子當中，擺了一大堆東西，炕桌、凳子、菜刀、剪子、礬罐、糖罐、水壺、棉花、爛布，漿好的裹腳條子卷成卷兒放在桌上。奶奶前襟別著幾根做被的大針，針眼穿著的白棉線墜在胸前。香蓮雖小，也明白眼前一份罪等她受了。」

「奶奶拉過木盆，把她腳涮淨擦乾，放在自己膝蓋上。這就要裹了，香蓮已經不知該嚷該叫該求該鬧，瞅著奶奶抓住她的腳，先右後左，讓開大腳趾，攏著餘下四個腳趾頭，斜向腳掌下邊用勁一掰，骨頭嘎兒一響，驚得香蓮『嗷』一叫，奶奶已抖開裹腳條子，把這四個腳趾頭勒住。香蓮見自己的腳改了樣子，還不覺疼就又哭起來。」

「奶奶手好快。怕香蓮太鬧，快纏快完。那腳布裹住四趾，一繞腳心，就上腳背，掛住後腳跟，馬上在四趾上再裹一道。接著返上腳面，借勁往後加勁一扯，硬把四趾煞得往腳心下頭卷。香蓮只覺這疼那緊這蹾那折，奶奶不叫她把每種滋味都咂摸過來，乾淨麻利快，照樣纏過兩圈。隨後將腳布往前一拉，把露在外邊的大腳趾包嚴，跟手打前往後一層層，將卷在腳心下的四個腳趾頭死死纏緊，好比叫鐵箍子死咬著，一分一毫半分半毫也動彈不了。」

「香蓮連怕帶疼，喊聲大得賽豬嚎。」

「轉天腳更疼。但不下地走，腳趾頭踩不斷，小腳不能成形。奶奶乾脆變成城隍廟裡的惡鬼，滿臉殺氣，操起炕掃帚，打她抽她轟她下地，求饒耍賴撒潑，全不頂用。只好賽瘸雞，在院裡一蹦一跳硬走，摔倒也不容她趴著歇會兒。只覺腳趾頭嘎嘎斷開，骨頭碴子咯吱咯吱來回磨，是扎心疼，後來不覺疼也不覺是自己的了，可還得走。」

馮驥才不愧是一流的作家、功底深厚的語言學大師，這幾段描寫，就讓生活在現代文明社會裡的人可以全面而詳盡地瞭解到裹足是如何的一種酷刑。這種酷刑，讓人不寒而慄，同時也讓人有足夠的理由詛咒發明裹足和倡議裹足的那些變態者。

不過，馮驥才還說：「歷史一段一段。一朝興，一朝亡。亡中興，興中亡。興興亡亡，擾得小百姓不得安生，礙吃礙喝，礙穿礙戴，可就礙不著小腳的事兒。打李後主到宣統爺，女人裹腳興了一千年，中間換了多少朝代，改了多少年號，小腳不一直裹？歷史幹它嘛了？上起太后妃子，下至漁女村姑，文的李清照，武的梁紅玉，誰不裹？猴不裹，我信。」——關於這一段話，卻頗有考量的地方。

也就是說，在長達一千多年的歷史裡，是否真的「上起太后妃子，下至漁女村姑，文的李清照，武的梁紅玉」，誰都脫離不了裹腳的命運？

不是的。

實際上，裹腳一直就不是全民的事，從來不是。

甚至大清入關，在下剃頭令的時候，也曾經嚴令旗人不准裹腳、漢人必須放足。

這算得上是大清入關後做的極為值得稱道的善事。但要注意的是，這並不是大清統治者有什麼高尚的覺悟，從人性出發，愛護百姓。它那是為了鞏固自己的統治，促進社會發展，充分利用一切有生勞動力。

試想想，女子要都裹腳了，連走路都困難，還能從事什麼樣的重體力活？不但不能為社會發展添磚加瓦，反而成了社會發展的一個巨大累贅，太虧了。

從這個角度出發，就不難想像，女子裹腳，一直以來，主要是富貴人家的事。貧苦人家，哪有經濟能力養一個只能消費不能創造社會價值的小腳女人？

要說，小腳女人行走不便，做一些純手工的活還是可以的，但自古以來，中國就是一個農業大國，農業是古代社會的主要生產部門，農業勞動有多少是純手工活？

所以，清人徐珂在《清稗類鈔・農商類》中說：「男女並耕之俗，廣東、廣西、福建最多，江蘇、浙江、江西、安徽亦有之，且有見於湖南者。」也就是說，他所遊歷的八個省，見到的農村大部分婦女都參加田間生產，這些婦女，都是不裹腳的。

徐珂也因此說：「蓋其地之婦女皆天足也，常日徒跣，無異男子。」

康雍間的官僚李紱到雲南赴任，在荊襄至常德的路上，見「婦女皆徒跣，治田疇」，「與男子雜作水田中」。這也在一定程度上印證了徐珂的見聞，湖南、湖北婦女都是下田幹活的。

而嘉慶年間的《松江府志》也記有松江府婦女「耘獲車灌，率與男子共事」的字樣，蘇州人沈德潛更寫有「磨鐮霍霍割上場，婦女打曬田家忙」的詩句，可見南方婦人參加農耕勞動是極其常態的事，且南方婦女大多和男子一樣是大足，沒有包裹過。

無怪乎順治年間的王沄到了福建，感歎說：「泉漳之間，弓步絕跡。」

乾隆時的袁枚也在其所著的《隨園詩話》中說：「江寧城中，每至冬月，江北村婦多渡江為人傭工，皆不纏足。」

光緒年間的《奉賢縣誌》稱，該縣「務農者多，婦女不裹足，不避寒暑風雨」，能肩負致遠。

獨逸窩居士所輯《笑笑錄》也說，廣西「鄉村婦女率大足，肩挑負販，與男子同」。

與南方地區相比，那北方的情形又如何呢？

光緒年間的《玉田縣誌》明確記載有河北玉田縣婦女採棉摘豆、割禾打麥的勞動場景，河北蠡縣人李塨在《恕谷後集》中提到有婦女「農時躬耨」的事。

但相對南方來說，北方婦女下田少，裹腳女人比較多。

錢泳在《履園叢話・裹足》裡說：「足之小者，莫如燕趙齊魯秦晉之間。」

當然，宋元以降，統治階級都把纏足作為考察婦德、婦容的一項指標，認為只有三寸金蓮的女子才可能有教養，才美麗，無論南方、北方，富貴人家都會在裹足問題上大做文章、嚴格要求。

名士方苞寫信給他的兄弟，說「余每見農家婦，耕耘樵蘇，佐男子力作。時雨降，脫履就功，形骸若鳥獸」。方苞認為女子不裹腳，脫鞋下地幹活，那是禽獸一樣的行為。

以前有一句歇後語，叫「老太婆的裹腳布——又臭又長」，說明裹腳布是比較臭的東西。可是，偏偏有人為之癡迷不已。

晚清怪才辜鴻銘就特別喜歡妻子的小腳，常常讓妻子脫掉鞋子給自己嗅，如聞花香。有時寫作沒了靈感，就讓妻子進書房，如癡似醉地嗅裹腳布的味道，用手捏妻子的小腳，自得其樂……。

正是方苞、辜鴻銘之類文人的導引，上層社會人家的女子紛紛裹腳以迎合，終於構成了一個病態的社會階層——小腳婦女群。

不過，值得慶幸的是，這個病態的階層其實也並不是上層社會人家的全部。

誠如清代江蘇人錢泳所說：「兩湖、兩廣、雲貴諸省，雖大家亦有不纏者。」

吳震芳在《嶺南雜記》中也說：「嶺南婦女多不纏足，其大家富室閨閣則纏之，奴婢俱赤足行市中，下等之家女子纏足則詬厲之，以為良賤之別。」

所以，小腳女人，只是中國宋元以後女子中的一部分，並非大部分。

# 清朝嚴禁外國女子在中國生活

話說，在清朝中葉，荷蘭有一個名叫洛連的商人，經常漂洋過海到中國來做跨國生意。中國的茶葉、陶瓷都是大受西方人歡迎的好東西。洛連頭腦活，人又勤快，生意越做越大，做成了一定規模。洛連本人後來擁有了一艘重達六百噸的大型帆船「海馬號」。

白居易在《琵琶行》裡面說：「商人重利輕別離。」

這話也對，也不對。

作為商人，為了生計，為了盈利，當然得風霜江湖，在進出貨物諸環節忙碌。如果一天到晚和老婆兒女廝守，那還不得喝西北風？

洛連在萬里海疆上追波遂浪，不得不長期忍受與妻子孩子分別的痛苦。

可是，自從擁有了體積龐大的「海馬號」，攜妻兒一起來中國就成為了可能。

洛連的妻子名叫詹妮，是個中國迷，對神祕的東方國度充滿了嚮往。

洛連和詹妮有一雙聰明活潑的女兒，受父母的影響，她們也常常吵鬧著要到神話般的中國走一走，看一看。

可是，中國當時的制度，是不允許外籍女子入境的！

為什麼會有這種變態的制度？洛連是知其然而不知其所以然的。

產生這一制度的理由其實很簡單，兩點：

一、有傷風化。

二、防止西方商人在中國定居。

外籍女子怎麼有傷風化呢？

外籍女子衣著暴露，行為不檢點，常常當街和男人牽手、說笑甚至親吻，尤其可恨的是西方習俗處處都體現出「女士優先」的思想，這讓男尊女卑的天朝情何以堪？

在乾隆初年，天朝在廣州、福建、浙江、江蘇四處設口岸對外通商，那些前來經商的外國人攜眷招搖過市，對中國的民情、民俗、民風造成了巨大的衝擊。他們過格的行為舉止，不僅吸引了中國男人的眼球，也讓還裹著小腳的中國女人在思想上不啻於受到了一場暴風雨的沖刷。

那種熱鬧和震撼的場景，英國人亨特在《番鬼在廣州》一書中有記載：「到九點半鐘，我們陪婦女們到外面街上去參觀街道。這時商店都已關門休息了，但是幾個過路的中國人見了她們，忽喊起來：『番鬼婆！』於是每一家的大門立時打開，有燈籠照出來，在不到十分鐘的時間，我們已經完全被包圍，於是不得不趕緊退卻。」

保守的清朝官員因此視西方女人為洪水猛獸。

另外，缺乏經濟學理論的中國政府認為，和外國人做生意，只是有益於外國人，中國並無一利可圖。在和西方人貿易中，西方人不僅可以享用中國的茶葉、陶瓷等好東西，中國國庫裡的大量白銀也白白地流出了國門。要杜絕這一點，最好就是關閉通商口岸。就在這種思想的支配下，四處口岸關閉了三處，只剩下廣州一處。在最後一處口岸還沒能關閉前，最好的方法就是禁絕外國商人帶女眷來中國。家眷不在中國，那麼這些外國商人就在中國待不了很久，最終會儘快離開中國。這樣，中國的白銀保住了，中國固有的封建倫理秩序也保住了。

乾隆十年（1745年），在乾隆的默許下，中國各地都嚴防西方女眷進入本地居住，並形成了地方定例。

洛連這次攜妻女來華，實在是心存僥倖。

乾隆十五年（1750年）十月，「海馬號」從荷蘭阿姆斯特丹港口起錨，繞過好望角，在海上顛簸漂流了十個月，終於來到廣州海域。

在逆珠江上溯時，詹妮帶著兩個女兒站在船舷上，遙望著檣桅林立、彩旗飛揚的珠江兩岸，歡呼雀躍不已。

「海馬號」駛入內河，稽查人員飛報廣州地方政府：「紅毛船一條向廣州駛來，船名『海馬號』，一等船，貨主及家眷共四人，醫師和牧師五人，船工廚子下人一百零五人，火炮三十門，炮彈六百個。」

有家眷！有家眷！而且三個家眷都是女的！

廣州方面的神經馬上繃緊了。

廣州關長李永標、行首（商會會長）嚴濟舟和擔保商人潘振承，趕緊與荷蘭商館祕書約翰磋商阻止方案。同時調動吏胥、關丁、綠勇近百人在黃埔港嚴陣以待。

1751年7月8日，「海馬號」抵達虎門與黃埔之間的獅子洋。

詹妮和兩個女兒高興得忘乎所以，她們不斷地向碼頭方向揮舞著中國絲綢圍巾。

但是，當船靠近碼頭時，荷蘭商館祕書約翰已早早站在岸上，用荷蘭語大聲喊：「洛連，先不要靠岸，情況有變化，請先聽我和你解釋！」

洛連的心咯噔了一下，他已經預料到自己一直擔心的事要發生了。

約翰和他的擔保商人潘振承劃了一條小船過來，重申了女眷不許上岸的規定。

洛連的眼眶一下子就紅了，淚水湧了出來，說：「我的妻子、女兒在風浪中漂泊十個月，終於來到了她們嚮往已久的中國，卻不許她們上岸，太令人失望了！」

潘振承苦笑著說，這是規定，誰也無法改變。

洛連急得不行，大叫道：「天啊，這樣我太對不起妻子女兒了。」

他還跪在甲板上，擦著不斷流下的眼淚，說：「潘，請您給廣州官員求情，讓我的妻子、女兒上岸進廣州吧。」

詹妮和兩個女兒弄清楚了情況，也跟著哭了起來，和洛連一字兒跪在甲板上。

這種情形，即使是鐵石心腸的人看見了也會落淚。

潘振承撩起衣襟下擺擦去了腮幫的眼淚，將他們扶起，答應回去給政府匯報。走之前，潘振承要他們做好最壞的心理準備。

當天晚上，下起大雨，電閃雷鳴。

洛連等不及請示結果，帶著驚恐不安的妻子、女兒冒雨登岸。

他透過私人關係，將被淋成了落湯雞的妻女安置在外商聚居的十三行（今文化路至海珠南路一帶）中的瑞豐行。

第二天，洛連帶妻女來到廣州的消息不脛而走，在廣州和其他國家的商人中引起轟動。

最終，在關長李永標、行首嚴濟舟、保商潘振承等人極力斡旋下，廣州當局低調處理了這起糾紛。

廣州當局說：「夷人攜帶番婦同行，例當驅逐，但為表示聖朝懷柔之至意，敕令荷蘭人將家眷帶到澳門居住。」

洛連之事，就此平復。

處理結果呈報到北京，清政府因此將夷人家眷安置到澳門之舉定為成例。

乾隆批示說：「嗣後有夷船到澳，先令委員查明有無婦女在船，有則立將婦女先行就澳寓居，方准船隻入口，若藏匿不遵，即報明押令該夷船另往他處貿易，不許進口；尚委員徇隱不報，任其攜帶婦來省，行商故違接待，取悅夷人，除將委員嚴參，行商重處外，定將夷人船貨一併驅回本國，以為違禁令者戒。」

本來，清朝杜絕西方女性來華的禁令只是停留在「定例」和口頭上，經過洛連一事，限制西方女性來華的條規就此陸續推出，成了正式法律條文。

1759年，《防範外事規條》推出，其主要內容有：

一、永行禁止外國商人在廣州過冬，如需在中國逗留過冬，也只能在澳門居住；

二、外國商人到廣州後，須住於行商指定的商館，並由行商管束稽查；

三、禁止中國人向外國人告貸，禁止外國商人雇中國女傭；

四、嚴禁外國商人雇人，以及與中國人傳遞資訊；

五、對外國商船到廣州停泊時，酌撥營員彈壓稽查。

1776年，頒行了《防夷四查》；1809年，頒行了《民夷交易章程》；1814年，又頒行了《整飭夷商貿易九事》。

在廣州商館生活了二十多年的美國人亨特在《舊中國雜記》中哀歎道：「從此，我們這些可憐的廣州外國人，都成了身不由己的修道士，就連女人的聲音都是一種奢侈品，廣州的官員是不允許他們的外國同性們享有的。」

## 乾隆修書是文化盛舉還是文化浩劫

《四庫全書》是中國現存最大的一部官修叢書，是乾隆皇帝詔諭編修的中國乃至世界最大的文化工程。

由於編纂人員都是當時的著名學者，其中紀昀、陸錫熊、孫士毅為總纂官，陸費墀為總校官，下設纂修官、分校官及監造官等四百餘人，名士學者如戴震、邵晉涵、姚鼐、朱筠等亦參與進來。可謂鴻才碩學薈萃一堂，藝林翰海，盛況空前，歷時十載，編纂初成。

此書的編修在客觀上整理、保存了一大批重要典籍，開創了中國書目學，確立了漢學在社會文化中的主導地位，具有十分寶貴的文獻價值、史料價值、文物價值與版本價值，可以稱為中華傳統文化最豐富最完備的集成之作，是世界文明歷史上最博大、最宏偉的寶藏之一。

「四庫」之名，源於隋唐以後的皇家圖書館及祕書省、翰林院等重要典藏圖書之所，都是按照經、史、子、集分四庫貯藏圖書的。乾隆開「四庫全書館」，使成編時，名為《四庫全書》。

「四庫全書館」設立不久，總裁們考慮到這部書囊括古今，數量必將繁多，便提出分色裝潢經、史、子、集書衣的建議。

書成後它們各依春、夏、秋、冬四季，分四色裝潢，即經部綠色，史部紅色，子部月白色，集部灰黑色，以便檢閱。

中國文、史、哲、理、工、醫，幾乎所有的學科都能夠從《四庫全書》中找到自己的源頭和血脈，幾乎所有關於中國的新興學科都能從這裡找到它生存發展的泥土和營養。

乾隆皇帝「御批監製」，從全國徵集三千八百多名文人學士，集中在京城，用工整的正楷抄書七部，連同底本，共八部，建閣深藏。

雖然由數千人抄寫，但字體風格端莊規範，筆筆不苟，如出一人。所以，無論從內容上還是從形式上看，都具有十分難得的研究、收藏和欣賞價值。

謄繕成的七部《四庫全書》，分藏於紫禁城內的文淵閣、盛京（今瀋陽）宮內的文溯閣、北京圓明園的文源閣、河北承德避暑山莊的文津閣，此為北四閣，又稱為內廷四閣，僅供皇室閱覽。

另三部藏於揚州的文匯閣、鎮江的文宗閣、杭州的文瀾閣，即浙江三閣，又稱南三閣，南三閣允許文人入閣閱覽。

這七部《四庫全書》抄本及其底本，命運舛變，現僅存三部半。

其中藏於北京圓明園文源閣本，於1860年被英法聯軍焚毀；藏於鎮江金山寺文宗閣本、藏於揚州大觀堂文匯閣本，均毀於1853年第一次鴉片戰爭的戰火中；藏於杭州聖因寺文瀾閣本則於1861年戰火中多有散失只剩下半部；最珍貴的底本，藏北京東長安街清代翰林院，亦毀於1900年的八國聯軍侵華戰火中。

由於損毀大半，更使這套世界出版史上的巨制，成為舉世罕見的無價之寶。

然而，《四庫全書》名曰「全書」，其實並不「全」。

乾隆傾舉國財力來編纂這部龐大的《四庫全書》，按他的說法是為了整理文化古籍，實際上，其初衷根本就是「寓禁於徵」，即把全國的書徵來嚴加鑑別，將有違礙內容的禁毀。

一句話，乾隆編纂《四庫全書》的目的不在文化而在政治。

哪些屬於有違礙的內容呢？

大致有如下這幾類：

一、凡不利於清朝形象和統治的，均視為「有悖謬之言」，禁毀。與遼、金、元等朝有關文字也列入禁毀之中，能篡改就篡改、不能篡改就直接銷毀。

二、凡含有反禮教、反傳統或宣傳異端傾向者，均為「離經叛道」之作，禁毀。

三、凡含反抗民族壓迫、反對封建專制的思想者，禁毀。而對於不能不收錄的名家名作就大肆篡改。

因為毀書手段堅決徹底，像《揚州十日記》、《嘉定屠城記略》等書就在中華本土銷聲匿跡長達二百多年，到清朝滅亡了，人們才從日本找到這些書。

另外，岳飛《滿江紅》名句「壯志飢餐胡虜肉，笑談渴飲匈奴血」中的「胡虜」、「匈奴」在清代屬於敏感字眼，但岳飛名氣太大，難以禁毀，遂將之篡改為「壯志飢餐飛食肉，笑談欲灑盈腔血」，算是和諧了事。

據統計，清朝銷毀對其不利的書籍共有一萬三千六百餘卷，焚書總數十五萬餘冊。版片總數一百七十餘種、八萬餘塊。其還對明代的檔案進行系統銷毀，保守估計，被銷毀數量不會少於一千萬份，而殘留部分，也都進行了掩耳盜鈴式的篡改。

總之，清朝共禁毀書籍「種數幾與四庫現收書相埒」。

難怪吳晗說：「清人纂修《四庫全書》而古書亡矣！」

魯迅先生在《病後雜談之餘》一文中就沉痛萬分地說：「現在不說別的，單看雍正、乾隆兩朝的對於中國人著作的手段，就足夠令人驚心動魄。全毀、抽毀、剜去之類也且不說，最陰險的是刪改了古書的內容。乾隆朝的纂修《四庫全書》，是許多人頌為一代之盛業的，但他們卻不但搗亂了古書的格式，還修改了古人的文章；不但藏之內廷，還頒之文風較盛之處，使天下士子閱讀，永不會覺得我們中國的作者裡面，也曾經有過很有些骨氣的人。」

## 令人感慨無限的清朝奏疏和朱批

話說，故宮內有一個「內閣大庫」，即明清的中央書籍檔案庫，所藏物品中書籍占了十分之三，檔案則占十分之七。這批檔案中，僅有幾千件是明代的，其餘都是清代歷朝政府所奉行的朱諭，臣工繳進的敕諭、批摺、黃本、題本、奏本，外藩屬國的表章，曆科殿的答卷，等等，史料價值極高。

清朝末年，清政權已日薄西山，無力管理，庫房年久失修，曾經發生了兩次庫牆坍塌事件。

1909年，為了整修大庫，大部分檔案被搬出了庫外，有一二十萬斤之多，堆積如山，無處安放。

怎麼辦？

有人覺得，這些陳年材料都已經過時，屬於廢紙一堆，不如一把火燒了乾淨。

這個提議，得到了許多人的同意。

眼看這些珍貴的檔案就要付之一炬了。

幸好，時充體仁閣大學士兼管學部的張之洞正籌備成立京師圖書館，派學部參事羅振玉去大庫撿取書籍。

張之洞和曾國藩、左宗棠、李鴻章並稱為「晚清四大名臣」；而羅振玉也是一個很了不起的人，被冠以「國學大師」之稱，如果細化一點來說，還可以在他的頭頂上加上若干「家」的稱號，比如說考古學家、金石學家、敦煌學家、目錄學家、校勘學家、古文字學家，甚至中國近代農學家、教育家等。

羅振玉到了大庫，在這些待焚的檔案中簡單地搜檢了一會兒，猛吃一驚，天吶，這些可都是後世研究明清兩代史學的寶貝啊！

他趕緊返回，向張之洞建議由學部管理這些檔案。

1911年辛亥革命後，北洋政府國務院接受了清軍機處檔案全宗，儲藏於集靈囿。

1916年北京政府教育部成立歷史博物館，這批檔案移至午門、端門存放。

檔案雖倖免於火被保存下來，但卻長達數年無人問津。

1921年，北洋政府財政窘迫，各政府部門均要自籌資金維持。

教育部認為這些就是廢紙，於1921年分裝八千麻袋（一說為九千麻袋），共十五萬斤，以大洋四千元賣給北京西單同懋增紙店。

大內檔案殘留的只有六十二箱一千五百零六袋。

當時的羅振玉以清朝「亡國奴」的身分自居，準備攜眷逃亡日本京都，聽說十五萬斤的史學資料被當作廢紙論斤稱兩地賣給了同懋增紙店，不由得心如刀絞，火急火燎地往紙店趕。

畢竟那些資料的重量和數量龐大，羅振玉趕到紙店時，已經賣出了約一千麻袋。

這個時候，羅振玉所能做的，就是將剩下的七千麻袋檔案以一萬三千塊大洋收購回來，雇用了十多人進行整理。

可是，羅振玉自己都準備逃亡日本了，又怎麼存放這如山如海的東西呢？百般無奈之下，他只得將大部分以一萬六千塊大洋轉賣給清朝遺臣李盛鐸，其中的四十箱則賣給日本人松崎，另外將自己精心挑選出來，認為最珍貴的六萬四千八百七十二件檔案存好，後來獻給了偽滿洲皇帝溥儀。

再說回大內檔案殘留的那一千五百零六袋資料，這些資料的下場也很慘。1924年第二次直奉戰爭，直系馮玉祥於該年十月發動北京政變，推翻曹錕政府，將末代皇帝溥儀逐出了故宮。

溥儀一走，其留下的故宮財產便處於無主狀態。金銀細軟之類，馮玉祥自然會安排人手進行接管，但那些史學資料就只能書魂四散飄零，自行湮滅於塵世了。

這真是一個令人無限感慨的話題。

然而，把時間往回挪一挪，挪回到所謂的「康乾盛世」，這些資料都是至高無上、不容窺看、不許更改一字的皇家物品，誰稍有觸犯，必是死路一條。

曾經，有一個名叫黃檢的朝廷大員就為此倒盡了血楣。

黃檢是漢軍鑲紅旗人，曾任山西按察使、布政使等職，乾隆四十年（1775年）更擢升為福建巡撫。

黃檢為封疆大吏，權重一時，讓人豔羨不已。然而，若跟他的祖父黃廷桂比較起來，黃檢還差很遠。

黃廷桂是雍正、乾隆兩朝名臣，得皇帝恩寵，歷任四川、兩江、陝甘總督，晚年進京為內閣大學士，去世後入祀賢良祠，圖形紫光閣，世襲伯爵。

黃廷桂咽氣前，將自己寫的並錄有雍正和乾隆朱批的奏摺底稿交給了孫子黃檢。

這個黃檢，在任山西按察使時，為了標榜爺爺的功德，炫耀一下爺爺當年的榮寵，竟然把這些錄有雍正和乾隆朱批的奏摺底稿私自刊刻，印刷了二十部，當作禮物送給了巡撫巴延三等官員。

這下觸犯「天條」了。

乾隆四十四年（1779年），神經過敏的乾隆帝借修《四庫全書》為名，寓禁於徵，大肆搜檢天下書籍，凡有隻言片語對大清不利的書籍，一律焚毀或篡改。不知怎麼，黃檢這限量版的《黃廷桂奏疏》竟然出現在了乾隆的龍案之上。

在乾隆看來，奏摺上面所論皆為國家大事，本來就不該洩漏到民間，這該死的黃檢不但將奏摺刊行了，更將原奏摺上皇帝的朱批印上，更是罪該萬死！

不過，乾隆生氣歸生氣，卻不好發作。

因為他的父親雍正帝曾大大方方地把數千份臣子上給自己、而他自己又作了朱批的奏疏刊刻頒行天下。

按照清朝制度，官員給皇帝上了奏摺，提出問題或匯報工作，皇帝都會用紅墨汁直接在奏摺上做批示，是為朱批，發還給臣工執行。而臣工照批行事後，又要恭恭敬敬地把該奏摺奏還。

雍正是個很熱愛皇帝這個職業的實幹家，工作勤奮，加班加點，任勞任怨。他在大臣奏摺上的朱批也很見功夫，洋洋灑灑，動輒數百言、上千言的批條比比皆是。

就因為這樣，某日，雍正心血來潮，覺得有必要讓天下子民知道自己在治國理政上的英明遠見和勤勉艱辛，便親自在內外諸臣交回的數萬份朱批奏摺中精心挑選出了十之一二，吩咐刊刻頒行。

雍正這麼做，其心態跟現在網友在「朋友圈」上面曬自拍照、工作照之類是一樣的。

雍正還親自提筆寫了一篇序，聲稱上面的朱批「一字一句皆出朕之心思，無一件假手於人」，之所以刊刻發行，那是要「教人為善，戒人為非」，並讓天下臣民「咸知朕圖治之念，誨人之誠。或人人觀此而感動奮發，各自砥礪，共為忠良」。

雍正當年的做法爽是爽了，但卻把現在的乾隆帝給憋苦了——誰都知道那種有氣沒處出的難受是很讓人抓狂的。

乾隆的眼睛瞪得像銅鈴，氣咻咻地前後翻看《黃廷桂奏疏》，終於，他發現了一個火山爆發口——這個《黃廷桂奏疏》上面所錄的雍正的朱批和雍正欽定頒行的朱批有多處不符，文字有出入！

哈哈哈哈，黃檢，看朕不撚死你！

乾隆連下數道長諭，嚴斥黃檢之「乖謬」行徑，罵黃檢為博取虛名，私改先帝朱批，罪大惡極，令革去其巡撫之職，交部嚴加議處。

可憐的黃檢閒來沒事靜坐家中，哪料大禍突然從天而降，一班如狼似虎的差役將他鎖拿進京，福建巡撫大印被移交閩浙總督。

其實，就算給黃檢一百個膽他也不敢私自篡改雍正的朱批內容。那麼，問題來了：為什麼《黃廷桂奏疏》上面所錄的雍正的朱批和雍正欽定頒行的朱批會有多處不符？

答案很簡單，不是黃檢篡改了朱批內容，而是雍正親自對朱批內容進行了修改！

想那雍正要將自己的理政風韻昭告天下，不但對將要刊行的奏摺進行了精挑細選，選出來後，也要對朱批內容做周密嚴整的修改，好以一副「明君聖帝」的面目示人。

也就是說，黃檢刊行的是原稿，雍正頒行的是修改稿，文字上當然有出入了。

但乾隆不管，被怒火燒昏了頭的他根本不會考慮這些，把一切罪愆全歸咎於黃檢。

黃檢被拿，朝廷內外頓時掀起了一場軒然大波。

山西巡撫巴延三不是接受過黃檢相贈的一本《黃廷桂奏疏》嗎？這下麻煩了。乾隆罵他不但不制止黃檢私刻奏疏的非法活動，還接受了這本反動書籍，實在是溺職！

巴延三嚇得魂飛魄散，不但自投部議處，還賣力追繳散布於山西官員手中的《黃廷桂奏疏》，爭取朝廷的寬大處理。

黃檢的哥哥黃模任湖南某鎮總兵，曾讚賞弟弟刻印祖父奏疏之舉，也組織人員抄寫了二十四本，雖未散布流入民間，黃檢案發，他也坐立不安，趕緊自首，請交部議處。

已經退休在家的原大理寺卿尹嘉銓也接受過黃檢的贈書，也是聞之色變，趕緊將燙手的山芋

《黃廷桂奏疏》上交，請交部議處。

那個接受了黃檢上交福建巡撫大印的閩浙總督楊景素也是驚懼不安，他雖然沒得黃檢贈書，但他的祖父曾經刊刻過他的曾祖父原昭武將軍楊捷的《平閩記》一書，而書中就摘錄有康熙十七年（1678年）的一道上諭，這一行為，顯然和《黃廷桂奏疏》是相同的。為了減輕自己的罪愆，楊景素前思後想，最後還是自動自覺地將《平閩記》恭呈御覽。

……

《黃廷桂奏疏》其實並不存在什麼違礙文字，但因為乾隆脾氣乖舛、喜怒無常，竟然造成朝野風聲鶴唳、肅殺滿天的局面，讓人詫異。

而更讓人慨歎的是，誰又會想得到，一百五十年後，那些被乾隆視為珍寶一樣不許別人窺讀一字的奏疏竟然會被視為垃圾一樣丟棄屋外，一任風吹雨淋？

## 愛新覺羅氏是不是宋徽宗後裔

古代女真人並不怎麼重視自己的姓氏，通常，就以部族名為姓。比如說，平遼滅宋、建立大金帝國的完顏部就以完顏為姓，金太祖的名字就叫完顏阿骨打。明朝末年在關東與建州女真爭雄的海西女真葉赫部部族也大都姓葉赫。

但建州女真的愛新覺羅姓氏，既不見諸《金史》，也不見諸《八旗滿洲氏族通譜》。《八旗滿洲氏族通譜》敘列滿洲氏族，有金地名舊姓，有新興大族，或以地為氏，或以部為氏，或以名為氏，偏偏沒記載有愛新覺羅氏，倍令後人驚奇。

滿族姓氏中無愛新覺羅氏，這就等於說愛新覺羅不是滿族一樣，清朝皇帝斷然不能接受。《清朝通志》稱：「我國家肇興東土，受姓自天。」意思是說，愛新覺羅之姓為上天所授。瞧，這話說的，真是何從說起呢？

原來，《清太祖高皇帝實錄》記，天女佛庫倫在長白山附近的湖裡洗澡，誤吞了神鴉所銜果子，有了身孕不能升天，只能留在地上。不久便生下一男孩，體貌奇偉，落地會說話。佛庫倫對他說：「汝以愛新覺羅為姓，名布庫里雍順。」這個孩子就是清王朝奠基人努爾哈赤的始祖。

蔣良騏的《東華錄》也記，三個天女在布勒瑚里池洗澡，有鵲銜朱果飛來，把朱果放到了三女兒佛庫倫的衣服上。佛庫倫嘴饞，吞食朱果，懷孕生下一男。男孩長大，佛庫倫正告他：「天生你用來平定亂國，你以愛新覺羅為姓，布庫里雍順為名。」

不過，神話終歸是神話。

現實無論如何還是要有一個靠譜的說法。

明清鼎革之際，明東林三君之一的鄒元標曾說：「奴酋（努爾哈赤），阿骨達（金太祖）之苗裔也。」認為清太祖努爾哈赤是金太祖阿骨打的後裔，明朝因此派人掘斷房山金代陵墓地脈，以斷「王氣」。

清高宗乾隆皇帝也說：「金源就是滿洲。」、「我朝得姓曰愛新覺羅氏，國語謂金曰愛新，可為金源同脈之證。蓋我朝在大金時未嘗非完顏氏之服屬，猶之完顏氏在今日背我朝之臣僕。」但是，大金國完顏氏姓氏支派繁衍，歷久不衰，愛新覺羅氏如果真是其後裔，何必棄興盛之完顏氏而另立小姓呢？不通，說不通。

清太祖努爾哈赤次子代善的七世孫、第九世禮王昭槤在《嘯亭續錄》中另辟新說，稱：兩漢以下，只有宋氏最為悠久，雖屢遭變遷，其業猶存。即使亡國後，其後裔也沒有遭到酷毒。野史說元順帝是天水苗裔，事雖曖昧不清，但必有來頭。今日滿洲正黃旗人兩江總督董鄂氏鐵保編《八旗通志》，考自己的宗譜，乃知其先人為宋英宗越王的後裔。後為金人所遷，處居董鄂，以地為氏。數百年之後，尚有巍然興者，何盛德之至也。

按照趙翼在《廿二史箚記》中《周、隋、唐皆出武川》的結論，愛新覺羅為趙宋後裔實在不足為奇。

著名滿學專家金啟孮先生就非常認同昭槤的說法。

金啟孮先生說，如昭槤所記，董鄂部是滿洲近鄰，其主城董鄂城與清代都城赫圖阿拉很近，如金人遷趙宋後裔於董鄂，必然波及後來的滿洲部之地。而且，宋徽宗、欽宗被俘的地方即五國城，這是清代滿洲部興起之三姓地區，宋徽宗完全有可能是愛新覺羅氏的遠祖。

金啟孮還從滿語的讀音上分析：滿洲人初讀漢字，往往不能發正確之音，如稱「道路」之「道」，讀成「多羅」（切音）；稱桃李的「桃」，讀成「托羅」。若以此規律推之，則「趙姓」的「趙」，其實可發音為「覺羅」。「覺羅」就是滿洲人讀「趙」字之訛音。

金啟孮先生的結論是：「覺羅氏與趙宋之關係，由滿人傳說，漢人聞見，語言印證，調查考實，實有蛛絲馬跡可尋，非同泛泛傳說，更非出於民族偏見之誣衊。」

由宋人確庵、耐庵編纂的《靖康稗史箋證》是記載宋徽宗被俘前後生子情況的第一手資料，該書記，宋徽宗被俘時，有封號的妃嬪和女官有一百四十三人，無名號的宮女多達五百零四人。這些妃嬪，分幾個批次被押運到了金國，除去中途死亡和被金人霸占的之外，仍有相當一部分留在了宋徽宗的身邊。在和這些妃嬪宮女生活期間，宋徽宗「又生六子八女」，「別有子女五人，具六年春生，非昏德胤」。即宋徽宗被俘後，和這些女人們共生了十九個孩子，其中「六子八女」是宋徽宗的骨血，而「別有子女五人（大都被殤）」則是金人的種。

所以，《黑龍江志稿‧氏族》也斷言：「覺羅者，傳為宋徽、欽之後。」

由此看來，愛新覺羅氏的遠祖無論是金太祖還是宋徽宗，都屬於龍枝鳳脈，血統高貴。

## 大清龍旗懸掛英格蘭之謎

學習過近代史的人都知道，辛亥革命推翻了腐敗無能的清政府，結束了中國兩千多年的封建君主專制制度，打擊了帝國主義侵略者，推動了歷史的前進。

可是，大清王朝滅亡二十多年後，有英國人在遙遠的蘇格蘭的一個小島上，升起了大清國龍旗。

這是怎麼回事兒？

原來，這個英國人是清朝最後一位皇帝溥儀的英文老師，英文名為Reginald Fleming Johnston，中文名叫莊士敦。

莊士敦於１８７４出生於蘇格蘭愛丁堡，先畢業於愛丁堡大學，後進入牛津大學攻讀東方古典文學和歷史，迷戀上中國的文化。

莊士敦於1904年來到中國，瞻仰名山古剎，拜訪高僧宿儒，瞭解中國的民情和文化，廣獵經史子集、詩詞歌賦，為高深廣博的中國儒家文化和佛教哲學所征服，放棄自己的天主教信仰，以「林紹陽」的筆名在倫敦出版《一個中國人關於基督教傳教活動向基督教世界的呼籲》一書，指責基督教會的傳教士試圖以宗教改變中國的做法，被英國宗教界視為「一個願意生活在野地裡的怪人」、「英國的叛徒」。

莊士敦崇尚儒家思想，不僅為自己起了漢名莊士敦，還按照中國傳統為自己起字「志道」，源於《論語》的「士志於道」。

1917年6月，軍閥張勳搞了一場復辟鬧劇，把早已退位的清朝小皇帝溥儀重新擁上帝位。但沒幾天，鬧劇演出結束，張勳就逃往荷蘭大使館避難去了。遭到「戲耍」的清朝遺老遺少無比尷尬，雖說暫時沒有受到大的懲戒，但為了日後多一條出路，在李鴻章第四子李經邁、溥儀的叔叔載濤等人的張羅下，小朝廷聘請到學貫中西的莊士敦擔任溥儀的帝師，教授溥儀學英文和自然科學知識。

這年溥儀十四歲，莊士敦四十五歲。

溥儀的帝師主要有陸潤庠、陳寶琛、徐坊、梁鼎芬。其中對溥儀影響最大的是陳寶琛。

陳寶琛是福建有名的才子，同治年中進士，二十歲點翰林，曾因直諫言事得罪了慈禧而辭官歸隱，慈禧薨後，於辛亥革命前被重新起用，不久即任帝師。原先，溥儀每逢大事都要徵詢陳寶琛的意見，按陳寶琛的說法辦理。然而，自從莊士敦來了，情況就發生了變化，莊士敦的影響力非常大。

溥儀在自傳《我的前半生》中回憶說：「陳寶琛是我唯一的靈魂。不過，自從來了莊士敦，我又多了一個靈魂。」、「莊士敦是我的靈魂的重要部分。」

莊士敦對溥儀竭誠盡忠，傾其所知相授，他給溥儀講解西方的歷史、生活和風俗，並為他起了個英文名「亨利」。

自幼封閉宮中的溥儀在莊士敦的引導下，戴上了眼鏡，剪掉了辮子，在宮裡裝上電話，騎起自行車，會見了一些外國使節，還和胡適通電話，改革宮內的財務制度。

莊士敦專門向溥儀介紹西方的君主立憲思想，提議溥儀到歐洲留學。他介紹溥儀結識了英國大使和英國駐中國艦隊司令，希望溥儀能到英國並在英國的輔佐下建立流亡政府，回中國復辟帝制。

莊士敦由衷期盼溥儀復辟後能成為優秀的國家元首，並擁有英國紳士般的非凡氣度。

不過，英國與中國相距萬里，莊士敦的這種想法，註定只能是空想。

1924年，溥儀被趕出了皇宮，在莊士敦的幫助下，逃到使館區，進入一家德國醫院，準備去英國大使館。

但因一時聯繫不上英國大使，莊士敦只好親自趕往英國使館。

莊士敦剛剛離開，親日派的鄭孝胥後腳就來了。

在鄭孝胥的連哄帶騙下，溥儀住進了日本大使館，從此落入日本人的魔掌，再也沒能逃脫日本帝國主義的控制。

莊士敦和溥儀的再次見面，已是十年之後的1934年。

1934年9月，莊士敦又一次來到中國。彼時溥儀暫住天津，莊士敦前往天津把他寫的《紫禁城的黃昏》送給溥儀，請溥儀為其作序。

莊士敦離開不久，溥儀就以祭祖名義逃跑，在日本人的扶植下，成立了他的漢奸政權「大滿洲國」。

1935年，莊士敦到長春覲見溥儀。溥儀設下家宴招待莊士敦，希望他能留下輔佐自己。莊士敦婉然拒絕。

事實上，從1931年到1935年，莊士敦的主要工作是在倫敦大學教授漢學。從長春返回英國，莊士敦繼續從事他所熱衷的事業——向世界傳播中華文化。

莊士敦熱愛中華文化、熱愛關於中華文化的各類書籍。他的家裡有數千卷中華典籍。莊士敦在家的多數時間就坐在一張大桌子旁讀書。莊士敦曾說：「我現在有了這些書籍，它們就是我的妻子，能和我作無聲的談話，我也不必伺候它。」

莊士敦終身未娶，1936年，他用自己的稿費在蘇格蘭買了一個小島（愛倫島）定居，給島上的居室分別起了松竹廳、皇帝廳等名字，並升起了大清國的龍旗。

1938年3月6日，莊士敦去世，享年六十三歲。

## 努爾哈赤的祖父和父親無故冤死

努爾哈赤的祖父和父親並非無故冤死，而是有不可告人的原因的。但這原因，只有他們倆知道，而隨著他們倆升天，此事已經成為一個歷史難解之謎了。

為什麼會這麼說呢？

我簡單說一下來龍去脈，大家讀完，估計就會說一句：哦，原來他們的「無故冤死」根本就是自找的嘛。

話說，明永樂年間，明成祖朱棣在綏芬河流域設置地方軍事行政機構建州衛，後來析出建州左衛和建州右衛，統稱建州三衛。其中任建州左衛都指揮使的人叫猛哥帖木兒，是努爾哈赤的先祖。

這個猛哥帖木兒遭受兀狄哈人和朝鮮人的攻擊，流離失所，處境很慘，明朝於是給他提供了保護，提供了居所，並安排了工作……好吧，我承認，明朝這麼做主要也是為了自己，即不願意任何部落在東北地區坐大，以致威脅到自己，於是制訂了「離其黨而分之，護其群而存之」的「漁人策略」，即讓東北各部落「各自雄長，不相歸一」，自己穩「收漁人之功」。

努爾哈赤的先祖們也不傻，他們有時候對明朝表現得無比忠順，有時候又會弄點背後捅刀子的小花樣。

總之，彼此之間的關係是互相利用，卻又心照不宣。

到了明萬曆年間，努爾哈赤的祖父、父親也和他們的先祖一樣，貪婪、狡詐，表面溫順乖巧，卻心懷異志，氣候稍有變化，就要興風作浪。

不過，他們也只是池裡的小泥鰍，掀不起什麼大浪。

倒是努爾哈赤的外公、女真部的頭人王杲實力強橫一點，最先跳出頭，在女真各部朝貢明廷的必經之路攔路殺人，劫皇綱，寫信威脅明廷，強行索取了建州右衛都指揮使之職，這還不夠，還自稱都督，要控制建州三衛，甚至兵犯遼陽，劫孤山，略撫順、湯站，向大明發起挑釁。

萬曆皇帝於是命令遼東名將李成梁發兵進剿。

李成梁馬到成功，一下子就磔殺了王杲。

王杲的兒子阿台繼承了父親的造反事業，繼續向明朝叫板。

不服就打，打到你服！

李成梁再次發兵進剿。

大軍勢如破竹，很快就打到阿台的老巢古勒寨。

努爾哈赤的祖父覺昌安、父親塔克世原本是跟著王杲一塊鬧騰的，看見王杲玩不轉了，就立馬投到李成梁軍中效力，這會兒正充當前軍嚮導，即平日人們常說的「帶路黨」。

按照常理，戰鬥到這兒，端掉阿台的老巢古勒寨已經是分分鐘的事兒了。

努爾哈赤的祖父覺昌安、父親塔克世突然心有所動，跑去跟李成梁說，用不著再打了，由他們父子倆進入勸阿台繳械投降，一定成功。

李成梁有好生之德，一念之間，同意了他們的申請。

這樣，努爾哈赤的祖父覺昌安、父親塔克世一溜煙跑入古勒寨去了，且一去不復返。

你想想，李成梁帶了數萬大軍，卻圍著一個唾手可得的原始小寨不打，這事兒就夠滑稽了。

最主要的是，這數萬大軍又不是來旅遊度假的，以一人一天消耗一斤米算，多停留一天，就要多消耗好幾萬斤米，這還不算馬匹的草料供應呢。

努爾哈赤的祖父覺昌安、父親塔克世入古勒寨，猶如泥牛沉海，杳無音信。一天、兩天、三天……誰還受得了？

李成梁甚至有理由懷疑他們父子倆入寨後勸降不成，早被凶殘成性的阿台殺死了。

所以，就沒有必要再等下去了。

李成梁發起了總攻的命令。

果然，這是一個唾手可得的原始小寨，戰鬥沒有任何懸念。

但刀槍無眼，戰鬥中還是死了很多人，有叛亂分子，也有努爾哈赤的祖父覺昌安、父親塔克世。

努爾哈赤的祖父覺昌安、父親塔克世已經死了。原本，他們對李成梁說是去勸降阿台，這是不是他們內心最真實的想法，已不得而知，但依據他們一向自私自利的表現來看，應該別有內情，但這內情已經隨著他們升天而升天了。

努爾哈赤後來跟明朝作對時，時時把「七大恨」掛在嘴上，口口聲聲說要為祖父、父親報仇。但他的祖父、父親剛死那會兒，李成梁賜給了他「敕書三十道，馬三十匹」，另外還有一份建州左衛都指揮使的委任狀作為賠償。得到這些東西時，努爾哈赤真沒表現出多大的悲傷，史書上倒是記載有他多次帶著這些敕書風光無限、開心得意地到北京撈金攬銀的紀錄。

再順便補充一下，努爾哈赤的母親是王杲的長女喜塔喇氏，這個喜塔喇氏命不好，死得早，生下努爾哈赤和舒爾哈齊兄弟倆就死了。

努爾哈赤的祖父覺昌安原本是跟著王杲幹的，看到王杲要走下坡路，就改投了與明朝關係最好的哈達部頭領王台，並在兒媳婦喜塔喇氏死的當口，向王台求婚——為自己的兒子塔克世求婚，請求王台嫁一個女兒給塔克世。

王台的女兒嫁過來後，成了努爾哈赤和舒爾哈齊的繼母。

繼母虐兒，是一個千古話題。

王台和王杲又是生死對頭，則王台的女兒能對王杲女兒生下的兒子好得了嗎？

根據《清史稿》的記載，努爾哈赤哥倆受盡了繼母的折磨，小小年紀，上山打獵，下河捉鱉，擔柴挑水，爬崖挖參，什麼活兒都得做，一天到晚累得半死，還缺衣少食，時不時被罰去蹲馬棚……一句話，生不如死。

根據努爾哈赤悲慘的童年來看，他對祖父、父親應該沒有多少感情。

## 努爾哈赤是被明朝逼反的嗎？

努爾哈赤不是被明朝逼反的，他創建的後金也不屬於少數民族起義。努爾哈赤是一個天生不安分的野心家。他的事業，並非被迫後的崛起，而是主動進取的開創。不難看出，清之先世從明初就開始接受明朝的統治和管轄了。

不過，努爾哈赤以後的各代清朝統治者為掩蓋其「叛明」惡名，一直故意回避或惡意抹殺這一事實。

其中的清高宗乾隆帝竟然厚顏無恥地放話說：「我大清興於東海……雖曾受明之官號耶，究不過羈縻名繫而已，非如亭長、寺僧之本其臣子也。」

話說回來，清之先世在接受明朝的統治和管轄的同時，也得到了明朝的極大關照。他們在遭到兀狄哈人和朝鮮人的進攻時，是明朝給他們提供保護，提供居所，提供生活土地，提供經濟物資。一句話，建州女真完全是在明朝的庇護下一點點成長、一點點發展、一點點壯大的。

很多人認為努爾哈赤是被明朝逼反的，這一假象的造成，跟努爾哈赤公開叛明時不厭其煩地嘮叨「七大恨」有關。

但「七大恨」中，稍微能戳中人們淚點的就是他的祖父、父親被明軍殺了。

努爾哈赤知道這一消息，一把鼻涕一把淚，闖入明軍大營，詰問明朝邊吏道：「祖、父無罪，何故殺之？」（《清太祖武皇帝實錄》）

李成梁遣使謝過，解釋說：「汝祖父實是誤殺。」（《清太祖武皇帝實錄》）

作為賠償，李成梁賜給努爾哈赤「敕書三十道，馬三十匹」，另外還有一份建州左衛都指揮使的委任狀。

敕書是個絕好的東西。

因為有了敕書，便有了到大明京城朝貢的資格。

說是朝貢，其實是到明廷來撈金攬銀。

一句話，敕書不僅是地位和身分的象徵，更是財富的體現。

當時，女真部落之間為了爭奪一道敕書，往往會拼得屍橫遍野，流血漂櫓。

說起來，努爾哈赤的外公王杲能成為雄霸一方的霸主，就是靠從別人手裡搶來的幾道敕書而一步登天的。

努爾哈赤一下子得了三十道敕書，前途可想而知！

事實證明，有了這三十道敕書和這份建州左衛都指揮使的委任狀，努爾哈赤很快崛起，他以十三副鎧甲、部眾三十人起兵，四下殺伐，逐漸吞併了其他建州部落。

還必須提一下，萬曆二十一年（1593年）九月，努爾哈赤在古勒山一帶大敗由海西女真的葉赫、哈達、烏拉、輝發等九部聯合起來的聯軍，明朝認為他穩定邊疆有功，還加封他為「龍虎將軍」。

這個「龍虎將軍」在入京朝貢謝主隆恩時，朝鮮半島爆發了抗倭援朝戰爭，「龍虎將軍」即在明神宗皇帝面前大秀忠誠，主動申請入朝鮮驅殺倭寇，自稱「情願揀選精兵，待嚴冬冰合，即便渡江，征殺倭奴，報效皇朝」（語見《李朝實錄》）。

此舉，遭到了明神宗的斷然拒絕。

回到遼東，努爾哈赤專心致志地吞併女真其他各部。

這一吞併，用了整整三十六年時間。

萬曆四十三年（1615年）六月，震懾遼東幾十載的一代名將李成梁辭世，享年九十三歲。

萬曆四十四年（1616年）正月初一日，努爾哈赤以赫圖阿拉為中心，參照蒙古政權、特別是中原漢族政權的範式，在赫圖阿拉正式稱汗。

稱汗後的努爾哈赤又經過兩年的精心籌備，才公開跟大明作對。

萬曆四十六年（1618年）正月十六日這一天，努爾哈赤自稱天顯異象，嚴肅地對眾貝勒大臣說：「我意已決，今歲必征明國！」（《清太祖武皇帝實錄》卷五）

看看，努爾哈赤從二十幾歲以十三副鎧甲起兵，到了邁入花甲之年才公開叛明，可謂處心積慮。

這其中完全看不到明朝對他的「壓迫」，只看到他的老謀深算、處心積慮。

所以，努爾哈赤的行動，並非什麼起義，而是赤裸裸的叛亂。

再補一筆，努爾哈赤得到明朝的敕書是三十道，史書明確記載有其本人在萬曆十八年、二十年、二十一年、二十五年、二十六年、二十九年、三十六年、三十九年到北京撈金攬銀的紀錄。此外，《東夷考略》還記錄：「清太祖朝貢之時，混入南關敕書三百六十三道。」即明朝頒發給別的女真部落的敕書，也被努爾哈赤恃強據為己有。這些敕書，雖不是努爾哈赤本人親自進京使用，卻全是他手下人代為進京使用了，則其在明朝撈取到的經濟實惠，實在是個天文數字。

在努爾哈赤漫長的成長過程中，哪兒有明朝對他的「壓迫」？

## 努爾哈赤到底有多強悍

清王朝的奠基者努爾哈赤以十三副鎧甲起兵，南征北討，百戰黃沙，征戰四十年，終於統一女真各部，平定中國關東部，於明神宗萬曆四十四年（1616年）建立後金，割據遼東，建元天命。薩爾滸之役後，遷都瀋陽。爾後，席捲遼東，攻下明朝在遼七十餘城，為清朝入關定鼎中原奠定了堅實的基礎。清朝建立後，被尊為清太祖，諡「承天廣運聖德神功肇紀立極仁孝睿武端毅欽安弘文定業高皇帝」。

對於努爾哈赤的謀略、用兵、征伐，世稱其能，歷史對他評價很高。

《清史稿》稱他：「天錫智勇，神武絕倫」。甚至說他所指揮的薩爾滸之役可比周武王戰商紂於牧野。

《清太祖實錄》則稱：「武藝超群，英勇蓋世，深謀遠略，用兵如神」、「興國開疆，以創王基」。

後世文豪金庸因此心悅誠服地贊：「自成吉思汗以來，四百多年中全世界從未出現過的軍事天才努爾哈赤。這個用兵如神的統帥，傳下了嚴密的軍事制度和紀律，使得他手下那批戰士，此後兩百年間在全世界所向無敵。」

清史研究專家閻崇年更是說：「在我國五十五個少數民族歷史人物的星海中，有兩顆最明亮的民族英雄之星——一顆是蒙古族的元太祖成吉思汗，另一顆是滿洲族的清太祖努爾哈赤。愛新覺羅・努爾哈赤奠基的清帝國，綿祚二百六十八年，他是我國歷史上傑出的政治家、軍事家和民族英雄。他的姓名與業績，不僅垂諸中國史籍，而且載記於世界史冊。他活躍在中華統一多民族大家庭的歷史舞臺上，一生十功四過，瑕不掩瑜。愛新覺羅・努爾哈赤是中華民族發展史上傑出的政治家、軍事家。」

不過，努爾哈赤的威名和事業畢竟是建立在血腥殺戮的基礎上的，其所作所為，凶悍而殘暴，也很讓許多富於人文情懷的有識之士深惡痛絕。

著名歷史學者李亞平就對閻崇年等人的評論頗不以為然。

李亞平在接受媒體採訪時，就坦言，努爾哈赤只是一個「嗜血成性的軍事殺人搶劫集團的屠夫首領」、「一個大型軍事屠掠集團的強盜頭目」，其最大的「功勞」就是把搶劫、殺人、叛亂更加「合法化」，但「至死也沒有完成從一個部落酋長到一位政治家的轉變。更遑論偉大的政治家了」。李亞平還說，把努爾哈赤這樣的「殺人魔王」贊作偉大君主，違反了人類發展進步規律。「努爾哈赤是打仗很厲害，但是碰到的都是不太懂得對抗騎兵戰術的明朝軍隊，如果他們碰到的是當時注重冷熱兵器結合火槍方陣的西班牙軍隊，得死一百次了。」

大史學家顧誠也說：「清廷統治者從努爾哈赤、皇太極到多爾袞，都以凶悍殘忍著稱於史冊。」

一句話，努爾哈赤「用兵如神」是不假，但也強悍殘忍，殺人不眨眼。

那麼，努爾哈赤到底有多強悍、多殘忍呢？讓我們來看一則《清太祖高皇帝實錄》上的記載吧。

萬曆十二年（1584年）九月，努爾哈赤率兵攻打翁科洛城。努爾哈赤親臨一線，站在城外村落廬舍的屋頂上，布置士兵縱火焚燒城樓。大火焚燒，屋廬崩塌。守城勇士鄂爾果尼登高向努爾哈赤施放冷箭，一箭射中了努爾哈赤的額頭偏上的頭盔，箭勁驚人，貫穿頭盔，射入額頭半指深。努爾哈赤大喝一聲，將箭拔出，看見有敵人策馬殺來，便以所拔的箭從烽煙中迎射來敵，敵人應弦而倒。努爾哈赤額頭上的血汩汩直流，從頭流到腳。努爾哈赤猶自奮戰不已。又有一個叫羅科的守城戰士，乘著烈焰騰煙，悄悄逼近努爾哈赤，突然射出一箭，正中努爾哈赤脖頸。努爾哈赤咬牙拔箭，箭鏃帶鉤，箭拔出之後，帶出一塊肉，血湧如注，差點昏厥過去。部眾看見情形危急，紛紛冒著敵人的箭雨向努爾哈赤靠攏，要爬上屋頂扶掖努爾哈赤撤退。努爾哈赤制止說：「爾等勿來，恐為敵窺，我當徐下。」彼時，努爾哈赤渾身是血，征袍濕透，一手捫著頸脖傷處，一手拄著長弓，緩緩而下，在眾將的掩護下，撤離了戰場，棄垂下之城而還。努爾哈赤傷癒之後，率兵攻陷翁科洛城，生擒了射傷他的鄂爾果尼和羅科。眾人要亂箭將二人處死，努爾哈赤欽佩二位勇士的英勇，有意收為部下，於是說：「兩敵交鋒，志在取勝。彼為其主射我；今為我用，不又為我射敵乎？」說罷，親為二人解綁，好言安慰。鄂爾果尼和羅科終於被這一舉動感動得流下了熱淚，當即表示願意歸順。努爾哈赤授二人為牛錄額真，各統轄三百名壯士。鄂爾果尼和羅科此後英勇作戰，為努爾哈赤立下了汗馬功勞。

對別人狠，對自己也狠，卻又能化敵為友，收買人心，努爾哈赤不愧是能成就事業的一代狠人。

## 與絕世美女東哥有關的故事

明朝時，關外女真分為東海、海西、建州三大部分。

東海女真散居於黑龍江流域，部落繁多卻呈分散狀態，並沒有相對穩定的政治勢力。

海西女真有葉赫、哈達、烏拉、輝發四大部落，統稱海西四部。

建州女真分為建州衛、建州左衛、建州右衛三部。

今天要講的女主角是海西葉赫部首領布齋的女兒，名叫葉赫那拉・布喜婭瑪拉，後人管她叫東哥。

東哥的先世姓土默特氏，本是蒙古族，因滅掉扈倫那拉部，改姓那拉氏。那拉是太陽的意思。以太陽為姓的葉赫部依險築城，稱雄於海西女真，並漸有統一女真之想。

東哥的出生，讓葉赫首領統一女真的想法變得更加強烈。

據說，東哥出生時，葉赫部的薩滿（巫師）預言說：此女可興天下，可亡天下。

而東哥在七八歲跟哥哥布揚古出去打獵時，就吸引了一大片人的目光，人們都說，這個小女孩，將來一定是世間罕有的美女！

在人們的讚美中，東哥的美名就像長了翅膀一樣傳遍了女真各個部落。

許多部落首領都想盡辦法來見東哥一面，見過之後便終生難忘。

甚至有人發誓非娶此女不可，不惜代價。

東哥是萬曆十年（1582年）出生的，萬曆十九年（1591年）那年，她只有九歲，哈達部首領歹商就迫不及待地前來求婚了。

早就想吞併哈達部的葉赫首領布齋和他的弟弟納林布祿同意了歹商的求婚，讓歹商親自迎娶。歹商不知是計，準備了豐厚的聘禮，歡歡喜喜地來了。結果，在半路就被葉赫伏兵送上了西天。

輕而易舉地收穫了聘禮及大批哈達部土地、物資、奴隸的布齋高興得忘乎所以，把東哥緊緊摟在懷裡說：妳就是上天賜予葉赫部落的一大寶貝！有了妳，不愁葉赫不能統一女真！

可是，建州左衛的愛新覺羅族在統一女真這件事上，步伐走得更快。

說起來，葉赫那拉氏和愛新覺羅氏兩個家族之間的矛盾由來已久。

元末明初時，兩家互相攻伐，打得你死我活。

在一場大決戰中，愛新覺羅家族的頭領為了使葉赫那拉氏臣服，指著大地說：「我們是大地上最尊貴的金子（愛新覺羅是金子的意思）！」

葉赫那拉的首領聽了大笑，指著天上的太陽說：「金子算什麼，我們姓它。」

就在那一場大戰中，葉赫那拉氏打敗了愛新覺羅氏，成為當時女真族最大的部落。

現在，愛新覺羅氏的當家人是努爾哈赤，此人凶悍強橫，用鐵腕手段統一建州三衛，成了建州女真的首領。

按照這勢頭發展，統一女真的恐怕不是他們布齋和納林布祿兄弟，而是努爾哈赤。

不行，必須扼殺住努爾哈赤的勢頭。

為此，布齋和納林布祿兄弟召開有哈達、輝發、烏拉等部落首領參加的聯席會議，準備搞一個大聯盟，幹掉努爾哈赤。

哈達、輝發部熱烈響應，烏拉部卻無動於衷。

為什麼會這樣呢？

布齋撓了撓後腦勺，烏拉是個實力強大的部落，要是他不參加，打努爾哈赤就沒有勝算。

布齋問，你為什麼不肯加入聯盟呢？

烏拉部首領滿泰說出了原因，他的弟弟布占泰要娶到東哥才肯出兵。

原來是這樣，那沒問題。

布齋滿口答應這樁婚事，並接受了滿泰的聘禮。

這樣，布占泰以葉赫女婿的身分，率三千烏拉兵加入了聯軍。

明萬曆二十一年（1593年）九月，葉赫部、哈達部、烏拉部、輝發部，再加上長白山朱舍里、訥殷二部，蒙古科爾沁、錫伯、卦爾察三部，共九部，結成了以葉赫部為首的九部聯軍，號稱三萬人，浩浩蕩蕩地直奔建州老營佛阿拉撲來。

聯盟裡的所有人，包括十一歲的東哥，都以為，努爾哈赤這回死定了。

可是，誰也沒有想到，努爾哈赤卻在古勒山的山上布下了絆馬陣，將九部聯軍殺得潰不成軍。

蒙古科爾沁首領明安的馬匹陷入泥潭，為求脫身，不得不脫掉盔甲內衣，赤身裸體地跳上另一匹無鞍馬倉皇逃竄。

東哥的未婚夫烏拉部首領滿泰之弟布占泰被活捉。

東哥的父親九部聯盟首領布齋被建州兵士亂刀砍死。

東哥的叔叔葉赫部的另一首領納林布祿目睹哥哥被殺，嚇得直接摔下馬來，被手下救了回去。改日，納林布祿向努爾哈赤索要兄長的屍體。努爾哈赤親自將布齋的屍體劈成兩半，送還一半給納林布祿。

納林布祿受此驚嚇，不久抑鬱而死。

布齋的兒子布揚古、納林布祿的弟弟金台石繼為貝勒。

努爾哈赤的勢力越來越強大，偌大的遼東半島，似乎已沒有人可以與之抗衡了。

明萬曆二十五年（1597年），葉赫部的首領、布齋的兒子布揚古，主動向努爾哈赤賠禮道歉，許諾將妹妹東哥送給努爾哈赤，力求和好。

東哥已經十五歲了，青春無敵，豔名遠播。努爾哈赤二話不說，當即備送聘禮、鞍馬、盔甲等物，並殺牛設宴，與海西四部會盟。

會盟儀式上，葉赫等四部首領先後發誓說：「從今以後，若不結親和好，將像這殺牲的血而被蹂躪，將像這被剮的骨而死去。」

誓言說得如同鐵釘釘板，鏗鏘有力。

但，布揚古很快就改變了主意：悔婚。

據說，東哥本人也發話了：她寧死也不嫁給努爾哈赤，誰殺死了努爾哈赤，她就嫁給誰。

明萬曆二十七年（1599年），葉赫部為了擴大勢力，發兵劫掠哈達部。哈達貝勒孟格布祿咽不下這口氣，以三個兒子為人質，向努爾哈赤求援。

東哥沒嫁過來，努爾哈赤正憋悶著呢，聽說是要跟葉赫幹仗，一口答應。

布揚古害怕了，給哈達孟格布祿貝勒寫信，說願意以東哥相許，兩家重修和好，共同對付建州。

不得不說，東哥的誘惑力是驚人的。

孟格布祿立刻與布揚古握手言歡。

孟格布祿的背信棄義激怒了努爾哈赤。努爾哈赤大舉發兵討伐哈達部，以傷亡慘重的代價攻下了哈達城，滅亡了哈達部。

哈達部滅亡，輝發部就成了葉赫與建州爭奪的對象。

原先，輝發部貝勒王機褚死，部內發生了內亂。王機褚的孫子拜音達禮在努爾哈赤的幫助下平復了內亂，並收復了輝發村寨。

努爾哈赤對拜音達禮很好，還嫁了一個女兒給他。

葉赫部不願意輝發部和努爾哈赤走得太近，仍以東哥為誘餌，向拜音達禮承諾，只要他和努爾哈赤斷交，就把東哥嫁給他。

東哥可要比努爾哈赤的女兒漂亮多了。

拜音達禮毫不猶豫地與努爾哈赤斷交。

萬曆三十五年（1607年），努爾哈赤以東哥是自己的女人為由，率軍攻占輝發，殺死了拜音達禮，平滅了輝發部。

海西四部已滅其二。另一個烏拉部的首領滿泰的弟弟布占泰因垂涎於東哥的美色，曾參加了九部聯軍合擊建州的戰役，結果在古勒寨之戰中被努爾哈赤抓獲。努爾哈赤並沒有殺布占泰，而是將自己弟弟舒爾哈赤的女兒嫁給了他。不久，烏拉首領滿泰死了，布占泰回烏拉繼哥哥為貝勒，投桃報李，將妹妹送給了舒爾哈赤為妻。隨後，布占泰又請努爾哈赤嫁一個親生女兒給自己，親上加親。

葉赫當然不能容忍烏拉與建州親上加親，用舊船票重登客船，再一次承諾許配東哥給布占泰。色令智昏的布占泰答應了這樁婚事，從而冷落了努爾哈赤的女兒和侄女。

努爾哈赤勃然大怒，於萬曆四十一年（１６１３年）親率三萬大軍攻打烏拉。

烏拉部很快被擊潰。

布占泰奔往葉赫，不久後就死在了葉赫。

四部已去其三，葉赫只好將東哥改嫁給蒙古喀爾喀部，以換取蒙古喀爾喀部的支持。

東哥這一年已經三十三歲了，成了著名的「葉赫老女」。

努爾哈赤卻對這個「葉赫老女」念念不忘，聽說「葉赫老女」遠嫁蒙古，就想出兵攻打葉赫，或在半路搶新娘。但明朝為了扼制努爾哈赤，與葉赫結盟，並派兵保護東哥。努爾哈赤有所顧忌，沒有出兵，只在家裡狠狠地詛咒說：「無論此女聘與何人，壽命不會長久，毀國已盡，構釁已盡，死期將至矣。」

也許是努爾哈赤的詛咒起了作用，東哥嫁到蒙古後僅僅一年就死掉了。

東哥雖然死了，但以她的名義而發起的戰爭並沒有結束。

萬曆四十四年（１６１６年），努爾哈赤建立後金國，定赫圖阿拉為首都，稱「覆育列國英名汗」。

萬曆四十六年（1618年），努爾哈赤頒布了「七大恨」，以東哥改嫁蒙古為藉口，與明朝徹底決裂。

努爾哈赤的狂妄行為招來了大明政府的討伐。

萬曆四十七年（1619年），大明遼東經略楊鎬率四路大軍前來征剿努爾哈赤。

不過，在這場著名的「薩爾滸大戰」中，明軍三路敗亡，一路潰逃。

戰爭結束，努爾哈赤調兵遣將，大肆攻擊聯合明軍作戰的葉赫，於該年八月平滅了葉赫部。

東哥，這位絕世美女，不幸成了一個死亡魔咒，無論許配給誰，都會出現大面積死亡。

圍繞著東哥的歸屬，努爾哈赤終於完成了他統一女真的大業。

## 皇太極名字的由來

接替努爾哈赤汗位的是他的第八子皇太極。

皇太極是個比努爾哈赤更為厲害的角色。

他長得比努爾哈赤更高大、更魁梧，能披重甲、開硬弓，臂力過人，武勇出眾，行軍打仗，縱馬馳射，從不疲倦。據清代雍正年間進士阮葵生所著《茶餘客話》卷一《清帝甲弓》所記，瀋陽實勝寺收藏有一副努爾哈赤生前所穿用的甲冑，幾個人都舉不起來。該處也同樣收藏著一張皇太極用過的弓，矢長四尺餘，大塊頭壯漢尚難以開弓，而皇太極當年卻運用自如。憑著這張弓，皇太極曾在一次圍獵中，連續發矢，多有矢箭洞貫兩隻黃羊，足見臂力驚人。

當然，武勇只是一方面，其性格沉穩，除了繼承了努爾哈赤愛打仗、善打仗的基因外，還懂政治，做事講究策略，注重收攏人心。

據說，他在三四歲的時候就很懂事了，接觸過的事物，「一聽不忘，一見即識」。到了七歲，努爾哈赤便「委以家政，不煩指示，即能贊理」（《清太宗實錄》卷一），顯示出強大的獨立處事能力，努爾哈赤也因此對他「愛如心肝」。（《滿文老檔．太祖卷三》）

隨著年紀長大，跟著父汗屢戰沙場，開疆拓土，見識更高，視野更廣。他對於努爾哈赤那「抗拒者被戮，俘取者為奴」的奴隸制政策很是看不慣，輪到他上臺了，便提出「治國之要，莫先安民」的方針，強調滿洲、蒙古、漢人之間的關係「譬諸五味，調劑貴得其宜」。他的做法是：漢人壯丁，分屯別居；漢族降人，編為民戶；善待逃人，放寬懲治，讓大量漢族奴隸得到「民戶」地位，成為後金政權下的個體農民。

為了使百姓能「專勤南畝，以重本務」，他宣布，凡有妨農務的工程，一律不復興築，一切都要以保護人民生產為出發點。後金改大清，也始自於他。從嚴格意義來說，皇太極應該是大清王朝的開國君主。

下面，說說皇太極這個名字的來由。

皇太極——這個名字顯得大氣、恢宏，有帝王氣象。

而實際上，這並不是一個名字，而是一個稱號。

關於皇太極本人的名字，有幾種說法，一說是叫阿巴海（又作阿渤海），一說是叫黑還勃烈。

「阿巴海」（Abakhai）之說，源於俄羅斯漢學家G. V. 戈爾斯基，其可能是將皇太極的年號

Abkai sure誤解為名字了，不怎麼靠譜。

黑還勃烈一名則比較接近歷史原貌，因為「黑還」就是「黃」字漢語音的切讀，而「勃烈」則是蒙語中「蒼狼」的意思。

根據女真學、滿學、蒙古學專家金啟孮先生箋示，努爾哈赤的滿文原義為「野豬皮」，舒爾哈齊為「小野豬皮」，雅爾哈齊為「豹皮」，而多爾袞為「獾」，所以皇太極為「蒼狼」最為合理。

「皇太極」中的「太極」，原為蒙語中的「台吉」，即「王子」的意思，所以在清初漢語典籍中，皇太極的名字也被記載為「黃台吉」。即「黑還」（漢語讀音「黃」）小王子。

## 很有性格的阿巴泰拒婚之謎

說起清朝的王爺，最有性格的莫過於阿巴泰。

阿巴泰是清太祖努爾哈赤第七子，比清太宗皇太極年長了三歲，皇太極得管他叫七兄。

阿巴泰長得相貌凶惡，膀大腰圓，打仗異常悍勇。

明萬曆三十九年（1611年），阿巴泰第一次上戰場。當時，他率千餘騎兵討伐東海窩集部烏爾固辰、穆棱二路，長驅千里，仍能以雷霆萬鈞之勢擊潰敵人，俘敵千餘人，全身而退。

歷此一戰，阿巴泰揚名軍中。此後，身經百戰，功勛卓著。

有意思的是，阿巴泰長得凶神惡煞，相貌和張飛差不多，但生的子女顏值卻都很高。

天命三年（1618年），努爾哈赤公開叛明，為了收降及籠絡撫順城的明遊擊李永芳，就把阿巴泰的美貌女兒嫁給了李永芳。李永芳也因此對內對外稱「撫西（即撫順）額駙」，竭盡忠誠報效後金。

在努爾哈赤時代，儘管阿巴泰是側妃所生，在兄弟中地位比較卑微，但他較早參與征戰，較早建功立業，頗得努爾哈赤器重。

到皇太極繼位後，阿巴泰的地位漸漸下降。為此，阿巴泰憤憤不平。

某次，皇太極賜宴諸貝勒，阿巴泰位居諸和碩貝勒之下，大為惱怒，就像《紅樓夢》裡的焦大一樣，借酒裝瘋，罵道：「戰則我披甲冑而行，獵則我佩弓矢而往，赴宴而坐於子弟之列，我覺可恥。」

皇太極冷視七兄喝罵，怒而不言。

阿巴泰越罵越解氣，起身離座，醉醺醺地揚言：「今後我再不赴宴！」

誠然，想當年，努爾哈赤在世時，每有蒙古親戚來訪，阿巴泰都與四大貝勒一起出見，如今卻位居諸弟侄之下，焉能不怒?!

這之後不久，蒙古察哈爾部首領昂坤杜棱歸附，皇太極在盛京皇宮八角殿設大宴，召諸貝勒作陪。

阿巴泰果然拒不參加，先是說「沒有像樣的皮裘可穿，皇上原先賜的皮裘已改制成兩件，給兒子們穿了」。得到皇太極送來的新衣後，又說「出席宴席，若坐於小貝勒之列，深感羞愧」。

皇太極無可奈何，只是象徵性地罰了阿巴泰雕鞍馬、素鞍馬各八匹，甲冑四副，就此拉倒。

阿巴泰地位不高，根源在於他不通行政事務。皇太極仿照明朝制度設立六部，曾讓阿巴泰執掌工部。但在短短兩年時間裡，阿巴泰的工作漏洞百出。皇太極失望之餘，批評說：自設六部以來，禮、刑、工三部辦事多有缺失，至於工部更不及他部。這都是貝勒才短及怠惰所致。

皇太極之所以沒有對阿巴泰動粗，是由於阿巴泰為世上罕有的將才。

比如說，在皇太極對明朝的所有征戰中，如征錦州之役、征北京之役、征大凌河之役、征山海關之役、征宣府之役、征昌平定興之役、征直隸之役、征朝鮮之役，等等，阿巴泰無役不與，無役不利。

其中，天聰十年（1636年），阿巴泰同其弟阿濟格率兵征明，深入內地，連破昌平、定興等十二城，大小戰鬥五十八次，掠獲人畜十八萬，大獲全勝。

崇德七年（1642年）十月，阿巴泰任大將軍，統軍自長城黃崖口南下，縱貫直隸、山東，並蹂躪江蘇一部，共攻克城鎮九十四座，俘虜三十六萬人，掠獲黃金十二萬兩，銀二百二十萬兩，震驚天下。

皇太極對阿巴泰最嚴重的一次處罰，是因為阿巴泰小女兒的婚姻問題。

阿巴泰的小女兒長得國色天香，是滿蒙貴族追求的對象。為了籠絡外藩蒙古，皇太極安排將她嫁給蒙古。

可是阿巴泰堅決不從。

皇太極不好太勉強，改令把她嫁給本國大臣。

阿巴泰有意作對一樣，仍是堅決不從。

清朝奉行的是「指婚」政策，即宗室王公子女的婚配，不得由父母自作主張，必須由皇帝或皇太后指定。但阿巴泰就是不把皇太極放在眼裡，抗旨不遵。

皇太極恨得牙根癢癢的，決定好好整治阿巴泰一番。但又沒有「拒絕嫁女」的罪名對阿巴泰治罪，怎麼辦呢？

皇太極要起了陰招。

皇太極知道阿巴泰在妻子跟前是一個模範丈夫、在子女跟前是一個慈愛父親，就決定從破壞他的家庭入手。

皇太極曾經諭令全國臣民，不許向巫婆問卜求醫，他派人追蹤阿巴泰的福晉（貝勒的妻子稱福晉），指稱阿巴泰的福晉違反規定，私下找巫婆替女兒占卦擇嫁，交付刑部審核。

在皇太極的指使下，刑部擬定：福晉擅自擇嫁，遣官問卜，不守婦道，與其女俱應論死；阿巴泰屢違帝命，私庇福晉，全無家法，應革爵，罰銀一千兩；巫婆及不吐實情的使女、太監，俱應處死。

阿巴泰啞巴吃黃連，有苦說不出。

不過，皇太極還是網開一面，寬大處理：阿巴泰免革爵，罰銀一千兩；其福晉免死，由其子博洛贍養；其女亦免死，擇婿嫁之；不吐露實情的使女、太監，仍處死。

阿巴泰長年沐風櫛雨、叱吒風雲，出生入死、縱橫沙場，到頭來，卻被弟弟皇太極以「受制於妻」的罪名罰銀一千，與她離異，實在是顏面掃地。

## 皇太極可愛，但不質樸

金庸是寫武俠小說出身的，「飛雪連天射白鹿，笑書神俠倚碧鴛」等十五部武俠小說奠定了其在武俠小說作家裡的大師地位，被世人尊稱為「金盟主」。

憑藉這一巨大聲譽，金庸先生曾被浙大聘為人文學院院長。

彼時，議論聲一片。

有人表示不認同，說，一個寫武俠小說的，做人文學院院長，合適嗎？

不過，金庸也並非單單寫武俠小說。武俠小說以外，他還有一些散文和社論等作品傳世。其中，影響最大的就是附於其武俠作品《碧血劍》之後的《袁崇煥評傳》。

贊成金庸先生做人文學院院長的人，就以此來駁斥質疑金庸先生做人文學院院長的人：《袁崇煥評傳》是純學術性的東西，非史學、文學大師不能撰就。

由此可見，《袁崇煥評傳》也是金庸生命中一部很重要的作品。

金庸在《袁崇煥評傳》中寫袁崇煥任寧前道僉事時和皇太極議和，分析說：「寧遠沒有了外衛，也沒有了糧源。靠朝廷接濟是很靠不住的，朝廷對於拖欠糧餉向來興趣濃厚。袁崇煥做遼東巡撫，首要目標是修復錦州、大凌河等城堡的守備，然後屯田耕種。但築城工程費時甚久，又不能受到敵人干擾，在和清朝處於戰爭狀態之時無法進行。所以明清雙方，都期望有一段休戰的時期，以便進行自己的計畫。明方是練兵、築城、屯田，清方是進攻朝鮮，鞏固統治。在這樣的局勢下，具備了議和的條件。」

已經具備了議和的條件和議和的氛圍，那麼，議和的可能性有沒有呢？

金庸認為，「清方從來沒有期望真能征服明朝。努爾哈赤和皇太極的祖宗，長期來做明朝所封的邊疆小官。努爾哈赤幼時住在明朝大將李成梁家裡，類似童僕奴隸。所以他們對於明朝有先天性的敬畏，自卑感很深。寧遠之戰，使他們下意識中隱伏著的自卑感又開始抬頭」，也就是說，這個時候，只要明朝有議和的誠意，雙方締結和約，和平相處，是完全有可能的。

金庸說，當時，袁崇煥就力排眾議，將自身安危全然置之度外，以大局為重，擔當起議和的主角，首先奏響了和平之音。他模仿諸葛亮柴桑口弔喪的情節，派使者給努爾哈赤弔喪，積極和皇太極議和，討價還價。然而，因為天啟帝和魏忠賢等人的阻撓，議和沒有達成，袁崇煥還丟官罷職。

最有趣的是，金庸先生接著來了這麼一句：「當袁崇煥罷官家居之時，皇太極見勁敵既去，立刻肆無忌憚，不再稱汗而改稱皇帝。」

原來，皇太極稱帝與否，是以袁崇煥是否在職為風向標的。

金庸先生寫：崇禎元年，袁崇煥回任之後，與皇太極又開始了和談。皇太極對和談向來極有興趣，立即做出有利的反應。袁崇煥提出的先決條件，是要他先除去帝號，恢復稱「汗」。皇太極居然答允，但要求明朝皇帝賜一顆印給他，表示正式承認他「汗」的地位。這是自居為明朝藩邦，原是對明朝極有利的。但明朝朝廷不估計形勢，不研究雙方力量的對比，堅持非消滅清朝不可，當即拒絕了這個要求。皇太極一直到死，始終千方百計地在求和，不但自己不停地寫信給明朝邊界上的官員，又托朝鮮居間斡旋，要蒙古王公上書明朝提出勸告。每一個戰役的基本目標，都是「以戰求和」。他清楚地認識到，清朝決計不是明朝的敵手，明朝的政治只要稍上軌道，清朝就非亡國滅種不可。滿族的經濟力量很是薄弱，不會紡織，主要的收入是靠搶劫。皇太極寫給崇禎的信，可說謙卑到了極點。

在這兒，金庸先生引用了《天聰實錄稿》所載皇太極致崇禎皇帝的一封信，信中寫：「滿洲國汗謹奏大明國皇帝：小國起兵，原非自不知足，希圖大位，而起此念也。……夫小國之人，和好告成時，得些財物，打獵放鷹，便是快樂處。謹奏。」

對這封信，金庸先生總結道：「最後這句話甚是質樸動人。」

也就是說，在金庸先生的眼裡，皇太極是非常質樸可愛的。

可是，皇太極真的「質樸可愛」嗎？

首先，金庸說「清方從來沒有期望真能征服明朝」，這句是不成立的。

清方公開與明朝叫板，並不是逼上梁山。一直以來，努爾哈赤都得到明朝的厚待，他也因此從一個小酋長蛻變為一大地方勢力。努爾哈赤野心勃勃，發布「七大恨」，悍然伐明。這所謂的「七大恨」也只有其祖、其父被明軍誤殺勉強說得過去，其他的純屬胡攪蠻纏。而其祖、其父被明軍誤殺，明朝也做出了巨大的賠償，而且時間都過去了四十多年。說「清方從來沒有期望真能征服明朝」是不對的。

天啟六年（1626年），皇太極同意和袁崇煥議和，背後有一個世人皆知的原因：借議和為名，穩住寧遠一線的明軍，放手征討朝鮮，徹底剿滅心腹之患毛文龍。

袁崇煥不明就裡，傻乎乎地和皇太極談判，結果被皇太極玩於股掌之中。

天啟七年（1627年），皇太極的軍隊打趴朝鮮，重創毛文龍，史稱「丁卯之戰」，凱旋而還。皇太極立刻翻臉，寫信譴責袁崇煥，說：「你一面派人來跟我議和，一面又急修城垣，到底是何居心?!」大舉發兵攻打寧遠。

袁崇煥頓足捶胸，仰聲長歎：「奴子妄心驕氣，何所不逞，我準備聯合蒙古人，給蒙古人送錢送物，他即攻蒙古人而伐我之交。我準備借朝鮮人替我在後方作為牽制，他攻朝鮮而讓我的憑藉落空。我準備借和議之機修築大凌河、錦州以扼其咽喉，其則分入侵朝鮮之兵來阻撓我築城。著著皆狠，而著著不後！」

《清朝外史》有一段皇太極征服朝鮮後關於說夢的記載，說，皇太極既打服了朝鮮，某夕，忽夢隨父親努爾哈赤入大明宮殿，見明天啟帝從包袱中拿出一個繫著絲條的玉珊瑚相授。皇太極心想，大明皇帝要贈珍寶，什麼樣沒有?偏偏贈這個，有什麼用?這麼想著，抬頭看時，那人並不是明天啟帝，而金代皇帝神像。其出示一冊書，稱：「這是你先代金國的史書。」皇太極恭恭敬敬接受，展卷細看，文字卻不能盡辨，待要向他人請教，已從夢中驚醒。次日清晨，皇太極讓臣屬解夢。臣屬答：「先前皇上曾夢入朝鮮王宮內，將朝鮮王舉起，沒多久，果然征服了朝鮮。如今又夢見明帝及金人，授以金史，是上天要將大明的江山版圖相授給皇上啊。」皇太極聽了，眉開眼笑。

這則記載把皇太極要征服明朝的野心表達得淋漓盡致。

崇禎元年（1628年），袁崇煥回任之後，皇太極之所以再次同意和談，那是以和談為誘餌，誘騙袁崇煥替自己除掉勁敵毛文龍。

希冀以和談來了結「五年平遼」任務的袁崇煥暈暈乎乎地掉入了皇太極的套中，親赴皮島斬了毛文龍。

毛文龍一死，皇太極再無後顧之憂，隨即振旅西征，借道蒙古，千里奔襲大明帝都北京，開啟風雲激蕩的「己巳之變」。

說一句，皇太極千里繞道，並不是要避開袁崇煥的寧遠，而是要避開一夫當關、萬夫莫開的天下第一雄關山海關。

在皇太極的眼裡，袁崇煥並不是什麼了不起的角色，皇太極本人也始終把征服明朝作為清朝頭等大事。

袁崇煥死後，皇太極寫信勸降守寧遠城的吳三桂，信中明確提到「明祚衰微」，要「將軍相時度勢，早為之計也」。

皇太極在臨終前，仍不忘叮囑攝政王多爾袞，說：「若得北京，當即徙都，以圖進取。」

皇太極，可愛或有之，但一點兒也不質樸。

## 皇太極喜愛的寶物，乾隆卻嗤之以鼻

話說，明崇禎八年（後金天聰九年，西元1635年），多爾袞等四貝勒統帥一萬精騎遠征察哈爾，捷報頻傳。

察哈爾林丹汗已在前一年病死，後金此次出兵，主要是徹底平定這個曾經強悍的死敵。

遠征的結果不但達到了預期的效果，還意外得到了一件寶物——傳說中秦始皇傳國玉璽！

多爾袞用快馬發回奏章稱：「天錫至寶，此一統萬年之瑞也！」

奏章傳開，後金汗廷一片歡騰。

文館漢官鮑承先上奏，「大寶呈祥，天賜玉璽，乃非常之吉兆也」，建議由工部特製寶函，皇太極擇吉郊迎，然後以此璽鈐行敕諭，「頒行滿漢蒙古，俾遠近聞知，咸識天命之攸歸」。

皇太極驚喜若狂，連連點頭，一一允准。

這尊傳國玉璽得以重見天日，實在是上天垂愛！

《清實錄・太宗文皇帝實錄》卷二四載：相傳這尊傳國玉璽藏於元朝大內宮廷之中，當元順帝為明洪武帝所敗，倉皇丟棄都城，攜璽逃至沙漠。元順帝崩於應昌府後，玉璽遺失。過了兩百多年，有牧羊人在山岡下放牧時，發現有一頭山羊連續三日不肯吃腳下的草，只是不斷地用蹄刨地，牧羊人大惑不解，用鏟深挖，竟然挖出了這尊歷代傳國玉璽。

多爾袞奉還玉璽之日，皇太極渡過遼河，隆重遠迎到一百多里之外的陽石木，傳諭左右說：「此玉璽乃歷代帝王所用之寶，天以畀朕，信非偶然也！」

後金大小臣工、特別是明朝降臣降將，諛聲四起，大拍馬屁。

都元帥孔有德說：「自古受命之主必有受命之符，昔文王時鳳凰鳴於岐山，今皇上得傳國寶璽，二兆略同。」

總兵官耿仲明上疏：「天賜寶璽，可見天心之默佑矣。惟願早正大統，以慰臣民之望。」

……

既然這尊玉璽是「歷代傳國玉璽」、「歷代帝王之寶」、「鎮國傳世之寶」和傳承兩千餘年的漢代寶璽，皇太極如果不去汗稱帝，那就是逆天而行、辜負天意了。

於是，皇太極鈐用此寶，去汗稱帝，改國號「後金」為「清」，定年號為「崇德」，以天子自居，大清事業從此掀開了嶄新的一頁。

但是，這尊玉璽傳了一代又一代，傳到清高宗乾隆手中，乾隆只保留了皇太極私刻的四寶，即「大清受命之寶」、「皇帝奉天之寶」、「大清嗣天子寶」（以上漢文篆書滿文本字）及滿文篆書「皇帝之寶」，而對被皇太極等人稱為「歷代傳國玉璽」的寶貝嗤之以鼻，束之高閣。

為什麼會這樣呢？

乾隆皇帝是清朝諸帝中最通曉儒家典制的人，他一望皇太極傳下的「歷代傳國玉璽」就知道是贗品，為了不讓天下人恥笑，他堅定地棄用。

那麼，乾隆皇帝是根據什麼斷定這貨是假的呢？

最簡單的，有三點。

一、據《後漢書・徐璆傳》引衛宏注記載，秦始皇統一六國後，令良工用藍田山美玉製成玉璽，璽鈕雕如龍魚鳳鳥，正面所刻為丞相李斯以大篆書寫的「受命於天，既壽永昌」八個字。而皇太極這枚假貨正面所刻只有四個字，為「制誥之寶」。所以說，皇太極朝的君臣沒文化就是沒文化，竟然傻乎乎地拿著假貨當寶貝。

二、秦末天下大亂，漢高祖劉邦領兵率先攻入關中，秦亡國之君子嬰將此璽獻給了劉邦。劉邦即帝位後，「傳國玉璽」一直存放在長樂宮內，成為皇權的象徵。西漢末年，大司馬王莽獨攬朝政，有心篡奪皇位，逼迫太后王氏交出「傳國玉璽」。王太后氣憤之下，將玉璽擲於地，玉璽上雕刻的螭虎被崩落一角。王莽得到後，命人以黃金鑲補。皇太極這枚假貨並無黃金鑲補的痕跡，進一步證明是十足假貨。

三、傳國玉璽曾經經過曹丕、石勒之手，曹丕命人在玉璽左肩部刻下隸字「大魏受漢傳國璽」，石勒則命人在玉璽右肩部加刻了「天命石氏」字樣。皇太極這枚假貨根本沒有這些字！

話說回來，「傳國玉璽」雖然是世間至尊之寶，也不過是一死物，即使沒有它，只要以德撫有天下，也是海內咸服、實至名歸的皇帝、天子。元順帝敗亡時，攜帶玉璽遠遁塞外，玉璽不知所蹤。即大明王朝立國近三百年，並無此寶，但明朝諸帝並未覺得是什麼大不了的事兒。清朝入關，定鼎中原，最擔心的就是天下民眾非議其得國不正。為此，乾隆帝惴惴不安，而自乾隆帝以下諸帝，一直都在祕密尋訪那枚被賦予「皇權神授、正統合法」的信物——傳國玉璽。

那麼，後來的清朝皇帝有沒有找到那枚真正的「傳國玉璽」呢？

1924年11月，馮玉祥等人驅逐末代皇帝溥儀出紫禁城時，員警總監張壁和鹿鍾麟等人曾在宮中進行過地毯式搜索，並無所獲。看來，數代清朝皇帝都沒有找到。

## 皇太極與海蘭珠的故事

導演于正繼《美人心計》、《唐宮美人天下》後，於2012年推出了第三部美人系列劇《山河戀・美人無淚》，該劇主要講述的是孝莊文皇后一生的情海波瀾，但觀眾主要是被皇太極與海蘭珠之間那一段盪氣迴腸的傾世絕戀所打動。

該劇主題曲的歌詞也悱惻感人：「願，此生能平天下，恩澤四海，然，心中一燈孤寂，誰來點亮？以為，這一生就這麼走過，浮沉間才發現，心底總是牽掛不下……。」

歌詞最後一句：「我願意用江山換她，我願意此生就罷！」煽情煽到了最高潮，無數觀眾聽到這兒，無不傾服在皇太極那不愛江山愛美女的唯情唯美的情愛觀之下。

有網友甚至感慨：「愛新覺羅家族出情種，從努爾哈赤始到光緒終，幾百年愛恨糾纏生生不息，這是我喜歡清朝的原因，幾千年宮闈爭鬥史，血雨腥風一片，只有清朝露出了點溫暖的底子，他們讓我相信，原來，帝王也是有愛的。」

眾多才情滿滿的網路作家更是把皇太極與海蘭珠的愛情簡稱為「蘭極」，「蘭極」系列網路小說鋪天蓋地，倍受追捧的有很多。

可是，這些影視作品和小說裡所塑造的情聖形象，真是皇太極本來面目？

這裡，講述一個皇太極和另一個女人的真實故事。

皇太極後宮女人眾多，這些女人之間的關係很亂。

比如說上面提到的海蘭珠和孝莊文皇后，這兩人是蒙古科爾沁部博爾濟吉特氏人，是親生姐妹，海蘭珠是姐，孝莊是妹。嫁給皇太極的還有她們共同的姑姑孝端文皇后哲哲。

皇太極娶蒙古女人是「撫綏蒙古，進攻明朝」國策的政治需要，這三個蒙古博爾濟吉特氏女人中，最先嫁給皇太極的是姑姑哲哲。因為沒產下皇子，滿蒙關係就不夠牢固，於是又娶了孝莊。但孝莊剛嫁過來那幾年，光產皇女沒產皇子，同樣沒達到鞏固滿蒙關係的目的，就再加娶了海蘭珠。

海蘭珠是在天聰六年（1632年）嫁給皇太極的，彼時已經二十六歲，比妹妹孝莊文皇后晚嫁皇太極9年。皇太極循古制舉行了隆重的冊封後妃典禮，封海蘭珠為「東宮大福晉」。

而在天聰六年，皇太極冊立了中宮福晉、西宮福晉，覺得還要冊立一個東宮福晉，就選擇了蒙古扎魯特博爾濟吉特氏為東宮福晉。

《滿文老檔》第四十九冊記：天聰六年二月十二日，汗集諸貝勒大臣於內廷筵宴，以戴青貝勒之女冊為「東宮福晉」。

而從《滿文老檔》第五十冊記皇太極聘扎魯特博爾濟吉特氏所下豐厚的聘禮來看，他是非常喜歡這個女孩的。

皇太極在聘娶扎魯特博爾濟吉特氏前，一再向未來的岳父扎魯特部巴雅爾戴青貝勒強調：「迎入內廷，非好多娶，按例需備三福晉。」但事實明擺著，皇太極就是傾慕扎魯特博爾濟吉特氏的美色才趕到蒙古迎娶的。

扎魯特博爾濟吉特氏初入宮那段時間，大獲皇太極寵愛，次年生下了皇太極的第六女。

可是，好景不長。

天聰九年（1635年），扎魯特為皇太極生下第二個女兒，還在坐月子，皇太極以「感受扎魯特賢達淑德」為由，把她恩賞給了皇太極母親的親戚葉赫部德勒格爾台吉之子南褚為妻。

天吶，這到底是怎麼回事？

《滿文老檔》裡沒有太多的解釋，只用「不遂汗意」短短四字一筆帶過，但這已經充分揭露了皇太極的冷酷無情。

想想看，這個東宮福晉都已經給您生過兩個女兒了，小的還沒滿月，您就把她趕走，另嫁他人，這是正常人幹得出來的事兒嗎？

補充一下，南褚是護軍統領，正二品武官，作戰很勇猛，在招降蒙古林丹汗察哈爾部時立有些功勞，皇太極就把自己曾經最寵愛的妃子賞給了他。

林丹汗是成吉思汗的嫡系後裔、達延汗的七世孫，有八大福晉。林丹汗敗亡，這八大福晉和林丹汗的兒子額哲率領各支餘部相繼投降了皇太極。

皇太極是這樣處置八大福晉的：和自己的兄弟、兒子一起，按需分配。

八大福晉之首，林丹汗的正室，多羅大福晉囊囊（史稱囊囊太后），也姓博爾濟吉特，名娜木鐘（又一名為德勒格德勒），皇太極當仁不讓地笑納，封為麟趾宮（西宮）貴妃。

八大福晉中的芭德瑪瑙伯奇福晉也姓博爾濟吉特氏，名芭德瑪瑙，非常漂亮，皇太極也定為衍慶宮（次東宮）淑妃。

其餘的被皇太極分別許配給了堂弟濟爾哈朗、兄長阿巴泰以及自己的兒子豪格。

由來只有新人笑，有誰聽到舊人哭？

娶了新人的皇太極就是在這種情況下逼令扎魯特博爾濟吉特氏另嫁功臣的。

另外一個側妃葉赫那拉氏是在天聰二年（1628年）嫁給皇太極的，給皇太極生下皇五子碩塞。但皇太極不喜歡她了，也大大方方地把她打賞給了曾任內大臣的土謝圖。土謝圖是個不幸的人，在打獵中被老虎咬傷身亡。當然，皇太極是不可能把葉赫那拉氏迎回皇宮的，再次將她嫁於任鑲黃旗輕車都尉的達爾琥。

# 第三章　清朝入關

## 清朝撿漏入關之說

多爾袞說：「清之天下，取之於闖賊，而非取之於明朝。」這句話是非常狡猾，非常無恥的。話說，明清雙方在遼東爭鋒，反復展開生死搏殺，而李自成等人卻在內部可勁折騰，最終攻陷了大明帝都，迫死了崇禎帝。

清朝在這節骨眼兒上大舉入關，又運氣超好，遇上了吳三桂和李自成在山海關火拼。吳三桂獻關投敵，與清朝合擊李自成。

這樣，清朝撿了一個大漏，不但占據了北京，還收取了河北、河南、江淮廣大地盤。

由於李自成尚盤踞在陝西，多爾袞對於長江以南的廣大地區，尚顯力不從心，為了收取民心，就假仁假義地發布文告，哄騙大明遺民說：「實在痛惜你們明朝皇帝崇禎的子嗣已死、帝脈已絕，以勢孤難存，我大清只好勉為其難，暫時接管北京土地，厲兵秣馬，替你們殲滅跳梁小丑李自成，以還天下太平。再一次強調，我大清並沒有占據天下的野心，所做的一切，全是為了拯救中國。你們河北、河南、江淮各勛舊大臣、節鉞將吏以及眾懷忠慕義的布衣豪傑，或者是世受國恩，或者新近得到君主眷愛，或者自誓忠心，等等，都心懷亡國之悲，不可能沒有報仇雪恨的願望。我大清一律不吝封爵、特別給予表彰獎勵。如果有人不忘明室，想輔佐及擁立賢明的藩王，戮力同心，共同保全江東，這種想法合情合理，我大清絕不會干涉、更不會禁止。不但不會禁止，還會和新擁立的藩王通和講好，使你們不辜負本朝，把斷絕的帝脈接續上，把傾倒的王室扶起來，這就是你們友好睦鄰大清朝的仁義之舉。」（原文告為古文言，為了方便閱讀，筆者將之整理為現代文。）

而當多爾袞知道明朝江南士紳已在南京擁立弘光繼位，其慈悲的假面目立刻撕破，露出猙獰面目，寫信給南明核心人物史可法，惡狠狠地警告說：闖賊李自成，稱兵犯闕，迫死了君父親人；中國臣民，居然不發一矢一箭。平西王吳三桂效仿楚臣申包胥痛哭秦廷，向我大清痛哭請兵。我大清朝廷感其忠義，念及兩國世代的友誼，摒棄了近來的小嫌隙，整頓好狼虎之師，一舉驅除走了狗鼠之輩。原本我準備等秋高氣爽便遣將西征，傳檄江南，聯兵河朔，戮力同心，共報你們君死國滅之大仇，以彰我大清朝廷的威德。哪裡料到，你們這些南州君子，竟然將國恨家仇拋之腦後，擁號稱尊。我大清國入主北京，是從闖賊之手得來，並非取之於明朝，你們這麼做，便是天有二日，向我大清國叫板。本王減少西面征剿闖賊的兵力，調轉槍口向東，並釋放關在北京城內的重刑犯人，以之為前鋒。就不信我大清朝會以中華全力而受制於江東一隅之地，勝敗的結果，閉著眼睛都可以看得到。你史老先生和其他江南君子如果知天命、識形勢，又感恩故主，厚愛賢王，就應該勸你主上儘快削號歸藩。則我大清朝廷也會待如貴賓，封位在王侯之上。至於你等諸君子，也會列爵分土，以平西王吳三桂為典例。到底是聽從還是違抗我的建議，請儘早決定。大清天兵已經整裝待發，下陝西還是下江南，全在你老先生的表現。（這一大段話整理自著名的《多爾袞致史可法書》，其中

「國家之撫定燕都，乃得之於闖賊，非取之於明朝也」便是「清之天下，取之於闖賊，而非取之於明朝」的源頭。）

當時的形勢，史可法等人的主要想法是剿滅李自成，為崇禎報仇，實不願兩線開戰，有意和清朝結盟，所以沒有深入對多爾袞的狡猾措辭展開辯駁，只是綿裡藏針式地指出：當年回紇出兵幫助唐朝平亂，非為獲得土地。閣下如若要乘我國運中微，將我皇朝視同割據，那是要獲利而又盜用了大義之名。

實際上，多爾袞的「得之於闖賊，非取之於明朝」只是一句托詞，自努爾哈赤發布「十三恨」起兵以來，其「伐明」之聲不絕於耳，所屠戮遼東漢民不計其數，皇太極多次發兵深入畿輔、山東等地，犯下血案累累。

皇太極還把自己這一做法稱為「砍大樹法」，即今年砍一枝，明年砍一枝，天長日久，必能將明廷置於死地。

清兵入關之後，由多爾袞主導的「揚州十日」、「嘉定屠城」等慘案，更讓人談之色變。歷史地理學專家葛劍雄所著的《中國人口史》估算：明末中國人口接近兩億，而經過清軍燒殺了三十九年，人口銳減了五千萬。

清兵後來長驅入緬，捕獲和絞殺永曆皇帝，已是用行動向天下宣告自己親手埋葬了大明王朝的最後一縷餘脈，這「清之天下，取之於闖賊，而非取之於明朝」更何從說起？

特別要說明一下的是，清朝入關後的第三任皇帝雍正曾編發過一本名叫《大義覺迷錄》的小冊子，裡面還在不厭其煩地重申「清之天下，取之於闖賊，而非取之於明朝」的論點。

書中，雍正有發上諭強調：「清朝入主中原君臨天下，是完全符合正統之道，不可再以華夷中外而分論。」而在問訊曾靜的口供中又提到：「大清朝的建立正是天命民心之所歸，乃道義之當然。」

曾靜被捕前，寫有《知新錄》，稱「夷狄盜竊天位，染汙華夏，如強盜劫去家財，復將我主人趕出在外，占踞我家。今家人在外者，探得消息，可以追逐得他」。

雍正大為惱怒，反駁說：「明朝天下滅亡於流賊李自成之手，是強盜劫奪去家財，趕出明室主人的是李自成。我大清天朝順應天地人心而得天下，便是捕捉懲治強盜、申明刑罰、整飭法紀的天使差役。你們這些做家人的，既然不能追逐李自成索回家財，而當強盜們花費盡家財之後，卻轉身向捕捉懲治強盜、申明刑罰、整飭法紀的天使差役，指令他們賠償可以嗎？」

雍正甚至還振振有詞地說：況我太祖創業以來，並無取明之天下之心。太宗皇帝曾勒兵入關徇地，直到山東臨清，周視京城，縱獵南苑，數日乃歸。明朝並不能一矢加遺。彼時若欲取明之天下，豈不易如反掌？設若取明之天下，已早取矣，何待流賊之摧殘乎？惟以仁義為心，不肯代有其國。本朝之光明正大若此，今你懷叛逆之心，若在明朝，即是流寇李自成。而乃以明亡致恨為詞，曾不反心自問乎？你還有何說？

## 多爾袞怒斥朝鮮進貢美女真醜

很多書都說，朝鮮半島是多民族雜居之地，有來自東北的典型蒙古人種，有來自南方的三韓人，還有不斷遷徙到朝鮮的中國人……各民族之間互相婚配，出現了民族間的「混血」，盛產出大量美女，肌膚雪白，雋秀婀娜，讓人見了流鼻血。

數百年前，來自朝鮮的美女也許遠沒有我們想像中的美麗。有史料可查，清順治七年（1650年），大清朝皇父攝政王多爾袞嚴令朝鮮國王為自己選朝鮮美女侍候，對送來的朝鮮美女大為不滿。

朝鮮是中國的藩屬國，無論是明朝還是清朝，都是朝鮮眼裡的天朝，朝鮮王室都得源源不斷地向天朝統治者進貢處女，史稱「貢女」。

多爾袞向朝鮮王室索要美女，朝鮮國王不敢怠慢，在王室中千挑萬揀，挑選出了最富姿色的一位，敲著鑼、打著鼓，歡歡喜喜地送了過來。

多爾袞上了書本的當，以為朝鮮的「混血」美女都是能讓男人見了流鼻血的，興奮極了，一迭聲下令「速行進送」。

實在等不及了，乾脆以打獵為名，開心得意地出山海關迎接。

出了山海關，又跋涉了差不多二百里路，在寧遠以東的山坳裡，終於接到了新娘子。

猴急難耐的多爾袞，火急火燎地掀開車簾。這不掀還好，一掀，多爾袞如遭雷震電擊，失望並惱怒之情油然而生，扭過頭，甩起馬鞭子，對朝鮮送親使者痛斥說：「公主醜，侍女陋，汝國並無半分誠意！」勒令使者馬上、立刻、迅速把這個貢女遣送回去。

使者嚇得屁滾尿流，不敢說半個不字，拉轉馬頭，調轉車輛，狼狽不堪地返去。

衝著使者的背影，多爾袞惡狠狠地說：「假如改送來漂亮的，此前的嫌疑可以一筆勾銷。否則，你們等著吧。」

這一句「等著吧」，嚇得朝鮮舉國震驚。

國王只好下令在全國範圍內徵選美女。

好不容易選出來了，說是美女，但合不合多爾袞的意，實是半點把握都沒有。

所幸，這年十二月初九日，多爾袞突然暴斃。

貢女還在路上，接到了多爾袞的死訊，使者長舒了口氣。

朝鮮國內，更是人人加額稱慶，慶祝瘟神、魔君多爾袞升天，朝鮮躲過兵刀之劫——朝鮮人對自己國家的「美女」就是這麼不自信。

事實上，罵朝鮮貢女長得醜的，多爾袞並不是第一人。

大明永樂年間，明成祖就嫌棄過朝鮮進貢的貢女。

不過，和多爾袞相比，明成祖算得上謙謙君子，沒有親口罵朝鮮人，還給送來的貢女賜了名位。

但是，他派使者到朝鮮轉達了自己的感受。

《李朝實錄》記載：永樂七年（1409年）五月初三，太監黃儼、監丞海壽、奉御尹鳳至三人，到漢陽（今首爾）給朝鮮國王回賜禮物。黃儼口宣聖旨說：「去年你這裡進將來的女子們，胖的胖，麻的麻，矮的矮，都不甚好。只看你國王敬心重的，上頭封妃的封妃，封美人的封美人，封昭容的封昭容，都封了也。王如今有尋下的女子，多便兩個，小只一個，更將來。」

所以，在沒有整容技術的年代，朝鮮的「美女」還真拿不出手呢。

## 吳三桂在明清交替之際的歷史作用

中國歷史的發展影響著世界歷史的發展。

所以，外國學者從來都沒放棄過對中國歷史的研究。

美國人費正清和英國人崔瑞德共任全書主編的《劍橋中國史》是外國人研究中國歷史得出的最為全面、最為系統的述著。

《劍橋中國史》第9卷《劍橋中國清代前中期史（上）》在論述明朝滅亡的原因時，說了這麼一句話：「明亡是歷史的偶然，清朝只不過剛好抓住了這一次機會。」

這個機會是什麼呢？

書中提到了吳三桂。說吳三桂引清兵入關並與清兵合作，這才使清兵擊敗李自成，從而定都北京，統治了全中國。

明史研究權威專家顧誠先生在其代表作《南明史》中論述山海關戰役勝敗原因時，也說：「介於順、清之間的吳三桂部具有舉足輕重之勢：降順則李自成的兵力約為來犯之清兵一倍，而且山海關要隘不致拱手讓敵，即便在同清軍作戰中局部失利，大順政權可徵調的增援兵力較清方要大得多；吳三桂叛投清方，雙方兵力對比和態勢就顛倒過來，清、吳聯軍在數量上也占了優勢。」

事實果真如此嗎？

我們不必著急下結論，先看看自努爾哈赤起兵叛明以來，明清雙方之間都經歷過些什麼。

1616年，努爾哈赤自上尊號，正式建立後金。1618年四月，以「七大恨」誓師伐明，率兩萬步騎出征撫順，不到一個時辰便結束戰鬥，攻陷撫順，迫降明遊擊李永芳，掠人畜三十萬。同年七月，發動清河之戰，屠殺明守軍萬餘。

作為反擊，1619年三月，明集結起十二萬明軍，號稱四十萬，揭開薩爾滸大戰的序幕。此戰，明軍分兵四路，其中三路全軍覆沒，唯剩一路逃遁，文武將吏死三百餘人，軍士死四萬五千八百餘人。

1619年六月，努爾哈赤挾薩爾滸大勝之威，率四萬兵馬進擊東北重鎮開原，明總兵馬林及守城將士全部戰死。

七月，努爾哈赤進擊鐵嶺衛，盡屠城中軍民，劫掠到的人畜財物運了三日猶未盡。

1621年三月，努爾哈赤取瀋陽，明總兵賀世賢、尤世功戰死，明軍喪生七萬人。隨後，由川中秦良玉訓成的石柱白桿兵和江浙戚家軍組成的援遼大軍與後金軍在渾河南岸展開激戰，萬餘將士全部被殲。

瀋陽一失，遼陽便暴露在後金的兵鋒之下。

五天後，後金一鼓作氣，將之攻克，盡殲明兵數萬，明經略袁應泰自焚而死。

遼河以東大小七十餘城隨即聞風降服。

明清交戰的戰場也由此轉移到遼西。

1622年正月，努爾哈赤領兵五萬直取雄峙遼河西岸的廣寧城（遼寧北鎮）。沿途血洗哨所西平堡，三千明軍全部陣亡。又在沙嶺殲滅了趕來救援的明軍三萬餘人。

明朝守軍主要集中在廣寧，廣寧潰散，寧遠、錦州等地無兵可守，整個遼西盡落後金手中。

僥倖的是，王化貞培養出一名悍將——毛文龍。

毛文龍領一百九十七名勇士，橫跨海峽，深入敵後，夜襲鎮江（即今遼寧省丹東市）成功，而後退兵皮島，開設東江鎮，從敵後牽制後金。

努爾哈赤一則糧餉難繼，二則擔心老巢有失，鑑於後金的八旗兵力不足（也就五六萬人），也不敢分兵駐守廣寧，匆匆東歸。

也就是說，努爾哈赤興兵遼西，雖然劫掠了大量牛馬人口及財物，卻未能消化和經營這廣袤的遼西大地。

接任遼東經略一職的孫承宗得以與遼東巡撫袁崇煥一唱一和，幾乎傾盡大明國力來打造了一條把寧遠、錦州與山海關聯結成一體的關寧防線。

1626年正月，努爾哈赤統兵五六萬進攻寧遠，終因天氣太過寒冷，堅冰將城牆死死凍住，後金兵無法破壞城體，且毛文龍在後方屢屢騷亂出擊，努爾哈赤只好收兵。

此前，努爾哈赤於明軍是予取予求，攻無不克、戰無不勝，唯在寧遠這一次沒有得手。故此，明廷把此戰定性為寧遠大捷，以振作士氣。

事實上，明軍方面的捷報僅僅是：「寧遠捷功奴夷首級二百六十九顆，活夷一名，降夷十七名。」

清方也承認此戰明軍「傷我遊擊二人、備禦官二人，兵五百人」。

即這場「大捷」是被誇大了的「大捷」。

努爾哈赤在撤離寧遠後，盡擄右屯儲糧三十萬石，戮盡覺華島上三萬餘軍民，再將河東堡、筆架山、龍宮寺、覺華島的糧食付之一炬。

八個月後，努爾哈赤病逝。繼位的皇太極發起「丁卯之戰」，打服朝鮮，重創毛文龍，隨後揮師西進。

皇太極兵尚未至廣寧，大淩河和小淩河的明軍軍心大潰，棄城遁走。

皇太極追殺至錦州城下，四面合圍，實施「圍城打援」，盡克來援明軍。其中，尤世祿、祖大壽率領的四千援軍全軍覆沒。

不過，毛文龍雖在「丁卯之戰」中遭受重創，餘勇猶在，盡出精銳襲擊昌城、遼陽，錦州之圍遂解。

這是後金方面第二次沒有達到預期目的的戰鬥，明方再將這次戰鬥定性為「寧錦大捷」。

從此不難看出，毛文龍實是後金的腹背之患。

不過，1629年六月初五日，袁崇煥蹈海島斬殺了毛文龍，致使皇太極再無後顧之憂，振旅西征。

皇太極取道內蒙古，繞開大明朝砸鍋賣鐵打造出來的關寧防線，自北向南，直奔北京，縱略良鄉、固安等，連下遷安、灤州、永平及遵化四城，大敗明軍，搶掠人畜財物無數。

熟門熟路的後金騎兵其後又發動了多次大規模的奔襲戰，分別是：

1634年的入口之戰。皇太極親率九萬餘眾，繞道內蒙古，從長城北部諸口入邊，突襲宣府、大同地區，蹂躪逾五旬，「殺掠無算」。

1636年的京畿襲擾戰。阿濟格率師八萬餘，從獨石口入邊，襲擊延慶、昌平、良鄉、安州、雄縣、密雲、平谷等地，「遍蹂畿內」，掠人畜十八萬，從建昌冷口出邊。

１６３８年的冀魯襲擾戰。多爾袞、豪格分兩路進關，自北而南，深入河北南部，轉入山東，轉掠二千里，攻下七十餘州縣，掠人畜四十六萬餘，金銀百餘萬兩。

１６４２年的山東騷擾戰。阿巴泰率師十萬餘入關，經北京地區，直入山東，連克三府、十八州、六十七縣。掠人口三十六萬餘、牲畜五十五萬頭。

其間，皇太極兵圍大凌河，明將祖大壽率軍民三萬餘人堅守三月後被迫投降。

１６４０年，皇太極又圍錦州，再次祭起「圍城打援」戰術，要在野戰中把來援明軍消滅殆盡。

這次，皇太極成功了，他盡殲來援十三萬明軍，俘獲明統帥洪承疇，破松山城，克錦州城。

１６４３年十月，清軍攻下寧遠，擋在前面的障礙僅餘一座山海關。

１６４４年三月十九日，李自成攻陷北京城，崇禎帝殉國。

也就在這個時候，擁重兵坐守山海關的吳三桂成為了歷史的焦點。

很多人都認為，這時的吳三桂就跟楚漢相爭時的韓信差不多。劉邦和項羽爭鬥趨白熱化之際，韓信幫劉邦，則劉邦勝；韓信幫項羽，則項羽贏。

事實是不是這樣呢？

貌似是。

吳三桂「衝冠一怒為紅顏」，投入了清朝的懷抱，與清軍聯手，大敗李自成的大順軍，「凡殺數萬人，暴骨盈野」。

1645年，清軍西擊西安。李自成倉皇奔走於湖北通山縣九宮山，亡命於牛跡嶺。曾經喧赫不可一世的大順政權由此煙消雲散。

清軍兵鋒南指，過泗州（今江蘇泗洪縣），克揚州，明內閣大學士、兵部尚書督師史可法殉難。

揚州既得，清軍越長江天險，占領南京，南明弘光朝覆亡。

其後，清軍攻江陰，殺明軍民十六萬餘人；屠嘉定，下杭州，取紹興及溫州、台州等地。

1646年，清軍取延平、福州，南明隆武帝汀州死難。

該年十二月，清軍入廣州，收肇慶、梧州。

不過，必須要說明的是，清軍自滅了李自成大順政權、攻下南京後，八旗精銳主要經營北方，負責在南方追剿南明殘餘力量的，主要是由明、順降兵降將構成的「新清軍」。

這些「新清軍」，以金聲恒、李成棟為例，他們在為清廷效勞時，追殺南明軍異常厲害，怎麼打怎麼有，可是，一旦反正歸明，就變成了豆腐軍，被清軍蹂躪得沒半點脾氣。

真正能跟清軍幹上幾仗的是李定國。

李定國兩蹶名王，復全州，拔桂林，迫死清靖南王孔有德；又在衡州擊殺清敬謹親王尼堪。

但不管怎麼樣，女真人滿打滿算還是不足一百萬人，他們定鼎北京後，主要還是依靠投降過來的明朝降兵來完成統一中國的大任。

有人做過統計，整個明清戰爭中，真滿人口在戰場中損失的，不超過十萬，而漢人卻以千百萬計。

一個很殘酷的真相凸顯出來：滿洲八旗的戰鬥力實在太恐怖了。

東北地區「林木障天，明晝如晦」，女真人以漁獵為生，個個體魄強健，弓馬嫻熟，機警勇猛，堅忍頑強。

相較之下，以農業為生的漢民族，他們面朝黃土背朝天地重複著枯燥乏味的勞作，安天樂命，對於任何遷移和變動都會發出本能的懷疑與恐懼。

不難想像，這兩大民族發生衝突時，哪一方的鬥爭氣勢更盛。

另外，史書記載：「奴酋練兵，始則試人於跳澗，號曰水練，繼則習之以越坑，號曰火練。能者受上賞，不用命者輒殺之。故人莫敢退縮。」

努爾哈赤還結合了漁獵生涯中的特點，貫徹了打虎親兄弟、上陣父子兵的原則，以血緣親族為紐帶發展成各種基層戰術單位，構建起八旗軍事組織，讓士兵在戰鬥中相互支援，同生共死。

由此，我們完全可以懷疑，站在命運十字路口的吳三桂，即使選擇了跟李自成站在一起，能否抵擋得住清八旗軍的進攻。

讓我們把視線移到那個特殊的歷史關口：

崇禎帝縊死煤山的消息傳到瀋陽，多爾袞便召開了王公大臣會議，商議出兵與李自成爭奪天下。

多爾袞從未與李自成交過手，不知李自成底細，向明朝降將洪承疇諮詢。

洪承疇曾長期與李自成、張獻忠等起義軍作戰，對起義軍的特點再熟悉不過，他曾有好幾次將李自成等人斬盡殺絕的機會，但都因皇太極入關搗亂而功敗垂成。在他看來，李自成軍其實不過是一群得勢輒聚、失勢輒散的烏合之眾。遙想當日，他和曹文詔、盧象昇等人打起起義軍時是何等的得心應手、何等的威風八面，但一旦與清軍對陣，就只有受輾壓的份。曹文詔、盧象昇在剿殺流民軍時，甚至帶領十幾名騎兵就把成千上萬的流民軍追砍得屁滾尿流，但他們遇上了清軍，瞬間陣亡。

現實就是：清八旗軍戰鬥力至剛至強，明政府正規軍中規中矩，李自成的起義軍其實不堪一擊。

李自成從西安殺向北京，一路浩浩蕩蕩，號稱百萬，聲勢很大，弄得沿途明朝州縣官員紛紛開城投降。

李自成上京之路遭遇到的唯一抵抗者就是寧武關總兵周遇吉。

周遇吉領四千寧武軍與李自成展開激戰，李自成的「百萬大軍」損失慘重。

不過，仗著人多勢眾，李自成終於還是把周遇吉耗死了。

不管怎麼樣，李自成軍的戰鬥力和清軍比，差得很遠。

聽了洪承疇的分析，多爾袞再無顧忌，率滿洲、蒙古八旗大部和漢軍八旗的全部，及明降將孔有德、尚可喜、耿仲明三王的兵馬鳴炮出征。

最初選擇的進關路線是繞開山海關，西經薊州、密雲等地直撲北京。

不過，陰差陽錯，途中遇上了吳三桂派來的乞降使者，多爾袞改變了主意，改道向山海關進發，隨後在山海關發生了數百年來人們談論不休的山海關大戰。

這場大戰，李自成是吃了敗仗，但他且走且戰，尚可從容返還北京，並在北京稱帝，過了一把皇帝癮。

其實，假設一下，吳三桂真的選擇和李自成合作，老老實實鎮守在山海關，那麼清軍按原計劃從山海關西面破長城而入，出李自成不意，且截斷李自成返還陝西的歸路，則李自成只能被活活困死在北京，死亡更快，大順軍的傷亡更大。

說吳三桂是決定歷史走向的人，嚴重誇大其詞。

## 大清肇興，此人功不可沒

大清王朝得以肇興、定鼎中原，一代漢人名臣范文程功不可沒！

《清史稿》對范文程的部評是：「文程定大計，左台贊襄，佐命勛最高。」

說起范文程，頗有些來頭。

萬曆四十六年（1618年），已於兩年前建國稱汗的努爾哈赤猛攻撫順，城下，揮軍在城裡燒殺搶掠，無惡不作。

時年二十一歲的范文程與兄范文案「仗劍謁軍門」，主動求見努爾哈赤，賣身投靠，希望能得一官半職。

范文程不過瀋陽縣學一介秀才，為了引起努爾哈赤的重視，他自稱是宋朝大學士范仲淹的第十七世孫；六世祖范岳曾任湖北雲夢縣縣丞；曾祖范鏓為嘉靖朝兵部尚書；祖父范沉為天啟朝瀋陽衛指揮同知……。

努爾哈赤聽了，喜不自勝，對左右說：「此名臣後也，善遇之！」鄭重收歸帳下。

努爾哈赤公開與明廷作對，萬曆皇帝勃然大怒，起用楊鎬為遼東經略，興兵討伐。楊鎬來勢洶洶，號稱四十萬大軍，分兵四路，直撲努爾哈赤的老巢赫圖阿拉。努爾哈赤手下不過六七萬人，全被明軍的氣勢嚇傻了。

來自明朝的范文程可謂知己知彼，其根據明朝九邊兵力的配置，分析出明軍不會超過十二萬人，迅速地穩定住了後金軍心，使得努爾哈赤做出了「恁爾幾路來，我只一路去」的決策，從而奠定了薩爾滸戰役的勝敗走向。

范文程還不是一般的文臣、謀士，其虎背熊腰，體格魁偉，樂於提槍策馬，衝鋒陷陣。天聰三年（1629年）十月，清太宗皇太極統率滿、蒙大軍五萬餘人從喜峰口突入塞內，入薊門，克遵化，荼毒明境。范文程本在皇太極的文館任職，不甘寂寞，要求隨軍出征，在攻打潘家口、馬蘭峪、山屯營、馬欄關、大安口等城時，披堅執銳，衝鋒在前，表現得非常搶眼，斬殺明兵明將，不可勝數。

當然，范文程的最大功績不在陣前砍殺，而在於幕後謀劃。清廷犯明的策略、策反漢族官員、進攻朝鮮、撫定蒙古、國家制度的建設等，無不閃現著范文程的身影。

皇太極對范文程深相依賴，人前人後，以「范章京」相稱。諸臣議事，皇太極的口頭禪就是：「范章京知否？」

崇德二年，即西元1637年，皇太極賜予范文程一等大臣的品級，范文程成了清政權漢族文臣第一人。

崇德八年（1643年）八月初九日，皇太極去世，范文程感覺猶如天塌地陷，不勝悲傷。

皇太極生前沒有明確指定皇位繼承人，其子豪格與其弟多爾袞兩大勢力為爭帝位，幾乎兵戎相見。

最後，作為平衡，在諸王貝勒大臣的商議下，豪格、多爾袞雙雙罷手，立皇太極第九子福臨為帝，是為順治帝。

八旗中紅旗旗主碩託認為多爾袞勢大，當為真龍天子，仍在暗中謀立多爾袞為君，事泄，被處死，籍沒其家。

原屬紅旗旗人的范文程被撥入鑲黃旗，歸多爾袞的同母弟豫郡王多鐸管轄。

多鐸為人處事乖張不羈，知道范文程家有美妻，公然掠奪。

按清朝制度，旗主是可以對旗下所有人和財物予取予求的，即奪取范文程的妻子合法、合情、合理。

問題是，范文程是一個漢人，漢人最不能忍受的是「殺父之仇」、「奪妻之恨」，而且，以范文程在當時朝中的地位論，多鐸即使再喜歡范文程的妻子，也應該給范文程一個面子，能不動就不動。但多鐸偏不，似乎就是要凌辱范文程，執意要搶其妻。

這種情況下，如果范文程真有血性，也用不著使出陣前斬將的手段來與多鐸決鬥，單以其謀略來與多鐸玩，也能把多鐸玩死。

再不濟，離開清朝陣營，不與共事，也算得上條漢子。

但是，范文程經過前思後想，苦苦掙扎，最後選擇了一種灑脫的方式：妻子如衣服，舊的不去，新的不來，換一件就是。倒掉苦水，換上笑臉，繼續樂呵呵地為清廷效勞。

彼時，李自成東征大明帝都北京，大明江山遭受驚天巨變。

范文程上書多爾袞，奏請立即出兵伐明，奪取天下。

應該說，范文程的及時反應，在清朝入主中原這一緊急關頭立下了殊勛。

半路上，多爾袞突然收到山海關吳三桂的乞降書，一時進退難以定奪。

又是范文程跳了出來，陳明了形勢，堅定了多爾袞進軍的信心和決心。

清軍打敗了李自成後，范文程扶病隨征，親署自己的官階姓氏，草檄宣諭：「義兵之來，為爾等復君父仇，非殺百姓也，今所誅者惟闖賊。官來歸者復其官，民來歸者復其業。師律素嚴，必不汝害。」使民心早安，清軍得以迅速前進。

多爾袞初據北京，百務廢弛，焦頭爛額，無從處置。

范文程於是「每日坐午門右決事」，「晝夜在闕下，事無巨細應機立辦」，佐理國政。

范文程還現身說法，為清廷爭取到了人心，恬不知恥地稱「我大明骨，大清肉耳」。

又大言欺世，說大清江山「乃得之於闖賊，非取之於明國也」。

范文程就這樣嘔心瀝血，為清朝開創江山立下了不朽之功，順治加其為「少保兼太子太保」。

范文程死後，康熙為其題詞「元輔高風」。

表面上，范文程做的是張良、劉伯溫一類的謀士事業，但在歷史上得到的評價並不高。他的很多孫子在清朝辦事，最後得善終者少。

## 如何給洪承疇準確定位

前幾年，著名相聲演員郭德綱和徒弟互撕，說了一個頗為有趣、頗堪玩味的段子：

明朝有官員找人算命，算命的告訴他，你應該命喪於甲申年三月十九日。官員聽了非常難過，開始著手準備後事。哪料，到了那個不祥日子，官員並沒有死。大清入關，官員做了清朝大官。若干年後，偶遇算命的，官員不由破口大罵，罵其害自己虛驚一場。算命的笑了，說：「甲申年三月十九日，崇禎皇帝自縊，為臣子的理應盡忠死去，但是，你就是不死，我有什麼辦法？」

古代封建社會講究忠君愛國，忠君就是愛國，愛國就必須忠君。

大明已亡、崇禎已死，作為大明的臣子，如果無力改變現狀，又不能隨君殉國，那就逃竄山野、退隱江湖，安靜地做一個遺民吧。

可是，俯身屈膝，改做大清朝的臣子，就是變節，理應遭到後人的鄙視。

老郭的段子，極容易讓人聯想起明清年間的貳臣代表人物洪承疇。

先按下品行和道德不說，單以能力論，洪承疇絕對算得上明清年間的一大猛人。

洪承疇，字彥演，號亨九，福建南安（今福建泉州府南安縣）人。明萬曆四十四年進士。初授刑部江西清吏司主事，曆員外郎、郎中等職，在刑部任事六年。天啟二年（西元1622年）擢升浙江提學僉事，後升遷兩浙承宣布政左參議，升陝西督道參議。

開始的十幾年宦海生涯中，洪承疇顯得波瀾不驚，平淡無奇。

直到那一年——崇禎二年（1629年），流民軍王左桂、苗美率兵進攻韓城，身為文官的洪承疇領兵出戰。當日，洪承疇斬殺敵兵三百人，解了韓城之圍，他的名字才廣為世人所知。

崇禎二年這一年，是農民起義風雲初起之期，高迎祥、張獻忠、李自成等先後起義，單單陝西境內就有近百支流民軍部。相當數量的官軍邊兵，因缺餉嘩變，也加入了流民軍的洪流。

明廷令三邊總督楊鶴「剿撫兼施、以撫為主」。

事實證明，楊鶴的政策是行不通的。

以民軍首領王左桂為例，其接受了楊鶴的招撫不足一個月，等手上的招撫金花光，立刻翻臉不認人，拎起刀子反朝廷，大舉攻打韓城，把楊鶴嚇得魂飛魄散。

所謂滄海橫流，方顯英雄本色。

洪承疇一介文士，在危難之時拔劍而起，解困扶危。

也就是從這時開始，洪承疇走進了崇禎的視線。

崇禎三年（1630年）六月，洪承疇被任為延綏巡撫。其一改楊鶴的招撫政策，大力剿匪，不但大力剿匪，且並「殺降」！短短一年的時間裡，殺掉的「降軍」多達數萬，令人瞠目結舌。

不過，似乎也不能全怪洪承疇，這都是給那些降而復叛，叛而又降，在降與叛之間反反復復地循環永遠不知疲倦的流民軍逼的。在明末，詐降似乎是所有流民軍的「光榮傳統」，不但小股流民軍如此，就連李自成、張獻忠這些大名鼎鼎的人物，對詐降的流程也是駕輕就熟，明軍歷經多次都對他們剿而不死，主要原因就在於此。

崇禎四年（1631年），主撫的三邊總督楊鶴被罷官入獄，洪承疇繼任陝西三邊總督，從此站上了時代的風口浪尖。

洪承疇高舉「全力清剿」大旗，集中兵力進攻陝西農民軍。

崇禎五年（1632年）春天，洪承疇在慶陽的西澳對陝西境內的數支流民軍進行圍剿，雙方激戰數十次，斬殺流民軍首領杜三、楊老柴，一掃官軍多年頹氣，朝廷稱此戰為「西澳大捷」。陝西待不下去了，各部流民軍先後東進，湧入山西，其中有高迎祥、張獻忠、李自成、羅汝才等，共二十餘萬人，號稱三十六營，一度攻破大寧、隰州、澤州、壽陽等城，氣勢大盛。

崇禎六年（1633年）九月，洪承疇會同曹文詔、左良玉等人將這些流民軍驅逐至河南武安，層層包圍，應該說，這次是對流民軍實施「一鍋端」的大好時機。可惜，皇太極繞道蒙古，兵進大同，曹文詔在關鍵時刻改調，高迎祥、張獻忠、羅汝才、李自成等人再次祭出詐降一招，騙過了王朴，從容突破明軍的包圍圈，經澠池縣突破黃河防線，轉進至明軍力量薄弱的豫西楚北。他們以鄖陽為中心，改變了以往戰術，分部來往穿插於豫楚川陝之間，利用官軍分兵守境，互不協同的弱點，「以無厚入有間」，進行游擊性質的流動作戰。

明軍不得不分兵把守要隘，疲於奔命，陷入戰線過長，兵力分散的困境。

洪承疇於是做出了調整，他梳理出主次，以重兵攻打重點地區，將高迎祥部先後擊敗於確山、朱仙鎮（今河南開封市西南）等地，逐入西部山區。

崇禎七年（1634年），五省總督陳奇瑜在車廂峽又中張獻忠等人的詐降計，錯失將流民軍一網打盡的良機，落了個丟官棄職的下場。此時的洪承疇仍任陝西三邊總督，但以功加太子太保、兵部尚書銜，總督河南、山西、陝西、湖廣、四川五省軍務，成為明廷的主要軍事統帥。

這一年，洪承疇調動官軍入陝，命總兵賀人龍、左光先對高迎祥部進行夾擊，大獲全勝，一直追殺到靈寶、汜水（均在河南）。

崇禎八年（1635年）初，流民軍一分為三，分襲陝西、山西及東入鳳陽，焚毀皇陵。八月，崇禎以盧象昇為五省總督，專治中原；洪承疇專治西北，分區作戰，相互協同。這年年底，高迎祥、張獻忠在河南連續失敗，兵力損失過半，殘部再返陝西。而李自成在興平等地亦多次失利。

崇禎九年（1636年）七月，洪承疇率軍在臨潼大敗高迎祥部，將之圍困了三個多月，追至盩厔（今陝西周至）成功俘獲了高迎祥，將之解京磔死。

形勢一片大好。

然而，清軍入邊，連陷昌平等十六城，盧象昇被調，馳援京師。流民軍壓力減輕，張獻忠乘機復起，聯合羅汝才等部二十餘萬人，沿江東進，分散活動於蘄州、霍山一帶；而李自成也招攬了高迎祥的大部分潰兵，從「闖將」進化為「闖王」。

崇禎十年（1637年），闖王李自成的表現相當活躍，其進軍四川，沿路破城十餘座，攻克了甘肅的寧州、羌州，入七盤關，但在崇禎十一年（1638年）返陝時，在洮河一帶遭洪承疇及孫傳庭軍襲擊，敗走岷州。

崇禎十二年（1639年）十月，洪承疇令總兵馬科、左光先領兵截擊李自成，李自成軍潰不可支，回師轉東，洪承疇又令曹變蛟潼關設伏邀擊，李自成大敗，僅餘十八騎走入陝南商洛山中，「關中賊略盡」。

然而，隨著盧象昇陣亡巨鹿，京師危機未解，崇禎不得不把洪承疇從西線調入，與孫傳庭一起率軍拱衛。

洪承疇率總兵官左光先、賀人龍等十五萬人馬，出潼關，趕赴京師。

崇禎帝下旨郊勞，隆重地接見。

崇禎十二年（1639年）正月，崇禎帝授洪承疇兵部尚書兼右副都御史總督薊遼軍務。但洪承疇被任命總督薊遼軍務不久，清軍飽掠了河北、山東之後，已回到瀋陽。

洪承疇接手對遼戰事後，提出了「守而兼戰」的策略，主張穩紮穩打，步步推進。

崇禎十三年（1640年）五月，清軍進圍錦州。

洪承疇審時度勢，在明軍野戰難以與清軍爭鋒的前提下，仍是貫徹「守而兼戰」的策略，紮營固守，先將自己立於不敗之地，而守中又不時主動出兵與清軍交戰，以積小勝為大勝。

由於策略得當，戰局在一步步地向他所希望的方向發展。

彼時，洪承疇立營於松山西北，清軍濟爾哈朗發其右翼兵出攻，雙方數度交手，互有殺傷，但明軍略占優勢，斬敵首一千五百餘級。

隨後，楊國柱、王樸等部先後來聚，兵力更增至十三萬，由八鎮總兵分領，依松山結陣，大張兵勢，掘壕築城而居。

多爾袞不服，率鐵騎直衝洪承疇大陣，被打得頭破血流而回，「清人兵馬死傷甚多」。

遠在瀋陽的皇太極得知，急得「憂憤嘔血」，急命阿濟格率軍支援前線。

阿濟格連打幾仗，亦均以失利告終。

阿濟格心灰意冷之餘，對部下說：「與其勞苦如此，不若遁走。」清軍已有撤圍之意。

只要堅持原有策略，洪承疇的勝利只是時間問題。

但是，明兵部尚書陳新甲認為時間拖得太久了，就會靡費糧餉，力主速戰速決，一面派兵部職方郎中張若麒趕往前線催促洪承疇儘早解決錦州問題，一面請崇禎下令洪承疇兵分四路進擊清軍大營。

明廷國庫虧空，財政赤字，崇禎也覺得拖不起，發密旨給洪承疇，令其刻期進兵。

洪承疇只好放棄前議，盡統八鎮大軍傾注於松山「孤危之地」，最終收到了影響明清戰局走勢的松錦慘敗。

對於這場慘敗，朝鮮人歎息說，是「中朝（指明朝）之運，亦已衰矣」。

《國榷》也說，此戰「九塞之精銳，中國之糧芻，盡付一擲，竟莫能續御，而廟社以墟矣！」

明朝從此元氣大傷，積重難返，迅速走向沒落。

洪承疇及手下一大批幹將被俘，清軍要求他們按照清人的習俗剃頭以表示投降。曹變蛟、丘民仰和王廷臣等人表示：「寧可殺了我們，決不肯剃頭！」洪承疇最初也拒不剃頭，「只求速死」。

皇太極下令殺死丘民仰、曹變蛟、王廷臣等人，卻獨獨留下了名氣最大、才能最顯的明軍統帥洪承疇。

洪承疇被押送到了瀋陽，殉國的意念一點點退散，最終牙口鬆動，做了個可恥的叛徒、走狗。

可歎古往今來多少人，平日慷慨成義易，事到臨頭一死難！

可憐崇禎並不知道洪承疇已經降清，以為洪承疇會在這種大忠大義、大是大非的問題上為全天下人做出表率，會以身殉國，因此輟朝三日，以王侯規格「予祭十六壇」，七日一壇，親自「痛哭遙祭」，還御制「悼洪經略文」明昭天下。

清朝入關，洪承疇效勞於多爾袞的鞍前馬後，明朝臣民才知此老已經變節偷生，苟活於人世，不由得痛呼：「蒼素變於意外，人不可料如此！」

清朝入關前，多爾袞從未與李自成的起義軍交過手，不知李自成的底細，為慎重起見，專門召開了王公大臣會議，就要不要出兵與李自成爭奪天下進行商議。

洪承疇是李自成、張獻忠等起義軍的剋星，諳熟起義軍的作戰特點，鼓勵多爾袞說：「李自成流寇不過烏合之眾，豈能與我大清八旗勁旅相提並論?!」

由此，多爾袞再無顧忌，率滿洲、蒙古八旗大部和漢軍八旗的全部，及明降將孔有德、尚可喜、耿仲明三王的兵馬鳴炮出征。

特別值得一提的是，清朝入關時的宣傳口號是：替崇禎帝報仇。

這是一個極其陰險也極其高明的口號。

而制訂這個口號的人，就是洪承疇。

洪承疇向多爾袞獻策，說：「我兵之強，流寇可一戰而除。如今宜先派遣官員宣布王令，諭示大明百姓我軍此行目的在於平滅李自成流寇，有抗拒者，必加誅戮。我軍不屠人民，不焚廬舍，不掠財物。各府各縣，開門歸降，官則加升，軍民秋毫無犯。若抗拒不服，大軍破城之日，百姓之外，官吏悉誅。而城內有主動作為我軍內應的，破格封賞。這是首要之務。」

南明弘光政權覆滅之初，清廷準備派一個有影響、有才幹的漢人官員前往南京招撫江南。多爾袞把洪承疇當成了不二人選。

多爾袞說：「我見他做得來，諸王亦薦他好，故令他南去。」

於是，洪承疇以原官總督軍務招撫江南。

在江南，洪承疇使用了剿撫並用的手段，做盡了許多傷天害理的事。

金聲、夏完淳、黃道周等明朝忠臣義士都死於他的屠刀之下。

而鄭芝龍等一干鮮恥寡義之徒也全被他以卑鄙下流的手段招攬到清方隊伍。

順治四年（1647年）十二月，洪承疇因父喪和眼疾，且江南局勢基本平定，暫時解任守制，回家休養。

然而，順治五年（1648年）隨著金聲桓、李成棟等人的相繼易幟，清朝文武驚恐不安、惶惑無策，洪承疇又擔任了平定湖廣、廣東、廣西的重任。

金聲桓、李成棟等人已被鎮壓，洪承疇返都兼管都察院左都御史事。

順治九年（1652年）五月，洪承疇母喪，奉旨私居持服，漸被邊緣化。

順治十年（1653年），孫可望、李定國所率領的幾十萬大軍在雲、貴歸附南明永曆帝，抗清出現新高潮。洪承疇的行情見漲，被特任為太保兼太子太師，經略湖廣、廣東（後改以江西代）、廣西、雲南、貴州五省，總督軍務，兼理糧餉。「撫鎮以下，聽其節制。兵馬糧餉，聽其調度。一應撫剿事宜，不從中制，事後報聞。」

洪承疇此年已「年逾六十，理宜退休」，驀然得此重用，激動得夜不成眠，在燈下揮筆寫決心信，表示「盡心竭力，以期剿撫中機」，不負朝廷重任。

在湖南，洪承疇制訂出了「安襄樊而奠中州，固全楚以鞏江南」的戰略防禦方針，在軍事上

「以守為戰」，採取守勢，政治上「廣示招徠」採取攻勢，與當年主持松錦大戰時所主張的「步步為營、且戰且守」有著異曲同工之妙，即以緩見功效。

順治十四年（1657年），有稱帝野心的孫可望被李定國打敗，走投無路，向洪承疇請降。清廷遂嚴令洪承疇率所部相機進取，另外命平西大將軍吳三桂自四川、征南將軍卓布泰自廣西分道進兵貴州。

順治十六年（1659年）正月，清軍攻陷昆明，雲南平定。八月，洪承疇因年老體衰、眼疾加劇，請求回京；翌年正月，奉旨解任回京調理。回京後卻遭到冷遇，仕途生涯基本結束。

順治十八年（1661年）正月，順治駕崩，康熙登位。年已六十九歲的洪承疇在朝廷倍感孤寂，於五月疏乞休致。清廷幾經爭論，終授以「三等阿達哈哈番」之爵位。

三等阿達哈哈番的漢名即三等輕車都尉，是位列公、侯、伯、子、男之下的一個等級，敘三品，分一、二、三等，洪承疇為三等，很低。

四年後，即康熙四年（1665年），洪承疇死，享年七十三歲，清廷「賜祭葬如制，謚文襄公」。

表面上看，洪承疇得謚號文襄，那還是不錯的。

但，乾隆四十一年，乾隆帝別出心裁，下令國史館編纂《明季貳臣傳》，把洪承疇和其他降清的叛臣一併打入「貳臣」行列，唾棄這些「貳臣」、「不能為其主臨危授命，輒復畏死刑生，靦顏降附」。

由此可見，雖然洪承疇為清廷定鼎中原立下了汗馬功勞，但清廷對他的所作所為還是很反感、很不齒的。

畢竟，無論站在哪個角度看，洪承疇都是一個大節有虧、背叛舊主的人，他的行為不應該得到表揚和讚頌。

然而，奇怪的是，近二百多年過後，洪承疇的歷史地位卻被逐漸抬起來了。

平心而論，洪承疇仕清期間，為了大清統一事業，雖然多有屠戮，但主要還是採取以撫為主、以剿為輔的策略，避免了過多的武裝衝突和流血，在國家統一和安定社會秩序等方面起了積極作用。另外，他還招撫、舉薦大批明朝降官，並實施了一系列減輕百姓負擔、刺激經濟發展的措施，緩和滿漢之間的民族矛盾和階級矛盾。而在清廷朝政建設上，洪承疇又大力建議清朝統治者沿用明朝的典章制度，完善清王朝的國家機器，並倡清朝統治集團「習漢文，曉漢語」，瞭解漢人禮俗，宣導儒家學說，以淡化滿漢之間的隔閡。

所以，洪承疇客觀上還是做出了一些有益於社會和人民的事。但是，不應該把這些東西無限誇大、放大，更不應該把洪承疇定位為「中華民族傑出人物」。

洪承疇本質上就是一個貪生怕死的小人，他在投降的時候，他在翻蹄亮掌地為大清王朝奔走操勞的時候，主觀上並沒有要促進國家的統一、民族的團結想法，他更多想到的恐怕只是自己的個人生死、家族的榮華。

現代有很多歷史學家喜歡用所謂的歷史進化觀來分析明亡清興的原因，他們最喜歡說的一句話就是：「明朝政府是一個陳舊、腐朽、沒落的政權，其生產關係不能適應生產力的發展，已經是日薄西山，奄奄一息。新興的清朝政府來自關外，生機勃勃、富於朝氣，其代替明朝政府是歷史向前發展的必然結果。」

其實，此言大謬！

對清朝政府而言，它是建立在原始社會基礎上的奴隸社會國家，雖說有其富於朝氣的一面，但和明朝相比，根本看不出其有何先進性可言，文化方面就不用說了，滿洲文字的創建，也是清朝建國以後的事。生產關係嘛，也是奴隸和奴隸主關係，生產方式，主要是漁獵、放牧。努爾哈赤侵占遼東後，奴役原屬於明朝的廣大遼東百姓耕種，但搶掠仍是其創收必不可少的手段，因為，即使諸如鍋碗瓢盆一類生活用品也是需要成熟的手工業來完成的，這，可是女真人無法勝任的。

雖然，在清朝的統治下，後來也出現了所謂的「康乾盛世」，但其代替明朝，仍然屬於落後文明代替了先進文明，這個過程是歷史的一次大倒退。

也由此可見，儘管歷史總是要向前發展，但發展過程不可能都一帆風順，其間也會出現逆轉和曲折。

蒙元、清朝的勝利，靠的不是先進的文化，而是野蠻的殺戮和殘酷的征服，他們的統治，都是建立在大幅度破壞全國生產力的基礎上的。

清朝軍隊在征服、侵吞中國的過程中，進行過多次大規模的屠殺活動，比較典型的有揚州十日、嘉定三屠、廣州大屠殺、江陰八十一日、四川大屠殺等。

這種大規模的屠殺持續了半個世紀左右，直到康熙二十一年（1682年）才逐漸平息。

清世祖順治八年（1651年），清朝官方最初統計的全國人口為10633326人（《清世祖實錄》卷六十一），也即約1063萬人。這個數字與明光宗泰昌元年（1620年）全國官方統計中國人口51655459人（《明熹宗實錄》卷四），也即約5165萬人相比，少了4100多萬人。

也就是說，在明亡清興的短短幾十年內，全中國人口迅速銳減了幾千萬人。當然，人口的銳減除了跟上述的大屠殺有關外，也和明末各種天災人禍，如旱災、蝗災、戰亂、流民軍肆意殺戮等有關，但，不可否認，屠殺絕對是導致人口減少的罪魁禍首。

清初學者唐甄在康熙四十年（1701年）就悲愴無限地寫下：「清興五十餘年矣。四海之內，日益貧困，農空、工空、市空、仕空。穀賤而艱於食，布帛賤而艱於衣，舟轉市集而貨折貲，居官者去官而無以為家，是四空也。金錢，所以通有無也。中產之家，嘗旬月不觀一金，不見緡錢，無以通之。故農民凍餒，百貨皆死，豐年如凶，良賈無籌。行於都市，列肆琨耀，冠服華腆，入其家室，朝則熄無煙，寒則蜷體不申。吳中之民，多鬻男女於遠方，男之美為優，惡者為奴；女之美為妾，惡者為婢，遍滿海內矣。」

這真是巨大的災難！

話說回來，如果我們以既定結果去評定事物的發展，用大歷史觀的眼光來看待問題，我們也不得不承認，中國社會政治體系在明末遭遇重組的過程中，西方殖民主義者正向東方逼近，沙俄殖民主義者甚至已經將入侵的魔爪伸到了我國的黑龍江沿岸。這種情況下，中國必須迅速由亂入治，進入統一，不然，中華民族就會遭受更大的危險。

從當時的情況來看，南明和其他勢力都沒能擔負起統一的重任，那麼，由清朝來擔任也不是完全的壞事。

事實上，也正是因為清朝迅速統一了全國，在後來的日子裡，其才能以強大的軍事實力與沙俄展開堅決鬥爭，最終保住了疆土。

此後，準噶爾的大亂及西藏的屢屢生亂，如果國家還處於明清間的混戰狀態，這些動亂實難平定，則這些地區就會有自立於中華之外的危險。

所以說，歷史的發展，雖有其必然性，也有其偶然性，即使在偶然性事件中，也包含有必然的成分在裡面。

如果以此為切入點，洪承疇在歷史上是有貢獻的。

但是，我們終究不能以既成事實來評定之前歷史發展中的歷史事件和歷史人物。否則，就會出現李永芳、范文程、孔有德、吳三桂、洪承疇等民族敗類屬於順應歷史發展的大英雄，而志在保疆衛國的袁崇煥、盧象昇、史可法、鄭成功等大英雄則被斥為反對國家統一的反動分子的荒誕結果。

把既成事實全都一股腦兒地定義為歷史發展的必然，則研究歷史就會變得毫無意義了。歷史的科學，在於從歷史的必然性中找出偶然性事件，並透過做偶然事件的分析，總結成敗得失，為今後的發展提供借鑑。

## 順治與董鄂妃淒美愛情的前後

說起帝王中的情聖，唐明皇李隆基絕對算得上一個。

拜白居易長篇敘事詩《長恨歌》所賜，唐明皇與楊貴妃的愛情故事被千載傳頌。

元代劇作家白朴的名作《唐明皇秋夜梧桐雨》更將這個愛情故事鋪陳得華麗、淒美。清初劇作家洪昇的《長生殿》更在原來題材上充分發揮，淋漓盡致地改造和充實了愛情故事，讓人睹之潸然淚下。

但嚴格意義上來說，唐明皇是個偽情聖。他對楊貴妃的愛，只停留在口頭上。安史之亂爆發，長安失陷，馬嵬坡前，他為「夫妻本是同林鳥，大難臨頭各自飛」做出了生動的詮釋，賜三尺白綾，冷眼看楊貴妃魂歸天國，香消玉殞。

和唐明皇比較起來，清順治帝才是不折不扣的癡心絕對、一往情深的情帝。

在清朝中央服官的西方傳教士湯若望記述，少年順治帝「和一切滿洲人一個樣，而肉慾的性癖尤其特別發達」，結婚之後，「人們仍聽得到他的在道德方面的過失」。

然而，自從董鄂妃出現，少年天子就無比專一起來了。

順治愛董鄂妃，兩人情投意合，心心相印，生死不渝。

原本，在攝政王多爾袞的安排下，順治已迎娶了母親孝莊皇太后的侄女、蒙古親王吳克善的女兒博爾濟吉特氏為皇后。這位皇后貌美卻生性愛妒忌。多爾袞一死，順治便將她廢掉了。但順治的母親孝莊皇太后卻又從大清門抬入了吳克善的孫女，指定為順治帝的第二位皇后，即孝惠章皇后。

順治並不喜歡孝惠章皇后。迎娶孝惠章皇后的時間是順治十一年（1654年）五月。改年，順治結識了董鄂氏，情難自制，於順治十三年（1656年）入宮，同年八月二十五日，封為賢妃。僅一月有餘，又晉封她為皇貴妃。

皇貴妃，只比皇后低一級，高於諸妃之上，有副后之稱。可以說，董鄂氏升遷速度之快，中國歷史少見。

順治帝還為董鄂妃舉行了極其隆重的冊妃典禮，並頒詔大赦天下。在大清近三百年的歷史上，因為冊立皇后妃嬪而大赦天下的，這是絕無僅有的一次。中國第一歷史檔案庫至今還保存著冊立董鄂妃為皇貴妃的《詔書》。

按常規，皇帝只有在冊立皇后的大禮上，才會頒布詔書公告天下。董鄂妃享受到這種特殊榮耀，表明她得到了順治不同尋常的寵愛。

順治十三年（1657年），董鄂妃產下皇四子。

順治高興得不得了，明明是第四子，卻頒詔天下，偏執地稱「此乃朕第一子」，舉行頒布皇第一子誕生詔書的隆重慶典，之後更是大赦天下。

有清一代因為皇子出生而大赦天下的，就只有海蘭珠為皇太極產下皇八子和董鄂妃為順治產下皇四子。

皇太極當時這麼做，就是想冊封皇八子為太子；順治現在這麼做，也是想冊封這個孩子為太子。

然而，歷史總是驚人地相似。

和皇太極的皇八子不幸夭折一樣，順治的這個孩子也在生下數月之後就夭折了。

順治不顧一切，超越祖制，下令追封這個孩子為和碩榮親王，喪葬規格逾制，修建了高規模園寢，並親筆寫下《皇清和碩榮親王壙志》，抒發喪子之痛。

皇太極的寵妃海蘭珠心傷愛子早逝，一病不起，很快逝去。

董鄂妃也一樣，於順治十七年（1660年）八月十九日病逝於東六宮之一的承乾宮，年僅二十二歲。

順治幾至崩潰，萬念俱灰，看破紅塵，棄江山社稷如敝屣，讓高僧溪森為自己剃了髮，準備遁入山林。

此舉，遭到了孝莊皇太后的極力反對。

不得已，順治打消了出家的念頭，舉辦了一場超常的喪禮來禮葬董鄂妃，追謚董鄂妃為「孝獻莊和至德宣仁溫惠端敬皇后」。

在董鄂妃生前，順治就有意廢黜孝惠章皇后而改立董鄂妃為皇后，此事遭到大臣反對，以致使順治無比內疚，欲處死太監、宮女三十名為董鄂妃殉葬，同樣被勸阻了。

董鄂妃去世，順治輟朝四個月。

按照禮制，皇后去世輟朝時間為五天。順治這麼做，在整個清朝歷史上無人能及。

順治十七年八月二十七日，董鄂妃的梓宮從皇宮奉移到景山觀德殿暫安，抬梓宮的都是滿洲八旗二、三品大臣。這種排場，就連皇帝、太后喪事中也不曾出現過。

董鄂妃的梓宮移到景山以後，順治又為她舉辦了大規模的水陸道場，五次親臨壽椿殿，為她斷七。

龐大的葬禮壓垮了順治的身心，半年之後，順治就患上了天花，尾隨董鄂妃而去。

讓人驚奇的是，董鄂妃作為清朝歷史上的重大人物，史書對她的身世交代非常簡略，以致有人錯認為她就是秦淮名妓董小宛。

但董鄂妃和董小宛終究是風馬牛不相及的兩個人。

把董鄂妃誤認為董小宛，無非是兩人的姓中都有一個「董」字。董鄂妃的「董」其實是滿語譯音，「董鄂」也有譯為「棟鄂」、「東古」、「冬古」、「東果」的。

所以董鄂妃並非董小宛。

另外，湯若望對董鄂妃的來歷提供了這樣的線索：順治皇帝對於一位滿籍軍人（有學者認為是某個一品或一品以下武職官員）之夫人，起了一種火熱愛戀。當這一位軍人因此申斥他的夫人時，他竟被對於他這申斥有所聞知的天子親手打了一個極怪異的耳摑。這位軍人於是乃怨憤致死，或許竟是自殺而死。皇帝遂即將這位軍人的未亡人收入宮中，封為貴妃。這位貴妃於1657年產一子，皇帝是要規定他為將來的皇太子的。但是數星期後，這位皇子竟而去世，而其母於其後不久亦薨逝。皇帝陡為哀痛，竟致尋死覓活，不顧一切。

按照湯若望的說法，那軍人和他老婆能在宮中自由走動必不是一般人，可能就是近臣。

經過著名史學家陳垣深入淺出的考證，結果讓人驚異。這個滿籍的軍人竟然就是順治之弟太宗第十一子博穆博果爾，董鄂妃是博果爾的老婆。

博穆博果爾被順治打了這一巴掌後，悲憤交加，不久死去，年僅十六歲。順治帝在其二十七日服滿後，就將董鄂氏娶進承乾宮。

橫刀奪愛，搞婚外戀，折磨死了親弟弟，把弟媳占為己有，這個故事，和唐明皇強奪媳婦楊貴妃有得一拼。

但這種說法，仍非確證。所以直到今天，董鄂妃的身世依然是個待解之謎。

# 第四章　康熙大帝

## 鰲拜其實只是康熙的假想敵

康熙是清朝入關後的第二任皇帝，著名史學家閻崇年將之定位為千古一帝。

閻崇年說：「無論就中國歷史作縱向比較，或就世界歷史作橫向比較，康熙大帝都可謂是中國皇朝史上的千年一帝，也是世界文明史上的千年名君。他同當時俄國沙皇彼得大帝、法國君主路易十四，同列世界偉大的君主。」

閻崇年還特別強調：「我自己覺得沒有美化，而是如實地講康熙，根據史實，有什麼說什麼。好的說，壞的也說。當然我覺得重要的，就會多說幾句。我對他的總結是『千年一帝』，我仔細算了，這最近一千年，還沒有一個人超過他。誰能舉出一個例子說，最近一千年有哪個皇帝超過他？那我就認輸。」

提起這位千古一帝的光輝事蹟，人們總是先想到鰲拜。

閻崇年在其代表作《康熙大帝》中對康熙的畢生功績進行過匯總，其中就把智擒鰲拜放在首位，然後才是削平三藩、統一臺灣、六下江南、驅逐沙俄、大破準噶爾……。

足見鰲拜是個頗富影響力的狠角色。

金庸的《鹿鼎記》把這個狠角色形象而具體化，把鰲拜的特點集中在一個「勇」字上。小說一開始，市井英雄茅十八口口聲聲說要上北京。眾人問他，為什麼要上北京？茅十八說，我老是聽人說，那鰲拜是滿洲第一勇士，還有人說他是天下第一勇士，我可不服氣，要上北京跟他比畫比畫。接下來，由此發生的一系列精彩故事裡，凡是與鰲拜有關者，都會透露鰲拜之勇，直到康熙指揮韋小寶等人擒鰲拜，更是濃墨重彩地渲染和描繪鰲拜之威、之猛、之狠、之勇。

不過，說到底，人們讀過此書，也只知道鰲拜是一個武功蓋世而又勇猛無比的高手，而對鰲拜做過的事、建過的功績，一無所知。

那麼，鰲拜到底是個什麼樣的人呢？有過哪些神勇表現呢？又是憑什麼坐上權臣的位置，對康熙皇帝形成巨大威脅的呢？本文著重談一下這個。

首先，鰲拜出身好，根正苗紅，滿洲鑲黃旗人，叔父費英東是最早追隨努爾哈赤起兵的開國元勛，二哥卓布泰也是清初軍功卓著的戰將。

憑藉這個，鰲拜在人生起跑線上就搶先了別人好幾個身位。

至於鰲拜的軍旅生涯，雖說曾贏得了《鹿鼎記》裡說的「滿洲第一勇士」的光輝稱號，但你很難在具體的戰鬥過程中看得到鰲拜異常出彩的表現。但鰲拜又確確實實是戰功赫赫，積軍功成了一名朝廷要員，這其中的原因，就是鰲拜擁有老黃牛的精神，無役不與，無役不奮勇爭先。翻閱史書查一下鰲拜的工作履歷，你就不難發現，他在皇太極時代就跟隨皇太極征討察哈爾部、征朝鮮、攻皮島、參與舉世矚目的松錦會戰。在這些戰役中，鰲拜只是一個軍中偏裨之將，無法左右、決定戰局的走向，他所能做的，只能是不怕死、流血流汗往前衝鋒，拎著刀子砍敵人的腦袋。所以，這個時期的鰲拜，歸根結底，只是個小人物，史書不可能留下什麼記載。也許，他砍殺過的敵人數量是很多的，但那些敵人都是些默默無聞的小兵，終究乏善可陳。

多爾袞時代，鰲拜沿襲了過去「無役不與」的參與精神，參與了攝政王多爾袞在山海關對陣李自成的大戰，參與英親王阿濟格追擊李自成至潼關、至西安、至湖北九宮山。也參與了肅親王豪格南下進攻張獻忠大西軍的戰鬥。

這個時期，清軍連滅李自成、張獻忠兩大勢力，功震一時。但是，鰲拜仍只是軍中偏裨之將，無論殺敵再多，這些功勞都不能記在鰲拜名下——鰲拜只是其中的一個參與者。

所以，把鰲拜定位為清初開國大功臣，言過其實。

搞笑的是，有些專家，在講康熙時，為了突出康熙的偉大，就不得不誇誇康熙的對手的強大，可是，康熙的對手之一鰲拜的強大在哪兒，又說不上來，那就只有生搬硬套了。

歷史怎麼可以改來改去的？

其實，鰲拜後來能夠坐上高位，主要是站隊站對了位置。

第一次站位，是皇太極死後，皇太極長子肅親王豪格與皇太極之弟多爾袞爭立時，時為「天子自將之師」鑲黃旗的重要將領、鑲黃旗護軍統領的鰲拜堅守自己的做人原則，與兩黃旗大臣盟誓於大清門，非先帝（皇太極）之子不立。於是有了擁戴豪格，繼而擁戴福臨的經過。後來發生的事，大家都知道了，繼位的就是皇太極的兒子福臨，即順治帝。

這次站位，雖然鰲拜一開始吃過些苦頭，卻笑到了最後。

攝政的多爾袞擅權自重、黨同伐異，自然會打擊曾經的爭位對手豪格及豪格的擁護者。鰲拜作為豪格的擁護者之一，分別於順治二年八月、順治五年二月、順治七年七月三次遭受到多爾袞要將之斬殺的處罰。其中順治五年二月那次，鰲拜被多爾袞定的罪名為「以欲立豪格、與諸人盟誓」。

鰲拜吃的這些苦頭，後來都成了巨大的政治資本，連本帶利全部收回。

比較一下當年曾和鰲拜一起盟誓的黃旗大臣，他們在多爾袞的殘酷打擊下，早已分化瓦解，轉而投靠了多爾袞。而鰲拜卻能保持一個赳赳武夫極其忠誠的基本做人原則，對故主皇太極忠心耿耿，不屈不撓，鬥志昂揚，確實稱得上忠義之臣。

多爾袞死後，順治得知鰲拜、索尼等人曾經盟誓「一心為主，生死與共」，忠心耿耿，遂將鰲拜視為心腹重臣。

順治當政時期，鰲拜就隨侍順治身邊，直接參與管理國家各類事務，如商討本章批復程序、聯絡蒙古科爾沁部等。

順治十八年（1661年）正月初八，順治病危，立下遺詔，指定由皇三子玄燁嗣位（即康熙）。

鑑於多爾袞專權的不良教訓，順治不再選宗室親王擔當輔政大任，而是選擇了異姓大臣，即索尼、蘇克薩哈、遏必隆、鰲拜四人為輔政大臣。

順治死後，四位輔政大臣在順治靈前盟誓，表示同心同德輔佐小皇帝玄燁。但是，位居四輔臣之首的索尼年老多病，對很多事情都是有心無力，最終是素餐尸位，成了個擺設。四輔臣中名列第二的蘇克薩哈原是多爾袞的人，只不過在多爾袞死後靠告發多爾袞生前種種不法行為而得順治重用，人望很低，順治一死，其在朝廷很難說得上什麼話。名列第三的遏必隆為人庸懦，遇事無主見，又屬鑲黃旗，附和鰲拜。所以，居四輔臣之末位的鰲拜反而成了最有話語權的人。

但是，並沒有很明顯的跡象表明鰲拜對新皇帝康熙的帝位構成什麼威脅。

以鰲拜對故主皇太極的赤誠論，他是一個崇尚忠義的武夫，並沒有想過要篡位自立。

但長大成人的康熙卻把鰲拜當成了最大的假想敵。

包括《鹿鼎記》在內的所有記載康熙擒鰲拜的過程都寫得驚心動魄、險象環生。遺憾的是，真實的經過卻波瀾不驚、平淡無奇：毫無防備的鰲拜接詔入宮覲見，早已埋伏的少年侍衛一擁而上，把鰲拜擒了個結結實實。

鰲拜歷事三朝，此時已年近古稀，垂垂老矣，哪有半點反抗之力？

康熙隨後得意揚揚地宣布了鰲拜三十條罪狀，擬處以革職、立斬。

不過，鰲拜實無篡弒之跡，康熙終免其死罪，宣布禁錮終生。

年邁體弱的鰲拜隨後死於禁所。

康熙五十二年（1713年），康熙追思舊事，覺得鰲拜並無謀反之跡，自己卻因之成就一世英名，心生隱惻，追賜其一等阿思哈尼哈番，以其從孫蘇赫襲。蘇赫卒，仍以鰲拜孫達福襲。

## 康熙時期的兩部偉大文學作品

在中國古代文化發展史上，每一個時期都會有一種特別傑出的藝術表現形式出現，比如說古詩經、楚辭、先秦散文、漢賦、唐詩、宋詞、元曲、明清小說等。

通常，人們認為，戲曲發展高峰是在元代。但在清朝，卻出現了兩大戲曲家。這兩大戲曲家創作出來的兩部大作品，恍如雙子星座，照亮了整個夜空。

這兩大戲曲家分別是洪昇和孔尚任。

這兩部大作品分別是《長生殿》和《桃花扇》。

《長生殿》和《桃花扇》有一個共同的特徵，即把政治的變亂和國家的災難寓於愛情的喪失之中。

因為這兩部大作品，洪昇和孔尚任獲得了「南洪北孔」的讚譽。人們盛稱：「縱使元人多院本，勾欄爭唱孔洪詞。」

20世紀中國戲曲史學科的開創者王國維曾對《長生殿》和《桃花扇》推崇備至。特別是《桃花扇》，王國維在《文學小言》中說：「元人雜劇，辭則美矣，然不知描寫人物為何事。至國朝之《桃花扇》，則矣！」

《長生殿》和《桃花扇》的誕生，是那個時代的大幸；而洪昇和孔尚任生活在那樣一個時代，卻是他們的不幸。

為什麼這樣說呢？

讓我們來看看《長生殿》和《桃花扇》的巨大成功以及洪昇與孔尚任因為《長生殿》和《桃花扇》所遭遇的不幸吧。

洪昇原為浙江杭州人，出身於世宦之家，在京師做了二十來年的太學生，始終混不到一官半職，空負一身才華，無處施展，風塵困頓，生活潦倒。無奈只得寄情於戲曲創作，以唐明皇和楊貴妃事作《長生殿》，將一生精力耗在《長生殿》的創作上。

十年磨一劍。

從康熙一十七年（１６７８年）動筆，到康熙二十七年（１６８８年）殺青，經整整十年時間的打磨，《長生殿》橫空出世！

康熙二十七年，《長生殿》火遍了北京城。

在那一段時間，朱門綺席、酒社歌樓、非此曲不奏。

甚至康熙皇帝也被驚動了。

史載：聖祖（即清聖祖，康熙皇帝）覽之稱善。賜戲班子白金二十兩，並且向諸親王推薦觀看此劇。於是，諸親王及閣部大臣，凡有宴會，必演此劇。而打賞的銀子，都與御賜相等。

洪昇的名字，紅透了半邊天。

演《長生殿》的戲班賺了個盆滿缽滿。

康熙二十八年（１６８９年）秋，為了感謝洪昇，戲班子在洪昇的壽誕之日為他來了個專場演出。

洪昇歡欣鼓舞，群發請柬，遍邀親友。

那天，京師各界名士熙熙攘攘，紛至沓來，捧場觀看。

怪就怪洪昇的壽誕太不合時宜——他的壽誕出現在皇太后的喪期之內。

這麼一來，這一場歡樂的宴會激怒了康熙。

康熙將洪昇抓進監獄，除去學籍。

觀劇者也大多遭到了輕重不一的處罰。

「可憐一曲《長生殿》，斷送功名到白頭。」

出獄後的洪昇心力交瘁，萬念俱灰，收拾行囊，像一片落葉一樣，飄回故鄉錢塘去了。

洪昇雖然因戲倒楣，但戲依然賣座。

不但京師戲班轟轟烈烈地演《長生殿》，蘇州、杭州、松江（今上海）等地的昆劇班也紛紛上演《長生殿》。

康熙四十三年（1704年），名士曹寅在南京江寧織造府重排全本《長生殿》，特請該劇作者洪昇前來觀看。

可憐的洪昇，酒後乘舟，在返家途中，失足落水身亡。

洪昇死了，《長生殿》卻以它的獨特魅力一直活躍在戲曲舞臺上。

清人梁廷枏在《曲話》中說：「《長生殿》至今，百餘年來，歌臺舞榭，流播如新。」

《桃花扇》及《桃花扇》的作者孔尚任遭遇的情形也差不多。

孔尚任是山東曲阜人，孔子後裔。康熙二十四年（1685年），康熙南巡北歸，為加強文化統治，特至曲阜祭孔。三十七歲的孔尚任在御前講經，由國子監生的身分破格升任為博士。孔尚任因此受寵若驚，準備用自己的後半生來報答康熙的知遇之恩。

到京後，孔尚任曾任戶部員外郎，參與疏浚黃河工程，在江蘇淮安揚州一帶工作了三年，結識了一大批有民族氣節的明代遺民。

受這些遺民愛國思想的影響，孔尚任產生了創作《桃花扇》的強烈欲望。

經過數年努力，五十二歲的孔尚任終於康熙三十八年（1699年）完成了《桃花扇》。

《桃花扇》「借離合之情，寫興亡之感」，其以復社文人侯方域和秦淮名妓李香君的離合為線索，展示了弘光小王朝興亡的全過程。

《桃花扇》甫一問世，各王公大臣，莫不傳抄，時有洛陽紙貴之譽。

康熙專門派內侍向孔尚任索要劇本，孔尚任也喜不自勝，午夜進直邸相獻。

據說，康熙看到劇中描述南明弘光帝醉生夢死的情節，忍不住眉飛色舞地說：「弘光弘光，雖欲不亡，其可得乎！」

應該說，康熙對《桃花扇》的第一印象不錯。

但，《桃花扇》一方面對史可法、左良玉、黃得功等忠於明室的人物極力讚頌，一方面又諷刺降清的劉良佐、劉澤清等漢奸，這讓康熙非常不爽。

而《入道》一齣中，出自張瑤星道士嘴裡的話——「呵呸！兩個癡蟲，你看國在哪裡？家在哪裡？君在哪裡？父在哪裡？偏是這點花月清根，割它不斷麼！」——更讓康熙大為不滿。

當然，最觸發康熙敏感神經的是《餘韻》一齣中以「開國元勛留狗尾，換朝元老縮龜頭」來形容改換清朝裝束的徐青君——在康熙的眼中，大清朝的髮型無疑是最美觀最神聖的，豈容你孔尚任褻瀆?!

很快，孔尚任被免職。

最終，孔尚任在《放歌贈劉雨峰》一詩中歎息了一句「命薄忍遭文字憎，緘口金人受誹謗」，灰溜溜地返回了自己的故鄉山東曲阜。

## 康熙身高一百五十幾公分？這裡有最富說服力的證據

名人的身高，一直是人們感興趣的話題。

但對於大多數名人來說，對於自己的身高，一般不會存在什麼忌諱。明星卻例外。

明星，尤其是偶像派明星，主要是靠「吸粉」（指吸引粉絲）吃飯，除了要長一張光鮮亮麗的面孔，身高因素也非常重要。

這些年，偶像派明星的實際身高和謊報給媒體的身高多存在較大出入。看看，即使是現代人的身高，我們也弄不大清楚，對於古人的身高，就更難說得準了。

近年來，盛行清宮戲，大清王朝的康熙、雍正、乾隆幾位出鏡率為古代帝王最高。不過，有人「粉」清帝，就會有人「黑」清帝。

網上流傳康熙大帝身高不足一百六十公分，有說是一百五十五公分，有說是一百五十六公分，也有說是一百五十八公分。

其實，康熙的是非功過擺在那兒，已有公論，粉飾其身高多幾公分也不能增其功績一分；誣衊其身高矮幾公分也不能減其罪過一分。

但是，由於康熙的身高是有史料可考、有材料可對比的，這個問題，不妨來簡單揭祕一下。

法國傳教士白晉於清康熙二十六年（１６８７年）來中國，擔任了康熙的侍講，向康熙講授天文曆法、醫學、化學、藥學等西洋科學知識，對康熙非常熟悉，於康熙三十六年（１６９７年）作了《康熙帝傳》（*Portrait historique de l'Empereur de la Chine*）一書，書中對康熙的描述是這樣的：「康熙帝今年四十四歲，在位已有三十六年。他沒有半點和皇位不相稱的資質和品德。他威武雄壯，儀表堂堂，身材高大，舉止不凡。他的五官端正，雙目炯炯有神，鼻尖略圓而稍顯鷹鉤狀。雖然臉上有一點天花留下的痘痕，但是絲毫不影響他的美好形象。」

看，被外國人稱為「身材高大」的，應該不會是一百五十幾公分的身高吧？

比利時傳教士南懷仁也是康熙的「寵臣」之一，其於康熙二十一年（１６８２年）寫有《韃靼履行記》，書中對康熙的描述是：「他是一個魁梧的中等身材的、慈祥、穩重、舉止端莊和威嚴的人，他熱衷學習，努力鑽研科學文化知識，他稍胖，臉上有天花後的痘痕，鼻子和黑眼睛比普通人要小點，嘴美，動作溫柔，下巴沒有鬍鬚但是有兩鬢絡腮鬍鬚。」

「臉上有天花後的痘痕」，是康熙面部最大特徵。正因為有了這一筆，那麼「魁梧的中等身材」就顯得特別真實了。

還有，法文版《中國近事報導》中，法國傳教士李明（Louis Le Comte）也說「皇帝身材比普通人稍高」。

從這些可考的外國資料來看，康熙絕對不會是一百五十幾公分的身高！

另外，現在故宮還收藏有康熙帝的衣物，藉由對這些衣物實際的測量，我們也可以大致推算得出康熙的身高。

先來看這件深藍色雲龍妝花紗袷朝袍。

該袍身長一百五十三公分，兩袖通長一百八十九公分，袖口寬十六公分，下擺寬一百三十八公分，左開裾長五十二公分。

另一件黃色金龍妝花紗男朝袍，身長一百五十一公分，兩袖通長一百六十三公分，袖口十五公分，下擺一百四十二公分，開裾長五十公分。

再來看這件石青色緞繡彩雲藍龍綿甲。

這是一件戰甲，分上衣、下裳。上衣長七十八公分，肩寬四十三公分，下擺寬七十七公分，下裳腰圍一百公分，高九十二公分。

另一件戰甲，明黃緞繡平金龍雲紋大閱甲，上衣長七十五・五公分，下擺寬七十五・五公分，兩袖通長一百五十八公分，下裳長七十一公分，上寬四十八公分，下寬五十七・五公分。

從這些朝袍和戰甲來看，康熙的身高，再怎麼著，也至少應該在一百七十五公分左右吧？

## 此清朝名將想把日本變為中國一省

現在網路流行一種說法，說清朝是中國古代歷史上唯一「無明君、無名士、無名將」的「三無」朝代。

這種說法未免太偏激了點。

先來說「明君」，儘管清朝的「明君」是難找一些，但也並不是零，比如說光緒帝，就很不錯，是個很明事理的人。

很多人認為光緒帝支持改革、力挺維新派是希望借助於維新派的力量與慈禧爭權，但當時有人建議光緒帝殺譚嗣同等維新派，說維新是在褻瀆皇權，光緒就說，若能救我大中華與水深火熱，朕有沒有權利又能如何？單憑這一句，光緒身上就閃現有「明君」的影子，很不錯。

再來說說「名士」，清朝是沒有出現像孔子、朱熹、王陽明一類的大聖人、大思想家，但把戴震、段玉裁、王念孫、龔自珍等人列為名士，應該是沒有爭議的。

最後說「名將」，這名將可不是光會打仗、能砍人就行，像清初多爾袞、多鐸、阿濟格、豪格、鰲拜這些人，也的確能衝能殺，但沒有軍事理論，沒有軍事思想和軍事素養，和名將不沾邊。那清朝的名將都有誰呢？清初有施琅，清中葉有岳鍾琪，清末有左宗棠、馮子才，等等，都是實打實的名將。

這裡著重說一說施琅。

施琅很早就在鄭成功的父親鄭芝龍手下混了，稱得上鄭氏集團裡的老人。

1646年，鄭芝龍降清，施琅就在降清的隊伍裡，成了清朝的臣子。

父親降清了，做兒子的鄭成功卻非常有骨氣，以一己之力向清朝叫板，不屈不撓抗衡到底。

降將施琅在清軍陣營裡得不到重用，看鄭成功的抗清事業做得有聲有色，就投回了鄭成功的隊伍。

鄭成功是名將，施琅也是名將，兩人都有自己的戰略見解，一旦發生分歧，又互不肯相讓，矛盾就會產生。

1651年，施琅就要不要在廈門島設兵和鄭成功發生了激烈爭執，致使兵權被鄭成功解除。施琅年輕氣盛，欲以出家做和尚相要脅。部下曾德不明就裡，脫離施琅加入鄭成功的親兵營。施琅怒不可遏，命人把曾德捉回斬首。鄭成功「馳令勿殺」，施琅置若罔聞，「促令殺之」。鄭成功認為施琅違令殺將，必是反形已露，於是密令捕殺施琅一家。施琅在親信部將和當地居民的掩護下逃出，但父親和弟弟卻被鄭成功殺死。於是再次投靠清廷，同鄭氏為敵。

這也是鄭成功撤往臺灣後，施琅多次建議清軍攻打臺灣的原因。雖然他口口聲聲說是要「四海歸一，邊民無患」，但人們認定他是要報私仇的。

從1664年開始，施琅一直大力鼓吹「進攻澎湖，直搗臺灣」。鑑於臺灣孤懸海外，風高浪急，清廷側重於招撫為主，施琅之議未被採納。

但1667年，孔元章赴臺招撫徹底失敗，施琅迅速上《邊患宜靖疏》，次年又寫《盡陳所見疏》，強調「從來順撫逆剿，大關國體」，要速討平臺灣，以裁防兵，益廣地方，增加賦稅，俾「民生得寧，邊疆永安」。

當權者鰲拜還是以「海洋險遠，風濤莫測，馳驅制勝，計難萬全」為由，把施琅的建議壓下來。施琅本人甚至被裁掉水師之職，留京宿衛。

在京期間，施琅日日注視福建沿海動向，悉心研究風潮信候，「日夜磨心熟籌」，不忘收復臺灣。

就這樣，過了十五年，康熙二十一年（1682年），清政府平定了「三藩」之亂，施琅在李光地等大臣的力薦下，復任了福建水師提督之職。

回到廈門，施琅一頭撲到工作上，「日以繼夜，廢寢忘食，一面整船，一面練兵，兼製造器械，躬親挑選整搠」，一心一意只為收復臺灣。

1683年6月14日，施琅奉旨專征臺灣，很快攻克了鄭氏集團在澎湖的守軍劉國軒部。此後，利用有利的態勢，主動、積極地招撫臺灣鄭氏集團，促使鄭氏集團放棄抵抗而就撫。

同年8月13日，施琅率領舟師登上臺灣，其本人親自往祭鄭成功之廟，稱「自同安侯入臺，臺地始有居民。逮賜姓啟土，世為巖疆，莫可誰何」，對鄭氏父子開闢臺灣的功績作了高度的評價。說此次統兵克臺之舉是為國為民盡職，說自己「於賜姓（鄭成功被隆武帝賜姓朱，故人稱賜姓，或國姓爺）有魚水之歡，中間微嫌，釀成大戾。琅與賜姓，剪為仇敵，情猶臣主。蘆中窮士，義所不為。公義私恩，如是則已」。

施琅的表現（或者說表演），使鄭氏官兵和臺灣百姓深受感動，一致稱讚他胸襟寬廣，能以大局為重，冷靜處理公義私怨的關係。

施琅順利收臺，康熙喜不自勝，解所御龍袍馳賜，親制褒章嘉許，封施琅為靖海侯，世襲罔替，令其永鎮福建水師，「鎖鑰天南」。

不過，當時的清廷政府對臺灣地位的重要性認識不足，對是否留臺存在爭議。

施琅站在維護國家的一統和安全，鞏固沿海地區的社會秩序和保護中國的海洋權益的高度，上疏力主留臺衛臺，打動了康熙帝和朝中大臣，遂在臺灣設府縣管理，屯兵戍守。

最難得的是，在大一統思想、海防和海權思想的主導下，施琅還給康熙上了一道奏摺，稱：倭賊盤踞海外為禍，自前明起已有百餘年，今銳氣正盛，可效元祖之事，提中國之兵伐之，永絕倭患，安定東南。

不能不說，施琅具備萬里遠見，知道日本的存在會給我國釀造深患，主張趁收復臺灣後軍隊士氣正旺，一鼓作氣，征討日本，一了百了，以絕後患。

康熙一看之下，熱血沸騰，《清史稿》上載：「上閱密摺良久，大喜，御批千言。」

如果康熙批准了施琅的提議，以鼎盛時期的清朝水師攻打正在閉關鎖國的日本，很可能日本會成為中國的一個省，也就沒有以後那麼多事了。

可惜的是，一方面清廷被當時日本德川幕府的友好態度所迷惑，另一方面西北的噶爾丹開始作亂，征伐日本之議被擱置了。

施琅一生飽受爭議，很難以忠臣或奸臣給他定位，甚至不能說他是好人還是壞人。站在明朝的立場來說，他無疑是個奸臣、叛賊，但要從維護祖國統一的角度來看，又可以稱得上大英雄。事實上，清朝在大陸完成了統一大業，原本已有棄臺之議，如果不是施琅一而再、再而三地建議並主動請戰，大明衣冠是可以在臺灣保留下去的。

不管怎麼樣，施琅征伐日本這一頗具戰略眼光的提議，還是獲得了後世眾人的一致點贊。

## 大清名臣李光地的另一面

大型電視連續劇《康熙王朝》非常成功地塑造了一大批螢幕形象，其中有李光地、周培公、姚啟聖、張廷玉等。

這些人，歷史上是真實存在過的，只不過沒有電視劇中的光鮮亮麗罷了。

就拿李光地來說，在電視劇中，李光地算得上是個情聖，其以獨特的睿智和個人魅力贏得了康熙皇帝的女兒藍齊兒的芳心，從而演繹出一段哀傷、淒美的愛情故事。

實際上，李光地出生於明崇禎十五年（1642年），比康熙年長了十二歲，說他和康熙的女兒玩忘年戀，情節明顯跑偏了。

對於李光地，文史學家全祖望是這樣評價的：「其初年則賣友，中年則奪情，暮年則居然以外婦之子來歸。」

也就是說，李光地一生中有三大污點，其中，又以「賣友」最讓人不齒。

被李光地出賣的朋友名叫陳夢雷。

陳夢雷，福建閩縣人，和生於福建安溪的李光地算得上是同鄉，兩人同在康熙九年（1670年）中進士，同時選庶起士，散館後同授編修。

康熙十二年（1673年）十二月，陳夢雷回鄉省親。恰巧也在這一年，康熙決定撤除鎮守雲南、貴州的平西王吳三桂，鎮守福建的靖南王耿繼茂之子耿精忠和鎮守廣東的平南王尚可喜之子尚之信的「三藩」封地。次年，「三藩」之亂起。耿精忠在福州舉兵反清，逼令福建各地知名人物出任偽職。

陳夢雷雖然受到脅迫，但託病拒受印劄。

作為福建知名人士，同樣請假回鄉探親的李光地也收到了耿精忠的逼降、誘降之信。

身陷險地的陳夢雷得知李光地即將進入福州，趕緊派人前去截阻李光地，要他馬上掉頭，千萬不要自投網羅。

可是，李光地已經方巾大袖，飄然而至，到福州投見了耿精忠。

陳夢雷對李光地的草率行為大為遺憾，連連跺腳。

李光地從耿精忠處出來，又到陳夢雷府上造訪。

陳夢雷當面向李光分析了耿精忠狂悖、庸暗不能成事的種種表現，草擬了請兵疏稿，建議康熙皇帝選精兵萬人，打著進兵廣東的旗號由贛州抄小路進入汀洲，然後出其不意地攻打福州。陳夢雷讓李光地走山路將請兵疏稿上交朝廷，自己則留在福州充當朝廷內應。

陳夢雷明確表示，自己一定會在耿精忠面前想盡一切辦法保護好李光地全家安全。

李光地大為感動，拍著胸脯說：「若果真能保全我一家老少，你在叛軍作為內應的事情交給我向朝廷辯明。」

李光地還說：「日後我能僥倖成功，也就能充分彰顯你的氣節；你的氣節越彰顯，也就越能證明我的功勞。」

隨後，李光地迅速離開福州潛回安溪。

回到安溪，李光地把陳夢雷擬好的奏疏抄在一張薄薄的紙上，其中刪去了陳夢雷的名字，封在一個白蠟做成的小丸子裡，在家僕夏澤的大腿上割開一個小口子，把蠟丸塞入皮肉之內，外面再敷以膏藥，要他從安溪入江西，輾轉上京，把「蠟丸疏」呈獻給康熙皇帝。

康熙按照「蠟丸疏」的計策行事，由衢州深入，一舉收復建寧、延平、福州。

康熙因此對李光地的忠貞讚賞不已，下旨稱李光地「忠貞茂著，深為可嘉」，升其為侍讀學士。

李光地得此美官，施施然進京赴任。

北上經過福州時，李光地再次造訪陳夢雷，信誓旦旦地對陳夢雷說：「你忠貞報國的事蹟不是一兩句話可以說得清楚的，我自當詳詳細細地全部匯報給聖上。」

臨別時，李光地還寫長詩相贈，裡面有「李陵不負漢，梁公亦反周」的句子，著力讚美陳夢雷忠於朝廷的壯舉。

可是，李光地已全據獻「蠟丸疏」之功，上京後閉口不談陳夢雷一詞。

此後，李光地青雲直上，官至文淵閣大學士。

陳夢雷卻落得個「從賊」之名，「負謗難明」，以「附逆」罪，入獄論斬。

陳夢雷悲憤莫名，多次要求李光地為自己辯誣。

李光地鐵了心不置一語。

刑部尚書徐乾學看不過眼，以李光地的名義起草一份疏稿，詳細反映了陳夢雷在耿精忠叛亂期間為朝廷所立的功績，脅逼李光地上奏。

李光地招架不住，只好具名上奏康熙帝，請求寬免陳夢雷。

陳夢雷因此得免一死，改為貶戍奉天。

饒是如此，陳夢雷還是無法原諒李光地的背信棄義，先是寫下了一份《告都城隍文》斥責其「欺君負友」，接著又寫了一近五千言的《與李光地絕交書》，罵他「縮頸屏息，噤不出一語」。

這兩篇奇文傳入京城，人們爭相傳閱，李光地成為了士人眼中的一個敗類。

# 第五章　雍正大帝

## 何以雍正奪嫡篡位之說仍不停息

在中國古代歷史上，皇帝是最為矚目的人物，則皇帝的家事，便是全民津津樂道的話題。魯迅先生一針見血地說，中國二十四史，根本就是二十四家帝王的家譜。話雖偏激，卻也不無道理。

不過，宮闈祕事諱莫如深，百姓所議，大都與真相有一定距離。尤其是大清王朝，因為其自身的特殊性，人為造成的疑案、懸案數量最多，也最撲朔迷離。其中，太后下嫁、順治出家、雍正奪嫡、乾隆身世等事件疑點多多，複雜曲折，影響巨大，多年來，爭論不息，難有定論。

不過，在20世紀，有清史專家以權威者的身分發布了清朝懸案「正解」，將這一系列懸案乾脆俐落、快刀斬亂麻地進行解決，給出了明確的答案。比如，太后下嫁？絕無可能；順治出家？無稽之談；雍正奪嫡？無中生有……。

的確，答案是很簡捷、很明確，但說服力卻遠遠不夠。

就以其否定雍正奪嫡一事來說，其依據不過是一道所謂的「康熙遺詔」。

專家洋洋自得，說康熙的傳位詔書現在就珍藏在臺北「故宮博物院」內，鐵證如山，已充分證明雍正是合法繼位，可以擊敗歷史上所有關於雍正篡改康熙遺詔的猜測！

專家還用揶揄的口吻說，民間傳言雍正把「傳位十四子」改成「傳位于四子」，造這傳言的人太蠢，愚不可及，「于」的繁體字可不是這樣寫，而且，改得了漢文版本，改得了滿文版本嗎？

誠然，民間傳言的「傳位十四子」只是平頭小百姓故作玄虛的編造，但絕不能因為這則傳言有漏洞就簡單否定雍正篡位之事，更不能因為臺北「故宮博物院」內有這樣一份「康熙遺詔」就完全肯定雍正得位的合法性。

因為，這份「康熙遺詔」並非雍正在即位之前公開公布的，而是在他清除了異己，坐穩了龍庭之後，在雍正三年才出示的。

想想看，彼時的雍正，已經坐擁天下，掌握了絕對的話語權，要炮製區區一份「康熙遺詔」，有何難事？

這，就是當初其他皇子不服的原因。

下面，就簡單舉幾件雍正帝胤禛繼位過程中出現的反常事件。

首先，在康熙眾多兒子中，作為皇四子的胤禛並不突出，沒有什麼有力的證據表明康熙生前有過傳帝位給他的意向。

康熙六十一年（1722年），康熙偶染小恙，突然暴斃。

根據《清聖祖實錄》記載，該年十月二十一日（1722年11月29日），康熙赴南苑行圍；

十一月初七日（1722年12月14日），康熙偶感不適，自南苑回駐暢春園。十三日戌刻，駕崩於寢宮。

十月二十一日，康熙還興致勃勃地出行打獵，而一個月不到，就突然死亡，過程實在詭譎。

當時生活在宮中的義大利籍傳教士馬國賢直言不諱地在《回憶錄》中記：「（康熙帝）駕崩之夕，號呼之聲，不安之狀，即無鴆毒之事，亦必突然大變。」

民間傳言的「傳位十四子」最先見於《清朝野史大觀》，上面說，康熙死後，隆科多從寢宮出，出示掌中所書「傳位于四皇子」字樣，聲稱是康熙親筆所書，於是皇四子胤禛得立。

《清朝野史大觀》的書名已經承認，這是一部野史，書中所說，只是姑妄說之，讀者姑妄讀之，不必深信。

但雍正的親舅舅隆科多從康熙二十七年（1688年）起，就擔任康熙身邊的一等侍衛，授「步軍統領」，即是京城衛戍司令官。康熙暴斃之日，暢春園內的全部衛兵都是隆科多的屬下，隆科多可以在園中為所欲為卻是不爭之實。

雍正即位後，迅速把隆科多加太保。改年，又賜雙眼花翎、四團龍補服、黃帶、紫轡。

隆科多為何暴得此恩寵？個中原因，值得深思。

與此同時，雍正手腳俐落地捕殺了康熙帝晚年的貼身近侍太監魏珠、梁九公、趙昌等人。緊接著，又賜死隆科多。

隆科多死前曾悲歎說：「白帝城受命之日，即是死期已至之時。」

還有，雍正坐上了龍椅，他的生母烏雅氏並沒有表現出應有的喜悅。

《清世宗實錄》中記，烏雅氏聽說雍正即位，表現得很不屑，異常冷淡地說了一句：「欽命吾子繼承大統，實非吾夢想所期。」《永憲錄》也記，烏雅氏曾下懿旨說：「我自幼入宮為妃，在先帝前毫無盡力之處。將我子為皇帝，不但我不敢望，夢中亦不思到。」

表現得不屑、冷淡就算了，這位母親還刻意要和兒子作對，處處唱反調。

新皇帝在舉行登基大典之前，按照老規矩，得先給皇太后行禮，然後再升御太和殿，接受群臣的朝拜。

烏雅氏無心配合，故意拆臺，拒不接受新皇帝的行禮。

《清世宗實錄》記載有烏雅氏的推託之辭，她說：「皇帝繼承大統，當然要接受群臣的朝拜和祝福。但來向我行禮，實在沒有必要，也跟我毫無關係。況且先帝剛剛駕崩，我不穿喪服而穿朝服來接受新皇帝行禮，實在心中不安，所以，向我行禮的事兒，拉倒吧。」（「皇帝誕膺大位，理應受賀。至於我行禮，有何關係？況先帝喪服中，即衣朝服，受皇帝行禮，我心實為不安。著免行禮。」）

雍正要給母親上徽號「仁壽」，烏雅氏冷冰冰地拒絕，說：「安葬先帝的大事正在舉行，我心情沉痛，沒時間考慮別的東西，只希望我的兒子可以體會先帝治國的心思，江山永保；眾王公大臣可以體會先帝治國的心思，忠心愛國，那麼蒼生有賴，四海昇平，我也大有光榮，遠勝於接受什麼尊號啊。」（「梓宮大事正在舉行，淒切哀衷，何暇他及。但願予子體先帝之心，永保令名。諸王大臣永體先帝之心，各抒忠悃，則兆民胥賴，海宇蒙休。予躬大有光榮，勝於受尊號遠矣。」）

其實，清朝並沒有先帝梓宮未葬入山陵皇太后不得上徽號的規定，烏雅氏這麼鬧，明顯是不承認自己是皇太后，也即是不承認雍正是皇帝。

當然，不管烏雅氏要不要皇太后的徽號，她的實際身分就是皇太后。既是皇太后，就應該按照規定搬到慈寧宮或寧壽宮居住。烏雅氏為了向外人表達自己不願意做皇太后，堅決不搬，一直住在當妃子時所住的東六宮之一的永和宮，直到病死。

烏雅氏的死也屬於暴死。

《清世宗實錄》記，烏雅氏在雍正元年（1723年）五月二十三日未時（下午一點到三點的時候）感到不適，第二天丑時（凌晨一點到三點的樣子）便掛了。

父親、母親都在相隔一年不到的時間內相繼暴斃，這就無怪人們懷疑雍正有「軾殺君父」和「逼死母后」的嫌疑了。

還有，在曾靜案中，雍正頒行《大義覺迷錄》，專門為「奪嫡」之說辯解，說：「若非親承皇考付朕鴻基之遺詔，（其他人）安肯帖無一語，俯首臣伏？」其實，真實的情形正好相反，其他皇子根本不肯「帖無一語，俯首臣伏」，是他用非常手段進行摧殘、打壓、禁錮，才鉗制住了群口。而且，他口口聲聲稱有皇考遺詔，但始終沒有示人，只是紅口白牙、信口開河，根本沒達到申「大義」以「覺迷」的目的，反而授人口實。所以，乾隆即位後，馬上把《大義覺迷錄》列為禁書，不許流傳。

最讓人容易產生聯想的是，康熙死於暢春園，而雍正繼位後，基本絕跡暢春園。且清朝實行的是子隨父葬，雍正卻拒絕跟康熙葬在一處，不顧祖制，另選陵址，在北京西郊的易州獨自建起了陵寢。

話說回來，雍正身上雖然出現了一系列反常表現，但也不能因此斷定他是奪嫡甚至篡位，但專家沒能拿出令人信服的理由來解除這些疑點，就不應該單憑一份不知是出自康熙之手還是出自雍正之手的「康熙遺詔」草率下結論。

## 雍正到底有沒有篡奪皇位

這個問題，目前只能尋找一個較為合理的答案，而不能保證這就是真實的答案。畢竟，歷史的真相已經永沉史海，史學家和考古學家迄今都沒能找出篡位有否的鐵證。

對封建帝國而言，皇位的繼承乃是帝國的根本大事，康熙號稱「千古一帝」、「世之明君」，自然認識到此事的重要性。所以，嫡長子胤礽剛滿周歲，康熙就參照漢族封建王朝的「嫡長制」，將之冊立為皇太子。

不過，康熙兒子很多（共有三十五個），而他自己在位時間又很長（六十一年），在漫長的歲月裡，皇太子胤礽就遭到了其他意欲染指儲君大位的皇子的圍攻。在寡不敵眾的情況下，他只好鋌而走險，準備快刀斬亂麻，透過搞宮廷政變來搶班奪權，把生米做成熟飯，讓其他皇子死心。結果，慘遭廢黜（兩次），徹底與皇位無緣。

皇太子被廢，儲位虛懸，眾皇子的明爭暗鬥更為殘酷、激烈。

其中，鋒芒已露的有皇長子胤禔、皇三子胤祉、皇四子胤禛、皇八子胤禩和皇十四子胤禵五人。

其餘皇子如皇九子胤禟、皇十三子胤祥、皇十五子胤禑、皇十七子胤禮等等則以前面五人為老大，各自站隊，分開陣營廝殺。

皇長子胤禔看到唯一的嫡子已被廢，認為儲位必屬長子，得意忘形，向康熙提出誅殺胤礽，以絕後患。

康熙氣惱胤禔沒有骨肉手足情，痛斥其「不諳君臣大義，不念父子至情」，是「亂臣賊子」。

皇三子胤祉於是在此關鍵時刻，對胤禔發起致命一擊，揭發他曾用巫術鎮魘皇太子胤礽。胤禔因此被革去郡王，幽禁。

嫡長子胤礽、皇長子胤禔被除，皇三子胤祉以為論序當是自己得立，哪料勢力最大、對儲位慾望最強烈的皇八子胤禩急吼吼地冒出頭，將他壓了下去。

皇八子胤禩氣勢太盛，咄咄逼人，康熙不喜歡。

康熙四十七年（1708年）十一月，康熙在京師暢春園搞了一次選舉皇太子的「官意測驗」，要滿漢文武官員在諸皇子中舉奏一人為皇太子。皇八子黨群龐大，很多官員都書「八阿哥」三字於紙。

康熙大出意料，大罵這些官員，說他們「殊屬可恨」。

皇八子胤禩看見皇父出爾反爾，不遵照「官意測驗」結果立儲，還斥罵自己的死黨，殺氣大盛。

康熙五十三年（1714年）十一月，康熙病重，皇八子胤禩挑釁似的給父親進獻了一隻將斃之鷹，意存嘲弄。

康熙氣得幾乎說不出話，憤恨怒罵：「自此，朕與胤禩，父子之恩絕矣！」

為了化解來自皇八子胤禩的危險氣息，康熙五十七年（1718年），康熙任皇十四子胤禵為撫遠大將軍，授命西征。

康熙這麼做，是鑑於胤禵和皇八子胤禩走得太近，因此調虎離山，削弱皇八子胤禩的實力，減輕京師的威脅，暫時消弭「興兵逼位」的危險。

嫡長子胤礽之外，對儲位虎視眈眈的五人已排除其四（皇長子胤禔、皇三子胤祉、皇八子胤禩、皇十四子胤禵），就只剩下皇四子胤禛了。

康熙雖然沒有公開指定皇四子胤禛為儲，但從種種跡象看來，皇四子雍親王胤禛就是康熙心中的最佳繼位人選。

康熙四十七年（1708年），康熙第一次廢黜皇太子胤礽，以皇長子胤禔為代表的好幾個皇子都喜形於色，向康熙提議要斬除掉胤礽。胤禛以骨肉手足之情出面為胤礽保奏。康熙聖心大慰，連連稱讚胤禛，說他「性量過人，深明大義」、「似此居心行事，洵是偉人」。

康熙重立胤礽，對幾個成年的兒子一一作了點評，對胤禛評價極高。他說：「四阿哥（胤禛）是朕親自撫育長大的，他在幼年時心性不定，但極能體察朕的意思，愛朕之心殷勤懇切，可謂至純至孝。」

康熙忌恨諸皇子拉幫結黨，先後清除了皇太子黨、皇長子黨，但面對勢力龐大、朝內外盤根錯節的皇八子黨，只能哀號說：「此人黨羽甚惡，陰險已極，即朕亦畏之。」當他得知胤禛的皇四子黨有朝臣中大學士馬齊等，還有封疆大吏中的川陝總督年羹堯等，非但沒有氣怒，反而多了幾分欣喜，在第二次廢儲之後，將「眷注」集中於胤禛，多次予胤禛以重任：

一、康熙六十年（1721年）正月康熙「御極」六十周年的紀念日，安排胤禛率皇十二子胤祹等人前往奉天祭永陵、福陵、昭陵。

二、同年三月，安排胤禛率大學士等磨勘會試中式卷，進行檢查。

三、康熙六十一年（1722年）十月，安排胤禛率諸大臣查勘倉庫。

四、同年十一月初七，康熙患病，指定胤禛代行十五日冬至郊祀的祭天大禮。

……

康熙沒有等到十一月十五日冬至到來，崩於十三日晚。

當日清晨，康熙自知大限已到，急召皇三子胤祉、皇七子胤祐、皇八子胤禩、皇九子胤禟、皇十子胤䄉、皇十二子胤祹、皇十三子胤祥共七個皇子和步軍統領隆科多，宣布繼位人選和繼位事宜。

宣布完繼位大事，康熙又命人到天壇齋所召回皇四子胤禛，改派鎮國公吳爾占祭天。胤禛從天壇趕到暢春園，短短一天裡，被康熙帝召見了三次。

這個時候，皇長子胤禔被監守，次子即廢太子胤礽被禁錮，五子胤祺因為冬至將臨而被派往孝陵行祭禮，十四子胤禵正在西部領兵作戰，而幾位年幼的皇子十五子胤禑、十七胤禮、二十子胤禕跪在康熙帝寢宮外，沒有聆聽皇父諭旨。

當天晚上八點左右，康熙撒手塵寰。

即從康熙傳位的過程來看，胤禛應該是屬於正常繼位。

但是，世人卻對其繼位產生種種猜疑。這，到底是什麼原因呢？

俗話說，無風不起浪。

主要是胤禛自己有許多表現讓人浮想聯翩。

雍正登帝位後，反常且令人生疑的行為有很多。儘管，每一項反常且令人生疑的行為，他或愛護他的人，都有一套事出偶然而貌似合理的解釋，但若把所有反常且令人生疑的行為堆砌在一起，則所有的偶然將不復存在，貌似合理的解釋也變得異常蒼白。

這，就是雍正篡位與否的爭論至今仍喧騰不息的原因吧。

## 雍正為什麼殺了他曾經的知己年羹堯

曾經，雍正對年羹堯的寵愛，遠勝過熱戀中的男女。

雍正在年羹堯所上的奏摺上是如此肉麻地寫朱批說：「從來君臣之遇合私意相得者有之，但未必得如我二人之人耳，總之，我二人做個千古君臣知遇榜樣，令天下後世欽慕流誕就是矣。」

雍正在登帝位後的前兩年，對年羹堯恩寵有加。

且看，雍正元年（1723年）五月，雍正就讓年羹堯總攬西部一切事務，嚴令雲、貴、川的地方官員「俱照年羹堯辦理」。

清朝邊陲重臣是不能直接參與朝政的，雍正卻很傲嬌地給予了年羹堯直接參與朝政的權力，有事沒事地向年羹堯徵求意見。

山西巡撫諾岷向雍正奏請實行耗羨歸公政策，雍正不顧山長水遠，發諭年羹堯，發嬌發嗲地問：「此事朕不洞徹，難定是非，和你商量。你意如何？」

其他諸如官員的任免和人事安排等等，雍正一概親親熱熱地向年羹堯徵詢意見。

某次，雍正想將陝西官員調往他省升用，因為陝西是「小情郎」年羹堯的地盤，雍正問年羹堯「你捨得捨不得」，全然一種情人間撒嬌的語氣。

可以說，在那段時間裡，雍正對年羹堯幾乎達到了情熾若火、你儂我儂、密不可分的地步。

雍正元年，年羹堯接任撫遠大將軍，奉命平青海羅卜藏丹津叛亂。雍正寫朱批給年羹堯，其中竟然有這樣讓人耳熱心跳的字眼：「你此番心行，朕實不知如何疼你。」

雍正二年（1724年），年羹堯平叛獲勝。雍正一點也不掩飾自己的情感，高調無限就說，朕能擁有年羹堯這樣的人真是天大的幸運，如果朕有十來個像年羹堯這樣的人，就不愁治理不好國家了。

雍正甚至在朝廷上公開發話：「不但朕心倚眷嘉獎，朕世世子孫及天下臣民當共傾心感悅。若稍有負心，便非朕之子孫也；稍有異心，便非我朝臣民也。」

雍正二年（1724年）冬，雍正宣年羹堯入京覲見，在給年羹堯奏摺的朱批中稱「朕亦甚想你，亦有些朝事和你商量」。

……

雍正就是這樣毫無保留地寵愛著年羹堯。

而沉溺在「小愛河」裡的年羹堯卻迷失了自我，恃寵生嬌，威權自恣，目無君長。

汪景祺《西征隨筆》記，年羹堯在西北以「宇宙第一偉人」自居，儀制嚴重僭越。雍正召年羹堯入京覲見，年羹堯架子端得很大，喝令總督、巡撫沿途跪接。到了雍正帝面前，也是「御前箕坐，無人臣禮」，很拿自己當回事兒。

這麼一來，雍正很受傷。

試想想，雍正口口聲聲要和年羹堯一起攜手建立千古君臣典範，不惜搔首弄姿，無數次秀恩愛。到頭來，卻發現自己是「剃頭擔子一頭熱」，年羹堯並沒有做出過應有的付出和配合。而因為太過寵愛年羹堯，朝野也流傳起「皇帝多是聽從於年羹堯」的言論。

雍正因愛生嗔，惱羞成怒，駁斥說：「夫朕豈幼沖之君，必待年羹堯為之指點？」

年羹堯離京返任後，雍正開始冷靜地審視自己對年羹堯的這份感情，下批文婉轉警告年羹堯要慎重自持，善始善終。

年羹堯神經大條，絲毫沒有覺察到雍正對自己態度的變化。根據蕭奭所著《永憲錄》記載：年羹堯回到西北，重用遊方術士，大搞圖讖一類迷信活動，自稱住房上空凝聚有王氣，又說自己出生時滿室紅光，屬帝王之兆。還沾沾自喜地認為自己據有川陝兩省，盡占長江上游的便利，計畫在雍正四年（1726年）三月初一舉兵起事。

俗話說，情人眼裡出西施。之前雍正對年羹堯好，則無論年羹堯要做什麼，他都打心眼兒裡喜歡。現在雍正對年羹堯的感情已變，即熱血已冷，心腸發硬，怎麼看年羹堯怎麼彆扭。聽說年羹堯要造反，立刻翻臉。

雍正三年（1725年）三月，雍正突然發難，藉口年羹堯對自己「不敬」，閃電式地更換了四川和陝西的官員，翦其翼羽。然後撤銷年羹堯川陝總督職，調任杭州將軍。

《清代軼聞》記，年羹堯兵權被奪，「當時其幕客有勸其叛者，年默然久之，夜觀天象，浩然長歎曰：不諧矣」。

年羹堯在赴杭州將軍任的途中，尚心存僥倖，指使西安府咸寧縣令朱炯收買鼓動軍民，請求為自己保留川陝總督之職。

雍正暴跳如雷，一紙詔令，命人捕拿年羹堯押送北京會審。

雍正三年年底，朝廷議政大臣在雍正的授意下，給年羹堯開列出了九十二款大罪，判處死刑。

雍正假惺惺地「法外開恩」，賜年獄中自裁，其父兄族中任官者俱革職，嫡親子孫發遣邊地充軍，家產抄沒入官。

最後補一句，很多人都說，年羹堯是雍正篡位功臣之一，之所以被殺，是雍正要殺人滅口。雍正有沒有篡位，至今仍是個謎，但年羹堯被殺，原因應該不是這個。試想想，雍正在登位後的前兩年，愛年羹堯是這樣真、這樣切，高調無限地向全國人民宣稱要做模範君臣。如果是一開始就有了殺意，這也太能裝了吧?!而且，殺年羹堯本身已經是重重打臉了，就算再能裝，打臉也不能把自己打得太痛吧?!

## 岳飛後裔被皇帝稱為「三朝武臣巨擘」

岳飛不但武功蓋世，而且通曉兵法，為百年罕遇的良將，曾大破金兵於蔡州、陳州、潁州、鄭州、西京、嵩州、許州、孟州、衛州、懷州、鄭城等地，並在順昌、郾城大戰中摧毀了金人的「拐子馬」、「鐵浮圖」，威懾敵膽。

金國四太子兀朮悲呼：「岳少保以五百騎破吾五十萬眾！」、「撼山易，撼岳家軍難！」然而，紹興十一年（1141年）十二月二十九日，岳飛、岳雲父子和部將張憲卻被趙構、秦檜以「莫須有」的謀反罪名殺害，成了中華民族心頭永遠的痛。

岳飛、岳雲父子遇難後，次子岳雷、三子岳霖隨同母親李氏夫人被發配流放嶺南；時居九江廬山下沙河家中的四子岳震、五子岳霆則在家僕的保護下過長江，改姓鄂，潛於黃梅大河之濱，後遷聶家大灣。

岳家的傳承，主要在岳雷、岳霖這邊。

岳雷這一脈傳下的岳氏後人在歷史上聲名藉藉；岳霖這一脈卻代有傑出人物出現。

岳飛冤案昭雪後，岳霖知欽州（屬廣西），曾得宋孝宗召見。

宋孝宗拉著岳霖的手說：「卿家紀律，用兵之法，張浚、韓世忠遠不及。卿家冤枉，朕悉知之。」

岳霖道出江西，江西父老率其子弟來迎，紛紛流涕淚說：「不圖今日復見相公！」

岳霖立志收集父親的文稿，上疏請求歸還高宗當年所賜御劄、手詔，以進行全面增刪和考訂。文稿未成，岳霖重病不治，只能將大任託付於三子岳珂。他對岳珂說：「子能成吾志，雪爾祖之冤，吾死瞑目矣！」

岳珂秉承父志，在嘉興金佗坊編撰成《金佗粹編》二十八卷和《金佗續編》三十卷，該二書成為研究岳飛和南宋歷史的重要著述。

岳珂這一支，世稱金佗支，主要以詩、文、書、畫傳家。

將岳飛的武略傳承下來的是岳霖長子岳琮這一支。

岳琮這一支由江蘇宜興陳渡遷到甘肅莊浪永秦堡，後稱永泰世系。

岳飛十六世孫岳大舟在明萬曆年間先任廣西灘江衛指揮，後進駐甘肅臨洮。

明萬曆二十六年（1598年）岳大舟之子岳仲武贈榮祿大夫，傳十八世孫岳文魁贈少保三等。

岳飛十九世孫岳鎮邦很牛，任清代左都督紹興總兵。

岳鎮邦牛，他的兒孫更牛。

岳鎮邦的長子岳升龍曾任四川提督，後轉任山東省總兵，康熙五十一年（1712年）病逝，得朝廷追謚「敏肅」。

岳鎮邦的次子岳超龍曾任湖南提督，雍正十年（1732年）病卒。其子岳鍾璜亦任提督。

岳飛後裔中，戰功最著，幾可追及岳飛的是岳升龍之子岳鍾琪。

岳鍾琪出身於將門之家，「生而駢脅，目炯炯四射，魁奇沉雄，寡言笑」。

岳鍾琪自幼勤學好武，「十餘歲博涉群籍，經史之外，說劍論兵，旁及天文地理」；與兒童嬉戲，常「布石作方圓陣，進退群兒」。長大後投軍，臨陣挾二銅錘，重百餘斤，多智略，禦眾卒嚴、共甘苦。

康熙五十八年（1719年），準噶爾部策旺阿拉布坦作亂，康熙令十四皇子胤禵為大將軍，噶爾弼為定西將軍，岳鍾琪為先鋒，進行征討。

三十三歲的岳鍾琪，逢山開路，遇水搭橋，英姿勃發，鋒芒畢露，銼敵如破竹，銳不可當。岳鍾琪曾僅帶六百人就撫定里塘、巴塘的反叛，殺散叛亂分子三千餘人，威懾敵膽，其他反叛各部相繼獻戶籍，請求歸降。

其後，岳鍾琪帶四千人疾奔昌都。

彼時，叛軍已調集部隊扼守三巴橋，截斷了官軍西進的路線。昌都距叛軍駐地尚有六百餘里，叛軍若毀壞了三巴橋，則難於飛越怒江天險。

面對這種險峻的敵情，如若向千里之外的上級請示，勢必貽誤戰機；如若揮軍急進，又違反軍令。

權衡再三，岳鍾琪決定「宜乘敵未集而先發制之」，令三十名士兵抄小道持檄晝夜兼程，以迅雷不及掩耳之勢抵達叛軍首領駐地——洛隆，出密檄示地方官，曉以利害，令協助緝捕噶爾等人。

當夜，岳鍾琪率軍挺進，擒殺數人，招撫六部數萬戶，打通了直達拉里的通路，為後續大部隊進軍鋪平了道路。

平叛凱旋，岳鍾琪授左都督，四川都督，賜孔雀翎。

雍正元年（1723年），青海蒙古族和碩部羅卜藏丹津發動叛亂，企圖分裂青海和河西走廊的部分領土。

岳鍾琪臨危受命，出撫青海。

在這次平叛中，岳鍾琪利用敵人分散的特點，率領精銳騎兵，「一晝夜馳三百里，不見虜乃還，出師十五日，斬八萬級」。

出師僅十五天，就收復了被叛軍占領的青海地區六七十萬平方公里的全部領土，稱得上中國戰史上最有名的戰役之一。

青海事平，雍正授岳鍾琪三等公，賜黃帶及御制五言律詩二首，其中有「智勇原無敵，忠誠實可風」之句。

雍正三年（1725年）四月，年羹堯被解兵權，雍正命岳鍾琪署川陝總督，盡護諸軍。同年，岳鍾琪領「寧遠大將軍」印，平定了準噶爾部勾結沙俄發動的叛亂。

雍正五年（1727年），岳鍾琪再領「寧遠大將軍」印，平定了蒙古噶爾丹策零在沙俄支持下發動的叛亂。

岳鍾琪鎮守邊關，可謂定亂豐功，威名遠揚。

清王朝建立後，內外大臣多系滿族人擔任。而岳鍾琪以軍功先後任川陝總督、甘肅提督及甘肅巡撫，以漢人承當川、陝、甘三省軍政大權，自然樹大招風。

雍正五年二月，有一個寄居四川的湖廣人盧宗漢突然在成都大街上高呼：「從岳公爺造反！」、「岳公爺帶領川陝兵馬造反！」

盧宗漢的驚人之舉把岳鍾琪嚇得魂飛魄散，他趕緊命人捉拿盧宗漢「嚴鞫」，並迅即以「因私事造蜚語無主使者」斬殺，上報雍正。

岳鍾琪草率斬殺盧宗漢未免有殺人滅口之嫌，等他省悟過來，已經為時已晚，只得誠惶誠恐地上疏引咎辭職。

雍正內雖忌惡，卻外示寬厚，諭旨安慰說：「數年以來，讒鍾琪者不止謗書一篋，甚且謂鍾琪為岳飛後裔，欲報宋、金之仇。鍾琪懋著勛著，朕故任以要地，付之重兵，川陝軍民尊君親上，眾共聞之。」

雍正六年（1728年），靖州秀才曾靜派遣徒弟張熙授書岳鍾琪，勸其效仿遠祖岳飛，舉兵反清。

這一次岳鍾琪學乖了，他把張熙直接押送京師，由雍正帝發落。由此，掀起了一場驚天文字大獄，曾靜、張熙等共一百二十三名反清儒生人頭落地，連入土半個多世紀的大思想家呂留良也被剖棺戮屍！

岳鍾琪以漢族反清志士的淋漓鮮血終於換來了雍正帝的表彰。但是，隨著各地叛亂的大定，生產的恢復發展，「狡兔」已死，「烹犬」的時機漸漸成熟。

雍正九年（1731年），雍正藉口岳鍾琪進擊準噶爾部不力，以「誤國負恩」加以免官拘禁。

雍正十二年（1734年），在沒有找到岳鍾琪其他叛逆罪行的情況下，岳鍾琪被議罪「斬立決」。也許是覺得事情做得太急，在岳鍾琪即將成為第二個冤死於「莫須有」罪名的岳飛時，雍正「法外施恩」，改了「斬監候」。

雍正十三年（1735年），雍正帝意外猝死，乾隆繼位。過了兩年，即乾隆二年（1737年），五十一歲的岳鍾琪在經歷了五年的牢獄監禁後，終於得釋，免官為民。

不久，四川大小金川等地叛亂再起，雍正帝在位時安插的大將軍廣泗等久戰無功。

沒有辦法，乾隆十三年（1748年），乾隆帝只好起用已經做了十年平民的往昔名將岳鍾琪，授其總兵銜，召其至軍中，改授四川提督，賜孔雀翎。

已經六十二歲的岳鍾琪回到了軍中，先以三萬五千人破敵，示敵以威；又以驚人的膽略，親帶十三騎入敵巢，迫降敵酋。

曠日持久的大金川戰事由此平息。

乾隆喜出望外，加封岳鍾琪太子少保，賞還三等公爵位，賜號「威信」。

乾隆還為岳鍾琪賜詩褒獎，稱讚說：「劍佩歸朝矍鑠翁，番巢單騎志何雄。」

乾隆十五年（1750年），時年六十四歲的岳鍾琪出康定平定了西藏珠爾墨特之亂。

乾隆十七年（1752年），岳鍾琪又遣兵討擒雜谷土司蒼旺之亂。

乾隆十九年（1754年），重慶陳琨倡亂，岳鍾琪抱病親往捕治。

二月二十八日，岳鍾琪死於軍中，葬於成都，時年六十八歲。

乾隆皇帝手諭褒勉，賜祭葬，謚「襄勤」，位列大清五功臣。

終清之世，漢族大臣拜大將軍，滿洲士卒隸麾下受節制，唯岳鍾琪一人而已。

乾隆皇帝給予了這位勞心勞力的朝廷鷹犬最高的評定：「三朝武臣巨擘」。

## 雍正與宋仁宗比「仁義」

西元1063年農曆三月，一個噩耗從宮中傳出：在位四十一年的宋仁宗駕崩。

開封街頭的一個小乞丐，先是愣了一愣，接著情難自制，放聲大哭，踉踉蹌蹌就往皇宮跑。而宮門外早已人山人海，男的、女的、老的、少的，有賣瓜果的小販、有腳夫、有文士、有和尚……全哭成了淚人，很多人披著白麻，燒著紙錢，給皇帝「送別」。

第二天，市民們自動停市哀悼，焚燒紙錢的煙霧飄滿了京城上空，以致天日無光。

一個叫周長孺的官員出差在四川一帶，看見山溝裡打水的婦女們也頭戴紙糊的孝帽哀悼皇帝駕崩。

甚至，鄰國的契丹皇帝聽了宋國使者的訃告，也瞬間淚崩，一個勁地握著使者的手：「我不信我不信！他老人家怎麼就過世了？」

哭過之後，紅著眼圈，說：「我要給他建一個衣冠塚，寄託哀思。」

宋仁宗沒有秦皇漢武、唐宗宋祖的赫赫武功，但卻以自己個人的獨特魅力征服了天下人，包括曾經的敵國契丹。

施行「仁政」，一直是中國傳統政治的最高理想，宋仁宗之前，中國沒有一個帝王被冠之以「仁」字之稱。

宋仁宗之後，元、明、清三朝雖然也有廟號為「仁宗」，但都不能與宋仁宗相提並論。

人們都說，「仁宗雖百事不會，卻會做官家（皇帝）」。

百事不會，只會做皇帝，這是一種什麼樣的境界呢？

《東軒筆錄》記，有一次，宋仁宗外出，一路不停地回頭張望，大家都不知道他想要幹什麼。回到宮中，宋仁宗迫不及待地對嬪妃說道：「朕渴壞了，快倒熱水來。」嬪妃大為詫異，說：「即使在外面也可以吩咐隨從伺候飲水，為什麼要忍著渴回到宮裡索水呢？」宋仁宗說：「朕屢屢回頭，都沒有看見他們準備有水壺，如果問的話，肯定有人要被處罰了，所以就忍著口渴回來再喝水了。」如此關心體貼下人，時時替下人著想，算是皇帝隊伍裡的獨一份。

《北窗炙錄》則記，某天深夜，宋仁宗在宮中處理完政事，正要作息，卻聽到從很遠的地方傳來絲竹歌笑之聲，隨口問了一句宮人：「此何處作樂？」宮人回答：「此民間酒樓作樂處。皇上您聽，外面民間是如此快活，哪似我們宮中如此冷冷落落也。」宋仁宗笑答：「你知道嗎？正因我宮中如此冷落，外面人民才會如此快樂，如果我宮中像外面如此快樂，那麼民間就會冷冷落落了。」什麼是以民為本？這就是以民為本。什麼叫「先天下之憂而憂，後天下之樂而樂」？這就是「先天下之憂而憂，後天下之樂而樂」。

蘇軾的弟弟蘇轍在進士考試中大論皇帝的政治得失，在考卷中寫：「我聽路人說，宮中美女數以千計，皇上既不關心老百姓的疾苦，又不跟大臣商量治國安邦大計，終日沉湎在歌舞飲酒裡，紙醉金迷。」蘇轍的言論完全是捕風捉影，空穴來風，與事實完全不符，屬於「謗君」。考官要治蘇轍的罪，將此事上報宋仁宗。宋仁宗大手一擺，說：「朕設立科考，就是要錄取敢言之士。蘇轍一個書生，敢於如此直言，應該特予功名。」蘇轍於是順利考上了進士。

《曲洧舊聞》記，成都一個老秀才作詩句為：「把斷劍門燒棧閣，成都別是一乾坤。」儼然是勸人效仿劉備割據四川鬧獨立。有人將此事上報給宋仁宗，宋仁宗淡然一笑，說：「這個老秀才，他不過是想做官，做官不成寫反詩洩憤，想做官就給他吧。」老秀才竟因此成了萬戶參軍。

正因為宋仁宗思想開明，政治寬鬆，所以朝廷賢良之士濟濟一堂，國家搞得繁榮富足。

當朝理學家程頤也因此放話說「我要和皇上共治天下」。

從封建皇權制度來說，天下屬於天子一人，您要和天子共治天下，那是相當於把天下也視為自己的了，屬於大逆不道。

但宋仁宗卻嘉許程頤的說法，認為應該由天下人來共治天下。

宋仁宗的故事講到這裡，不由自主地想到清朝仁宗的爺爺——清世宗雍正皇帝。

雍正皇帝是絕對不允許宋仁宗和程頤的思想存在的。

這有血淋淋的事實為鑑。

某次，雍正觀看戲班演出繡襦院本《鄭儋打子》，扮演鄭儋的是南京名丑劉淮，演技高超，唱工也非常好。

雍正看得十分開心，待戲演完了，傳旨賞賜演員用飯。

由於劇中鄭儋的官職為常州刺史，劉淮在吃飯時，順便問了一句：「我朝現任常州知府姓甚名誰？」

雍正皇帝一聽，愓然起警，一摔筷子，怒罵道：「你不過是一個戲子賤人，竟敢擅自探聽政府之事！這種風氣萬萬不能滋長！」傳旨將劉淮立斃杖下。

可憐的劉淮，只因一句無心閒話就招致殺身之禍。

都說，歷史是向前發展的，由落後走向先進，由野蠻走向文明。

但是，從宋朝到清朝，中國政治制度似乎是在開倒車。

## 雍正煉丹致死之謎

清朝是中國古代歷史上謎案最多的王朝。

似乎，清朝皇宮在近三百年的時間裡，永遠籠罩著迷山霧海，難見天日。

舉個例子，大清朝十二帝，能死得明白的就沒幾個。

開國皇帝努爾哈赤，史書上記載是死於背疽，但民間一直盛傳是被袁崇煥用大炮轟死的。

清太宗皇太極身材雄健硬朗，卻在五十一歲的年紀毫無徵兆地驟然而逝，讓人訝異。有人猜測，皇太極其實是多爾袞與莊妃合謀害死的；也有人說皇太極是死於情殤——因心傷愛妃海蘭珠早逝，魂追於九泉之下。

至於清世祖順治帝死亡之謎就更加撲朔迷離了。有死於天花之說；有情殤於董鄂妃早逝之說；有遁入山林之說；有在福建被鄭成功炮轟升天之說。

清聖祖康熙帝，官方說法是自然死亡；但世人卻懷疑其是死於雍正之手，很慘。

……

雍正的死也非常突然，多年後，曾因雍正去世當晚被風風火火召至圓明園的輔政大臣兼大學士張廷玉和鄂爾泰回憶時，頻用「驚駭」二字來表達當時的意外。

外界傳說，雍正之死，死於女俠呂四娘的刺殺。

該傳說有鼻子有眼，甚至有人還言之鑿鑿地說，雍正的腦袋已經被呂四娘提走，雍正陵寢裡埋的，只有雍正的身子，腦袋部分，是用黃金鑄成的假頭。

但從雍正去世後乾隆接連發布的兩道上諭來分析，雍正很可能是死於丹藥中毒。第一道上諭，乾隆要求太監不許妄議國家大事，所謂「凡國家政事，關係重大，不許聞風，妄行傳說」，若有違反，「定行正法」，絕不留情。

這道上諭是要太監封口，不許走漏宮中任何訊息。

第二道諭旨，驅逐養在宮中的道士，云：「皇考萬歲餘暇，聞外界有爐火修煉之說，聖心深知其非。聊欲試觀其術，以為遊戲消閒之具，因將張太虛、王定乾等數人，置於西苑空閒之地。聖心視之，如俳優人等耳，未曾聽其一言，未曾用其一藥，且深知其為市井無賴之徒，最好造言生事，皇考向聯與和親王面諭者屢矣。今朕將伊等驅出，各回本籍。」對這些逐出宮中的道士，乾隆帝同樣威嚇說：「伊等平時不安本分，狂妄乖張，惑世欺民，有干法紀，久為皇考之所洞鑑，茲從寬驅逐，乃再造之恩，若伊等因內廷行走數年，捏稱在大行皇帝御前一言一字，以及在外招搖煽惑，斷無不敗露之理，一經訪聞，定嚴行拿究，立即正法，決不寬恕。」

乾隆口口聲聲稱父親雍正視張太虛、王定乾等道人如俳優人等，「未曾聽其一言，未曾用其一藥」，但雍正對求仙問藥的渴望，早已不是祕密的祕密了。

相關史料記載，在雍正還是雍親王的時候，就留意尋找世外高人，索求長生不老藥了。

康熙五十五年（1716年）秋，雍親王門下人戴鐸到福建赴任，給雍親王寫信報平安，同時也寫了一些路上見聞，其中有提到，路經武夷山時，遇上了一個瘋瘋癲癲的牛鼻子道士。

戴鐸寫這個牛鼻子道士，只是將之當作一個旅途小插曲，並沒有深層意思。

可是，言者無意，讀者有心。

雍親王馬上提筆回信戴鐸，說：「你得遇如此等人，你好造化！」極力要求戴鐸重回武夷山尋找該道士，薦入雍王府。

可是，一個瘋癲道士，不過是路途偶遇，人海茫茫，哪裡尋得？

雍親王即位後，求仙問藥之意更熾，不斷公開要求手下心腹替自己在地方尋訪道行高深的道士。

陝西總督岳鍾琪於雍正七年（1729年）就接到雍正帝要他查詢終南山修行之士鹿皮仙（又名狗皮仙）的諭令。

鹿皮仙招搖一時，很容易找。

岳鍾琪將之喚至官署，細細盤問，然後將結果詳細稟覆給雍正，指稱鹿皮仙目無光彩，齒落神昏，又兼語無倫次，狀類瘋魔，不似有道之士。

雍正帝大失所望。

雍正八年（1730年），雍正帝聽說四川有善養生、精醫術、有「龔仙人」之稱的龔倫，又諭令四川巡撫憲德替自己前往查訪。

雍正遠在京城，對於民間的傳言並不很清楚，實際上，「龔仙人」龔倫早在雍正六年就病死了，憲德當然沒法訪問，據實回報。

雍正讀到報告，眼珠子差點沒掉到地上。

兩個月之後，不死心的雍正帝分下特諭給浙江總督李衛、河南總督田文鏡、雲南總督鄂爾泰、署川陝總督查郎阿並陝西巡撫武格、山西巡撫覺羅石麟和福建巡撫趙國麟等人，要他們留心訪問深達修養性命的道士。

浙江總督李衛一下子就想到了河南禹州的賈文儒是個奇人，馬上回奏雍正，說：「河南禹州的賈文儒應該就是陛下說的修養性命之士，可以讓河南督臣田文鏡前去探訪。」

真是踏破鐵鞋無覓處，得來全不費功夫！

雍正帝喜出望外，下旨催河南總督田文鏡：「禹州的賈文儒乃是世外高人，你速將他密送到京。欽此。」

田文鏡回奏說：「禹州賈文儒的確系世外高人，曾大顯預測之術，人稱『賈神仙』。陛下既要見他，我這就派人護送他上京。啟程的日子是七月十五日，只恐雨後泥濘，估計要走十五日方可到京。」

雍正帝於是盼星星，盼月亮，盼著賈文儒早日來到自己的身邊。

可是，八月初二，賈文儒如期抵京，雍正帝見後卻大為沮喪。

原來，這個賈文儒，算是老熟人了。

一年前，賈文儒的名字不叫賈文儒，叫賈士芳，居住在北京白雲觀，大肆宣揚「心性之學」，很是蠱惑了一些人。

怡親王就是被蠱惑了的人，他認為賈士芳是個奇能異士，鄭重將之推薦給了雍正帝。

賈士芳不明就裡，以為雍正是對自己的「心性之學」有興趣，徹夜備課。

哪料，雍正帝對「心性之學」並無絲毫興趣，所關心的是丹藥煉製、長生不老之事。

所以，兩人的對話是驢脣不對馬嘴，不歡而散。

可笑的是，賈士芳換了個「賈文儒」的名字，竟然有膽重新出現在雍正面前，下場肯定不會好到哪兒去。

果然，一個多月後，雍正就胡亂找了一個由頭，命人正法掉了賈士芳。

殺賈士芳，雍正帝有些心虛，患上了妄想症，懷疑賈士芳的鬼魂會找自己報仇，寢食難安。

有人及時推薦了龍虎山的正一派法師婁近垣入宮畫符禮鬥，雍正帝這才慢慢定下神來。

婁近垣也因此成了雍正的紅人，被御封為北京皇家道觀大光明殿的開山宗師。

而雍正對丹藥的追求也終於驚動了張太虛、王定乾等煉藥高手。

張太虛、王定乾等人入宮，各顯身手，大煉丹藥。

雍正服了新煉出來的丹藥，自認為神清氣爽、身輕如燕，欣喜之餘，提筆寫了一首題為《煉丹》的詩：

鉛砂和藥物，松柏繞雲壇。
爐運陰陽火，功兼內外丹。

雍正還特意將這些珍貴的丹藥賜給自己的心腹重臣，如鄂爾泰、田文鏡等輩。

鄂爾泰得藥後，自稱服用一個月後「大有功效」。

雍正於是和他分享服藥心得，說：「此方實佳，若於此藥相對，朕又添一重寬念矣。仍於秋石兼用作引，不尤當乎？」

雍正賜丹藥給田文鏡時，說自己正在服用這些丹藥，沒有間斷，並解釋，常服並非治療某種疾病，專用作彌補元氣。人們服丹藥，總有所顧忌，怕與身體不投，雍正強調，「此丹修合精工，奏效殊異，放膽服之，莫稍懷疑，乃有益無損良藥也。朕知之最確」。

乾隆說父親視張太虛、王定乾等道人如俳優人等，「未曾聽其一言，未曾用其一藥」，實在是假得不能再假，而雍正的死因，也是欲蓋彌彰。

## 最勤政的雍正卻丟了貝加爾湖

清朝諸帝中，最受人們推崇的是康熙、雍正爺倆。

尤其是雍正，有二月河《雍正王朝》的造勢，近年來，更是好評如潮，被讚譽為中國歷史上最勤奮的皇帝。

雍正有多勤奮呢？

有人專門進行統計，得出結果是：雍正平均每天批閱十件奏摺，處理四十件題本。

據說，目前存檔的雍正朝奏摺有四萬一千六百餘件，其中漢文三萬五千餘件，滿文六千六百餘件，六部及各省題本十九萬二千餘件。如此海量批件，雍正不但一一過目，還件件寫上朱批，有的朱批多達幾千字！

從這一點來說，雍正還真是一個勞模（勞動模範）。

而且，人們驚奇地發現，雍正不但處理各種軍國政務，對老百姓的生活，社會各業，事無巨細，都會上心過問。

所以，有人就把「朝乾夕惕，宵衣旰食，夙興夜寐，夜以繼日」之類的溢美之詞加在雍正身上。

據說，雍正繼位時，國庫是虧空了八百萬兩白銀的，但經過其拼死拼活的十三年時間的勞累，到了雍正末年，國庫盈餘八千萬兩白銀！

所以說，雍正不光是勤政，還非常有能力，奮發有為。

可是，也許很多人並不知道，我國最大、最美麗的淡水湖，就是在這個勤政有為的勞模手中喪失的。

說起來，這個淡水湖，是世界上最大的淡水湖，也是世界第一深湖！其湖長六百三十六公里，平均寬四十八公里，面積為三萬一千五百平方公里。

因為面積太大，一眼望不到邊際，我國古籍冠之以海名，有北海、柏海、小海、菊海等稱呼。

海水是鹹的，這個湖的湖水是淡水，人們後來意識到它只是一個湖，才慢慢改稱為柏海兒湖、白哈爾湖等，到了近代，定名為了貝加爾湖。

貝加爾湖總容積二十三萬六千億立方公尺，相當於北美洲五大湖水量的總和，超過整個波羅的海的水量，其淨水絕對儲量占全世界淡水儲量的百分之二十，足夠全世界人飲用半個世紀。

最妙的是湖中有二十七個小島，因未受第四紀冰川覆蓋，湖中仍保留著第三紀的淡水動物，著名的有貝加爾海豹、凹目白鮭、奧木爾魚、鯊魚等。

湖岸地區遍布礦藏，現已探明儲量的地下礦產資源種類超過七百種，其中已建起的金礦有二百四十七座、鎢礦七座、鈾礦十三座、共生金屬礦四座、鉬礦和鈹礦各兩座，還有數不清的褐煤礦和煙煤礦，以及磷灰石、磷鈣石、石墨和沸石礦。

我們的祖先，很早就在貝加爾湖以東的濱海地區生活，在史書記載中，他們的名字叫「肅慎」，是西元前11世紀臣服於周朝的少數民族。

西元前3世紀左右，中國黃河流域產生和發展的商文化擴展到外貝加爾湖地區、葉尼塞河流域，至今，考古學者還在阿巴干城和烏蘭烏德城附近發現了中國漢代的宮殿建築和城市遺址，並出土有上刻「天子千秋、常樂未央」字樣的瓦當。

西元1世紀以後，外貝加爾先後活躍著鮮卑、高車、鐵勒等部。漢朝時期南匈奴立庭於今鄂爾渾河西岸喀喇巴爾嘎遜地方，上書漢廷自請「世世保塞」。即南匈奴統治下的包括貝加爾湖地區在內的北方領土是漢王朝的屬地。

到了7世紀，中國唐朝政府正式在貝加爾湖以東地區設置了行政機構，以後的遼、金、元、明都控制和管轄著貝加爾湖以東直抵濱海地區。

實際上，有明一代，明朝統治者就是把西至貝加爾湖、東至大海的廣大地區交由中國東北地區的女真人打理的。

可是，女真人入關後，貝加爾湖就丟失了。

1643年，葉尼塞河區的哥薩克庫爾巴特伊萬諾夫來到貝加爾湖地區，1653年，由彼得・別克托夫領導的哥薩克分隊在印戈達和赤塔河交匯處附近建立了貝加爾地區的第一座軍事堡壘，1666年，在烏達河岸邊建立木結構軍事堡壘上烏丁斯克。

俄國人在一點點蠶食中國的領土。

這可不行！

為了解決中俄邊界爭端，１６８８年，中俄雙方在雅克薩幹了一仗，雙方停戰後在尼布楚展開和談。

和談中，清政府代表曾提出以勒拿河至北冰洋為界的第一方案，繼而讓步提出第二方案，即以外興安嶺的北支（諾斯山）直至亞洲大陸最東北的沒入大海深處的諾斯海岬（即楚科奇半島）為界。

可惜的是，因為談判的清朝代表的能力問題以及要平叛準噶爾的叛亂等原因，被迫放棄了第二方案和這幾百萬平方公里的土地。最後劃定了中俄東段邊界——以額爾古納河至外興安嶺至烏第河為界，即明確了黑龍江和烏蘇里江流域包括庫頁島在內的廣大地區是中國領土。但中俄中段邊界沒能達成協議，待定。

由於屬「待定」狀態，俄國便鑽協定的空子，繼續從中段邊界蠶食中國領土，侵占了貝加爾湖以西和唐努烏梁海以北伊聶謝河上游地區大片中國領土。

清廷多次與俄國沙皇政府交涉，要求雙方早日劃定邊界及解決與此有關的問題，沙皇政府置若罔聞。

清雍正二年，即１７２４年，清政府單方面停止了中俄貿易，致使俄國龐大的商隊蒙受了重大損失。

為此，沙俄政府不得不於該年派出談判代表赴中國談判。

在談判過程中，俄國使團卻表現得極其硬氣，不時配以武力相威脅。勤政有為帝雍正生怕得罪沙俄人，步步退讓。先是在雍正五年簽訂了《布連斯奇界約》，接著又在雍正六年簽訂了《恰克圖條約》，規定了中、俄兩國以薩彥嶺為界，立鄂博為界碑，由此，貝加爾湖之南及西南約十萬平方公里國土正式喪失，再也回不來了。

人們普遍認為，在明朝以前，中國的文化、經濟一直走在世界前列；中國的積貧積弱始於清朝，但清朝並非在三百年時間裡都國力疲弱、國窮思困，至少，康、雍兩朝在史上有「康雍盛世」之稱，但中國最大、最富饒的淡水湖就是在這個難得的盛世中丟失的，讓人痛心不已。

## 乾隆把親生女兒下嫁給了孔子後裔嗎？

2010年1月14日，史詩電影《孔子》北京首映發布會上，飾演孔子的著名演員周潤發在現場兩千名觀眾的注視下，畢恭畢敬地跪倒在一個年過九旬的老婦人輪椅下。這個老婦人對周潤發說：「你辛苦了。謝謝你弘揚了孔子的精神。」然後贈送了周潤發一幅她親筆題寫著「永遠的孔子」五字的橫幅。

這個老婦人是孔子嫡系後裔、第七十六代衍聖公（衍聖公是歷代封建王朝賜給孔子在世後裔的世襲封號）孔令貽之女孔德懋女士。

孔德懋女士是一個無黨派民主人士，全國唯一一位終身制全國政協委員，現任中國孔子基金會副會長、中國和平統一促進會理事等職務。

在二十世紀八十年代，孔德懋女士為繼承中華孔子文化事業，弘揚儒家仁、義、禮、智、信思想，曾寫回憶錄——《孔府內宅軼事》，該書記述了許多孔府內幕，算得上是研究孔府的最為權威資料。

有意思的是，書的第一章《天下第一家》中寫了一個「公主下嫁孔府」的故事：

乾隆皇帝有個女兒，是孝聖賢皇后所生，兩人對她十分鍾愛。這位公主臉上有個黑痣，據相術說這個黑痣主災，破災的唯一辦法是將公主嫁給比王公大臣更顯貴的人家，這就只有遠嫁孔府了。因為只有衍聖公可以在皇宮的御道上和皇帝並行，皇帝到曲阜時，也要向衍聖公的祖先——孔子行三跪九叩大禮，這都是別的王公貴族所沒有的榮耀。因此，乾隆第一次到孔府時，就說定將女兒下嫁孔府。但滿漢不能通婚，為了避開這個族規，乾隆便將女兒寄養在中堂大人于敏中的家中，然後又以于家閨秀的名義嫁給第七十二代衍聖公孔憲培，孔府的後人稱她為于夫人。

《孔府內宅軼事》還說：孔憲培的名字是乾隆賜給的，於乾隆三十七年（1772年）十二月和公主結婚。結婚前，從京城到曲阜，百官運送嫁妝每日不停，整整運了三個月。

結婚時，孔憲培親自入京迎娶，乾隆召見並賞賜大批禮物。公主所寄養的于敏中全家也隨同遷往孔府居住，從此孔府裡就有了這戶外姓親戚。按照孔府家規，衍聖公的兄弟都不能住在孔府，成年後要搬到外面的十二府中去居住。而獨有這外姓人家于家有此特權，那便是因公主下嫁的緣故。

當時，文武百官都有厚禮相送。有一府台，只送了一把小金斧。乾隆問起來，他說，以後留著給御外孫砸核桃吃。乾隆聽了很高興，說這把小金斧是所有禮物中最好的禮品。金銀在孔府本來不算什麼，就因為有了乾隆這句話，這把小金斧成為孔府珍貴的傳家寶。

公主嫁到孔府後，乾隆和皇后、皇太后都來過曲阜。公主過生日時，乾隆還派官員前來賀壽、賞賜。孝聖賢皇后升遐（去世），孔昭煥、孔憲培父子及公主都入京送梓宮。公主沒有生養，過繼侄兒孔慶鎔為後。孔慶鎔剛一出生就被抱到公主這邊，並立即呈報皇上有了御外孫，乾隆十分喜悅。

故事說得活靈活現，又加上作者的特殊身分，讀者都深信不疑。

孔憲培妻子之墓建在曲阜名勝「三孔」（孔府、孔廟、孔林）之一的孔林內，人稱「皇姑墳」。「皇姑墳」的墳地上，還有一規模宏大的「于氏坊」，人們說，這是公主的牌坊。現在，曲阜「三孔」的講解員每天都要向中外參觀者講述公主下嫁孔府這一富於傳奇色彩的故事。

很多雜誌、報刊、詞典也把這個故事作為歷史知識向讀者介紹，甚至有些學術論著也把它做為史實來論述有關滿漢通婚以及清廷統治者尊崇孔子、大力弘揚儒學所做的種種努力。

的確，歷朝皇帝為了維護自己的統治，都會高舉儒學的旗幟，尊崇孔子。不完全統計，從西漢至清朝，先後有十二個皇帝十九次來曲阜祭祀孔子。來祭祀孔子的皇帝中，就數乾隆來得最多。

據史料記載，從乾隆十三年（1748年），到乾隆五十五年（1790年），乾隆共八次巡幸曲阜，祭拜孔子。而祭拜完孔子，都會駕臨孔府。

人們說，乾隆如此頻繁地出入孔府，其中重要原因就是看望女兒。至今，孔府菜中有仍一道名為「通天魚翅」的大菜，這菜名，就隱喻上通皇室的意思。還有，孔府裡有家養的戲班，每年要演上百場京劇，但《打金枝》屬於禁演劇碼，原因是公主為皇家金枝玉葉，演《打金枝》犯忌。

「公主下嫁孔府」的故事講得有鼻子有眼、頭頭是道，但是否就是事實呢？

余志群的《否「乾隆公主嫁孔府」說》、杜家驥的《乾隆之女嫁孔府及相關問題之考辨》等文章否認了「乾隆公主嫁孔府」的真實性。

首先，乾隆皇帝一生中有三位皇后，分別是孝賢純皇后、那拉氏皇后、孝儀純皇后（嘉慶生母），並沒有孔德懋女士說的「孝聖賢皇后」。

不過，有人認為「孝聖賢皇后」是孝賢純皇后或孝儀純皇后的筆誤。

但是，孝賢純皇后於乾隆二年以嫡妃冊立為皇后，死於乾隆十三年；那拉氏皇后於乾隆十五年冊立為皇后，死於乾隆三十一年；孝儀純皇后於乾隆三十年進皇貴妃，死於乾隆四十年，嘉慶皇帝登基後，追諡為孝儀純皇后。

在孔德懋女士的故事中，「孝聖賢皇后升遐（去世），孔昭煥、孔憲培父子及公主都入京送梓宮」。如果說「孝聖賢皇后」是孝賢純皇后，孝賢純皇后在乾隆十三年去世，公主出嫁是在乾隆三十七年，怎麼可能與孔憲培父子同入京送葬?!

而且，公主如果是孝賢純皇后所生，從乾隆十三年到乾隆三十七年時間間隔長達二十四年，在孝賢純皇后死後二十四年才出嫁的公主，應該是「黃金聖鬥士」、超大齡剩女了，這對皇家女兒來說，是不可想像的。

要說「孝聖賢皇后」是孝儀純皇后的筆誤，實際上，孝儀純皇后的皇后之位是嘉慶皇帝登基後追諡的，乾隆三十一年以後，乾隆根本就沒再冊立皇后！

所以，故事中說公主於乾隆三十七年出嫁後，皇太后、皇后都到過孔府，顯然不實。

再有，從清皇家《玉牒》所記情況看，乾隆共有十個女兒，有五個早夭，另外五個的情況歷歷可查，第三、七女嫁蒙古王公，第四、九、十女嫁與滿洲旗人官員之家，根本沒有出嫁到孔府的。

另外，有史可考，乾隆第一次到曲阜是乾隆十三年二月。這一年于敏中任浙江學政，沒有在北京任中堂大人。于敏中後來任戶部尚書、協辦大學士，直到上書房總師傅兼翰林院掌院院士，確實風光無限，但乾隆三十九年七月受「私向內監高雲從探問記載」案牽連，被交刑部嚴加議處，於乾隆四十四年十二月病故。乾隆四十五年六月，于敏中的孫子于德裕因家庭財產糾紛案牽涉到孔府。傳說中的「駙馬爺」孔憲培的父親孔昭煥為此事專門上奏摺向乾隆皇帝作了辯白，其中赫然出現有「憲培之妻于氏」的字樣，從而說明了孔憲培的妻子于夫人根本就是于敏中的親生女兒，而非養女。

孔府檔案的01306號記載有一則孔府內部事務糾紛案：于夫人的婆婆程氏因於夫人不向她早晚請安，曾向山東巡撫衙門提出訴訟。巡撫當堂斥責于夫人「不知大體，偏聽挑唆」，向皇帝呈請將「于氏交伊姑程氏管束，毋任出外滋事」。

試想想，于夫人要真是乾隆的女兒，婆婆程氏和山東巡撫這麼幹，不死也得脫好幾層皮。

由此可見，「公主下嫁孔府」只是一個無稽之談，應該是孔德懋女士從其他地方聽來，就把它當作一則普通的「軼事」寫進自己的《孔府內宅軼事》中罷了。

## 乾隆罵紀曉嵐是文學妓娼

乾隆皇帝是大清十二帝中最熱衷於文學藝術研究的人。

單就詩作而言，乾隆皇帝一個人創作出了高達41863首的海量作品，數量堪與《全唐詩》上所收詩作匹敵（《全唐詩》全部詩作為48000餘首），而《全唐詩》的作者卻有2200多位。

不難看出，乾隆皇帝是個狂熱的詩歌創作者、資深的文學愛好者。也因為乾隆對文化事業如此熱心，漢學從乾隆朝愈益興盛，到了嘉慶朝，形成了著名的「乾嘉學派」。

從這一點上來說，乾隆對我國文化建設還真是起到了積極的導引作用。但是，乾隆自視極高，指點江山，激揚文字，不把其他文化人放在眼裡，即便是文壇泰斗，也置若棄履。

提起乾隆朝的文化人，紀曉嵐是一個絕對繞不開的人物。

事實上，紀曉嵐就是那個時代的文壇泰斗。

紀曉嵐少有「神童」之譽，二十一歲中秀才，二十四歲考中解元，三十一歲以二甲第四名進士入仕，先在翰林院為庶吉士，後晉升為右庶子，掌太子府事，任《四庫全書》總纂官，經十三年辛苦勞動，編成經、史、子、集四部。此後，又親自寫了《四庫全書總目提要》。

紀曉嵐死後，嘉慶皇帝御賜碑文，稱讚他「敏而好學可為文，授之以政無不達」。

《清史稿》對紀曉嵐的最終評定是「學問淵通」。

然而，乾隆帝卻對紀曉嵐很不以為然。

紀曉嵐在任侍讀學士期間，曾建議朝廷救濟東南。乾隆當場奚落他說：「朕不過覺得你文學尚優，這才讓你領修《四庫全書》，實際上不過是把你當娼優養著罷了，你有什麼資格妄談國家大事！」（「朕以汝文學尚優，故使領四庫全館，實不過以倡優蓄之，汝何敢妄談國事！」）

紀曉嵐被乾隆這一噴，斯文掃地，很長一段時間抬不起頭來。

乾隆皇帝五十聖壽那一年，很多王公大臣都送上了祝壽詞。

紀曉嵐別出心裁，給乾隆皇帝上了的一副對聯，是這樣寫的：

四萬里皇圖，伊古以來，從無一朝一統四萬里；

五十年聖壽，自前茲往，尚有九千九百五十年。

乾隆皇帝看到這副對聯，心花怒放，樂不可支，一張嘴笑得咧到後腦勺去了。

乾隆皇帝沒有理由不高興。

「四萬里皇圖」，是說大清的江山從西面的蔥嶺到東面的大海，從北面的外興安嶺到南面的南海，東西南北各四萬里；「伊古以來，從無一朝一統四萬里」，古今中外從來沒有哪一朝哪一代有這麼大的版圖。大贊在乾隆的統治下國家疆土沒有邊界。

「五十年聖壽，自前茲往，尚有九千九百五十年」，是說五十年後，還有九千九百五十年，合一起就是萬年壽辰了。

上下聯合在一起，「萬壽無疆」四字呼之欲出。

乾隆皇帝龍心大悅，立即給紀曉嵐升官。

不過，升官是升官，乾隆皇帝看待紀曉嵐的態度並沒有變。

乾隆五十年（1785年），大學士阿桂的姻親海升毆死其妻吳雅氏，對外謊稱吳雅氏自縊身亡。紀曉嵐負責核驗，未能查明真相，結論仍是自縊，維持原判。吳雅氏的胞弟不服，再次上告。乾隆派阿桂、和珅會同刑部共同核查，案情終於水落石出。事後，乾隆對紀曉嵐的評價說：「紀曉嵐本來就是一介無用腐儒，朕就沒指望他能幹成什麼事，而且，他對刑偵訴訟之類工作就是個門外漢，他的眼睛又患有近視的毛病，所以沒檢驗到位。」（「紀昀本系無用腐儒，原不足具數，況伊於刑名事件素非諳悉，且目系短視，於檢驗時未能詳悉閱看。」）乾隆的語氣雖是為紀曉嵐開脫，但鄙視紀曉嵐為自己蓄養的文倡態度也表露無遺。

紀曉嵐聽了，一陣傷心失望，內心世界日益封閉，從此一心一意編著自己的《閱微草堂筆記》，不再關心別的事。

## 乾隆為什麼要禁《大義覺迷錄》

《大義覺迷錄》一書的頒行與雍正年間血腥大案「曾靜案」中的主角曾靜有關。

「曾靜案」是一場鬧劇，更是一場慘劇。

劇中人物全是丑角，包括曾靜，包括岳鍾琪，包括雍正。

縱觀全劇，有種脊梁發冷、胸口發悶，要窒息的感覺。

案情大致是這樣的：湖南永興無良文人曾靜熱衷功名，卻屢試不第，長年累月，積怨塞胸，產生出一種「我愛大清，大清卻不愛我」的被拋棄感，轉而因愛生恨，痛罵清廷是「夷狄」，說「夷狄侵陵中國，在聖人所必誅而不宥者，只有殺而已矣，砍而已矣」，在日記裡寫下了許多「華夷之分」的語句。

注意，這個曾靜罵清朝罵得冠冕堂皇，其實全是在發洩私憤，跟農村搞迷信的女人透過打摺紙小人的方式來詛咒仇人，性質上是一樣的。

相對而言，出生比曾靜早了半個多世紀的浙江崇德縣（今浙江省桐鄉市崇福鎮）人呂留良卻是一個真的民族英雄。

此人學識淵博，深諳民族大義，以大明遺民自居，拒絕清朝的鴻博之徵，削髮為僧，著述了許多關於夷夏之防的文章。

正因如此，呂留良去世之後，仍然擁有海量粉絲。

曾靜作為呂留良的粉絲之一，於雍正五年（1727年）派學生張熙到呂留良家鄉搜訪一些偶像的遺著以供自己供奉和拜讀。

話說，自雍正帝即位後，社會上到處在流傳著他謀父、逼母、弒兄、屠弟等等醜事，而雍正初年又出現了天災人禍，天下似乎籠罩在一股「天怒人怨」的氛圍之中。

張熙在浙江途中聽說手握三省重兵的川陝總督岳鍾琪是南宋名將岳飛的後裔，有起兵反清之心。

回到了湖南，張熙將這些見聞告訴了老師。

曾靜馬上不淡定了，內心有一千萬匹羊駝在奔騰。

他迫不及待地要做「當代張良」，連夜搗鼓出了一封策反信，讓張熙送交岳鍾琪，準備擁戴岳鍾琪為「劉邦」，策反岳鍾琪起兵反清。

岳鍾琪雖是漢人，卻對清廷俯首貼耳，忠心耿耿。他閱信後，穩住了張熙，套出了幕後的曾靜，飛奏雍正。

雍正火冒三丈，一面傳諭捉拿呂留良親族、門生，搜繳其書籍著作；一面派人捉拿曾靜、諸「同謀」及各家親屬。

「當代張良」曾靜一下子就現出了其無恥原形，一把鼻涕一把淚，認錯、求饒，閉上眼睛說瞎話，胡亂瘋咬，牽連出了許多無辜人員，驚動了清政府的幾個部和好幾個省，致使案情忙碌了五六年才完結。

本來，雍正對社會上流傳的種種詆毀自己的言論是有所耳聞的，早積了一肚子悶氣，有許多話要吐，但又找不到發洩的點，沒法對簿公堂。曾靜的出現，正好給他提供了向社會辯白的機會。

於是，他別出心裁地安排曾靜寫悔罪頌聖的《歸仁錄》，再下令官員編輯出四十八篇關於此案的《上諭》，二者合成《大義覺迷錄》一書，對曾靜列舉出來的謀父、逼母、殺兄、屠弟、貪財、好殺、酗酒、淫色、誅忠、任佞的「十大罪狀」一一進行辯解。另外，又大加駁斥呂留良的夷夏之防，不厭其煩地宣揚清朝統治中國之合法性，宣導「華夷一家」。

雍正下令將該書刊印發行，頒發全國所有學校，讓教官督促士子認真觀覽曉悉，以期全民「洗腦」。

雍正懲治呂留良一門極為嚴酷，呂留良及其長子呂葆中遭開棺戮屍，呂的學生嚴鴻逵監斃獄中，戮屍梟首；呂另一子呂毅中和另一學生沈在寬斬首。除此之外，呂留良的私塾弟子，刊刻、販賣、私藏呂之書籍者，或斬首，或充軍，或杖責，呂、嚴、沈三族婦女幼丁給予功臣家為奴。

但雍正不殺曾靜、張熙，只讓人押解他們到江寧（今南京）、杭州、蘇州等地「現身說法」，充當「反面教材」，向民眾講述「宣揚聖德同天之大」、「本朝得統之正」、「以贖補當身萬死蒙赦之罪」。

做完這些，就宣布將這兩個丑類釋放了。

雍正還放話說「朕之子孫將來亦不得以其詆毀朕躬而追究誅戮」。

雍正是讀過些書的，知道《國語・周語上》有「防民之口，甚於防川」的說法，所以，對於社會上的流言、傳言、謠言、誹謗，他決定不用填塞的方式，改用疏導的方法。

經過這麼一弄，雍正以為，「洪水」得以分流疏通，「水患」已經消失。

但是，雍正還是太天真了。

中國有一句俗語，叫作：「黃泥跌落褲管，不是屎也是屎。」

再者說了，雍正本身就有許多問題，清朝得國又不正，強詞奪理，只會把事情越描越黑。

所謂「欲蓋彌彰」就是這個意思。

而且，皇宮裡的醜聞祕事，皇子間的爾虞我詐的互殘互害，又豈是可以開誠布公式地供民間放大討論的？

可笑的雍正，真是越弄巧，越成拙。

《大義覺迷錄》頒行的日子裡，民間對雍正「謀父、逼母、弒兄、屠弟」等「十大罪狀」表現出了無窮盡的窺探慾，茶餘飯後反復咀嚼，樂趣無窮。

也就是說，《大義覺迷錄》非但沒有起到「覺迷」的效果，反而成了全民津津樂道的笑柄和話題，雍正和大清皇帝一家子都成了人們嘴裡把玩的對象！

雍正壽命不永，沒來得及更改自己的錯誤，五十七歲就掛了。

乾隆登基後，凌遲處死曾靜和張熙、下詔禁毀《大義覺迷錄》，並非什麼難於理解的事。

若問「乾隆為什麼要禁《大義覺迷錄》？」

答案就是：作為父親的雍正皇帝做了一件貽笑天下的大蠢事，兒子乾隆皇帝幫他擦屁股，以維護大清皇家的光輝形象。

補一句，現在有人笑話乾隆皇帝的做法其實是比父親雍正更蠢，因為「防民之口，甚於防川」，乾隆皇帝的嚴防死堵並沒有完全禁毀《大義覺迷錄》，有孤本流出海外，收藏在日本人手裡。

老實說，我不覺得乾隆的做法蠢，那可是沒辦法的辦法。

那麼問題來了——聰明如你，如果你是乾隆，你有什麼更好的處理方法呢？別跟我說什麼聽任自然、讓其自生自滅的話喔。要知道，皇家宮闈祕聞，那可是對民間具備無窮盡的吸引力的。

## 說說乾隆帝的十全武功

乾隆帝是個非常自負的人。

作為一個帝王，他最在乎自己的文治武功是不是流芳百世、惠及萬代。

乾隆曾經悄悄詢問過寵臣和珅，朕的治國能力，和聖祖、世宗皇帝相比如何？

在乾隆心目中，大清王朝是歷史上最偉大的朝代，聖祖康熙爺爺是歷史上最偉大的君主，如果自己可以接近或超越聖祖康熙爺爺，那必是千古一帝。

和珅人很鬼，說話很圓滑，向乾隆帝侃侃而談，說，每個皇帝的執政風格不同，很難比較出高下。不過呢，因為聖祖康熙帝寬厚仁慈，不少官員放鬆了對自己的要求，貪污受賄，百姓受害不淺；世宗雍正帝又太過嚴厲，百姓雖然得到不少實惠，但官員日子卻不好過。陛下呢，能在「寬仁」和「嚴厲」之間拿捏得恰到好處，官員和百姓都滿意。

和珅還說，從總體上來說，雍正帝比不上康熙帝，康熙帝在「武功」方面雄才大略，遠勝秦皇漢武。而陛下開疆拓土，國威遠揚，也毫不遜色於康熙帝；至於「文治」方面，陛下更勝出康熙帝很多，不說別的，陛下寫的詩，四萬多首，前無古人，後無來者。

和珅一席話，說得乾隆帝心花怒放，連連點頭，虛榮心得到了極大的滿足。

另一件事，也很能充分說明乾隆帝愛慕虛榮的心理達到了極高地步。

乾隆五十七年（1792年）十月初三，已逾八十高齡的乾隆帝，閒翻《周禮》，聊以打發時間，突然在《天官・醫師》一章看到「十全」二字，不由心有所動，沉吟回味。又值愛將福康安傳回大勝廓爾喀的捷報，遂提筆寫下有名的《御制十全記》，自我總結，稱自己建有「十全武功」，給自己取了一個「十全老人」的外號。

這「十全武功」是指哪十全？

乾隆是這樣寫的：「十功者，平準噶爾二，定回部一，打金川為二，靖臺灣為一，降緬甸、安南各一，即今之受廓爾喀降，合為十。」

認真讀這段話，似乎乾隆不識數！

按照他的說法：兩次平定準噶爾、一次平定回部、兩打征剿金川、一次平定臺灣、一次迫降緬甸、一次迫降安南，再加上剛剛受降的廓爾喀，一共是十件大武功。

可是，2＋1＋2＋1＋1＋1＋1＝9，分明是九，哪有十?!

不過，有人替乾隆解釋，說廓爾喀其實是前後打了兩次，1789年打了一次，1792年又打一次，所以總和是十次。

如果真這麼算，那麼打緬甸可是打了四次，打大小金川則打了N次，根本無法說得清楚。

不管怎樣，乾隆自己說是十次，那就把他說的打廓爾喀拆分為兩次，湊拼成十次好了。

這「十次」大「武功」是不是真的都值得刻石銘功、誇耀千秋呢?

讓我們逐條簡析一下。

話說，明末清初，北方蒙古族分為了三大部：一部在今內蒙古地區，是為漠南蒙古；一部在蒙古一帶，是為漠北喀爾喀蒙古；一部在天山以北一帶，是為漠西厄魯特蒙古。

厄魯特又稱衛拉特，又分為四部：一部為遊牧於今新疆烏魯木齊地區的和碩特；一部為遊牧於今伊黎河流域的準噶爾部；一部為遊牧於今新疆塔城地區的土爾扈特；一部為遊牧於今額爾齊斯河流域的杜爾伯特部。

四部中，準噶爾部勢力最強，先後兼併了土爾扈特部及和碩部的牧地，建立起了強大的準噶爾汗國，面積達四百餘萬平方公里，成為清帝國的一大威脅。

康熙年間，康熙帝曾三次發兵征討，其中的第三次，迫得準噶爾汗噶爾丹嗑藥自盡，準噶爾汗國一度瀕臨滅亡。但到了雍正年間，準噶爾部又死灰復燃，逐漸強大，與清朝再次發生衝突，進軍西藏，占領拉薩。雍正堅決平定準噶爾貴族割據局面，多次用兵。

乾隆十年（1745年）準噶爾部原首領病逝後，其內部統治集團出現內訌，紛爭不息。乾隆說的「平準噶爾二」就是發生在這個背景下。

在準噶爾部的內亂中，大貴族阿睦爾撒納在爭鬥中失敗，向清廷請求歸附，希望抱上清廷這條大粗腿。乾隆帝抓住這一有利時機，於乾隆二十年（1755年）二月發兵，五月即占領了準噶爾汗國首都伊犁，平定了準部內亂，實施分治政策，封阿睦爾撒納為雙親王。這第一次平定準噶爾，乾淨俐落，非常漂亮。但是，阿睦爾撒納其實不甘心臣服清朝，他向清朝歸附，不過是要借清廷之手來消滅政敵以達到自己獨尊的目的。該年八月，阿睦爾撒納便發動叛亂，迅速擊潰清軍留守部隊。乾隆帝謀定而後動。乾隆二十二年（1757年），準噶爾遭受天花瘟疫肆虐，死者無數。乾隆帝適時出兵，大破阿睦爾撒納，完全控制了天山南北兩路。阿睦爾撒納本人不久死於天花。這是第二次平定準噶爾，戰果是弭叛息亂，取得了完勝。

兩次平定準噶爾，維護、鞏固了西北邊陲，消滅了準噶爾貴族分裂勢力，而且也打擊了沙皇俄國侵略中國準噶爾的野心，是維護祖國統一、反對民族分裂的正義戰爭，稱之為「武功」，並不為過。

接下來再說說「定回部二」。

平定回部與平定準噶爾是有些牽連的。

新疆喀什噶爾兄弟波羅尼都和霍集占是西北地方的回部領袖，分別稱大和卓和小和卓。和卓是波斯語的漢語音譯，意思是「聖裔」，亦即回教創始人穆罕默德聖人（簡稱穆聖）的後代。

準噶爾部強大後，從康熙十九年（1680年）起開始控制回部，對其首領實行人質制。乾隆二十年（1755年）五月，清軍攻克伊犁，釋放作為人質禁錮於伊犁的大、小和卓。其中，大和卓返葉爾羌（今莎車）統領回部，小和卓留伊犁掌管回教務。乾隆二十二年（1757年），清軍徹底平定了準噶爾並迫死了阿睦爾撒納。大、小和卓認為自己重新割據新疆南部的機會來了，集結起數十萬人發起叛亂。

乾隆帝的反應非常迅速，次年（乾隆二十三年，1758年）二月，發滿、漢兵自吐魯番進發，大舉平叛，僅一年多時間，便執殺大、小和卓，統一了西域全境，重命名為「新疆」。也從此時開始，新疆完全歸入清朝版圖。

可以說，「定回部」也同樣幹得漂亮，是乾隆對歷史的一次重大貢獻。

但接下來的「打金川為二」，就讓人不敢恭維了。

乾隆十二年（1747年）大金川土司莎羅奔叛亂，乾隆耀兵揚武，三次發兵進攻大金川，結果讓人大跌眼鏡，損兵折將不說，耗費了兩年時間仍未能把一個小小的土司打敗，是莎羅奔自己感覺鬧得太過，主動請降，這第一次平金川叛亂才算結束。可時隔不久，莎羅奔再次叛亂，乾隆只好又發兵三次，共調兵六十萬人次，動用了特種部隊、強火力大炮，花了五年多時間，前後耗資七千萬帑幣，終於挫敗了人口不足兩萬戶的這兩個藏族部落，平定大小金川這兩個既無戰略作用也無經濟意義的寨子，可謂小題大作，窮兵黷武，得不償失。

「靖臺灣為一」也是如此。

說是「靖臺灣」，其實是鎮壓一場小規模的臺灣農民起義。

乾隆五十一年（1786年）十一月，臺灣彰化地區天地會首領林爽文率領千餘人在距彰化縣20餘里的大里杙起義。乾隆先後派提督黃仕簡、任承恩，閩浙總督常青帶領官軍渡臺鎮壓，但都無功而返。最後，是乾隆的愛將福康安出馬，對起義軍採取分化政策，終於擒殺了林爽文，絞殺了這場起義。

相對於「打金川」、「鎮壓林爽文起義」這兩場內戰來說，「降緬甸、安南」算得上對外作戰。但這兩次對外作戰都打成了爛仗，名勝實敗。

且說18世紀末，緬甸貢榜王朝建立後，一方面憑著其軍力向南消滅暹羅（今泰國），雄霸整個中南半島；另一方面又把觸角伸向我國雲南省南部，向該地區的土司強制徵收「花馬禮」貢賦。乾隆平定新疆後，於乾隆三十年（1765年）發動對緬戰爭，調兵數萬人，耗費餉銀一千三百萬兩，損失總督以下將領多人，其中雲貴總督劉藻畏罪自殺；大學士、陝甘總督楊應琚賜死，仍不能取勝。乾隆三十二年（1767年），接替雲貴總督的明瑞率清軍分兩路出境攻緬，中伏後，只有少量清軍突出重圍，明瑞與諸將士大部陣亡。乾隆三十四年（1769年）二月，乾隆帝任命重臣傅恆為經略，再次大舉征緬，沿途損失慘重。但緬甸東部新征服的暹羅爆發起義，緬軍為避免兩線作戰，首先提出議和，而傅恆率出關的三萬多清軍因中瘴氣僅剩一萬三千人，未等議和開議，便草草班師回國。二十年後，即乾隆五十五年（1790年），緬甸改朝換代，新王為穩定統治與清朝通商，主動派使者祝乾隆八十大壽，要求恢復通商和冊封。乾隆因此認定平緬戰爭是勝利的，當即冊封緬甸新王為緬甸國王，恢復正常貿易。

以上即為乾隆所說的「降緬甸」，下面說說「降安南」。

乾隆五十二年（1787年），地處今越南南部的廣南王國親王阮文惠攻打地處今越南北部的安南王國。安南國不能抵擋，國王黎維祁逃到廣西，向清廷求援。

乾隆帝擔任了主持公道的角色，派兩廣總督孫士毅、雲南提督烏大經率兩路兵馬殺往安南，要他們好好教訓一番阮文惠。哪料孫士毅輕敵冒進，大敗而還。還好，阮文惠不願與清朝為敵，同樣於乾隆五十五年（1790年）向乾隆帝祝賀八十壽辰，表示臣服。乾隆帝於是封阮文惠為安南國王。

顯而易見，清兵打緬甸、打安南，都是以失敗收場；緬甸、安南雖勝，卻有不得已的苦衷，都採取了息事寧人的做法，主動向乾隆帝祝壽，被乾隆帝標以一個「降」字，納入了十大武功之中。

如果說，清兵打緬甸、打安南的失敗是敗在對方的境內，乾隆帝還可以在欽定的《安南紀略》用「振旅而還，無損國威」一類詞語來掩飾自己的無能，那麼在第一次對廓爾喀之戰中，清軍的表現，真的是讓人無語。

廓爾喀，原是尼泊爾一個部落的名稱，其於乾隆五十四年（1789年）才取得了尼泊爾的統治權。次年，即乾隆五十五年（也是乾隆帝八十大壽這年，1790年），廓爾喀王朝藉口西藏商稅增額、食鹽糅土，悍然入侵西藏，占領了西藏不少地方。

乾隆帝得報，急調成都將軍鄂輝和四川提督成德各帶大軍，分兩路入藏，抵抗侵略，務必驅敵出境。又派熟悉西藏事務並會說藏語的御前侍衛、理藩院侍郎巴忠前往西藏，臨時擔任駐藏大臣，主持西藏事宜。

巴忠為了達到「不戰而退人之兵」，私下與廓爾喀議和，許歲幣銀五萬兩。得到好處的廓爾喀同意議和，答應退兵。

於是清軍就跟在後面不費一弓一矢地取回了全部失地。

巴忠鄭重其事地向乾隆帝表功，謊稱我軍大勝。同時勸說廓爾喀遣使朝貢，受封為國王。

此為所謂一平廓爾喀之亂。

不過，議和許歲幣銀純屬巴忠的個人行為，根本不可能兌現，而廓爾喀人也覺得要價太低，不滿意，再次進攻，迫得巴忠自殺。

乾隆五十七年（1792年），福康安率兵反擊廓爾喀，深入其境，以圖攻陷其首都陽布（今加德滿都）。廓爾喀人固守山嶺，堅決抵抗。相持到八月底，眼看大雪封山，清軍孤軍深入，處於危險境地，不得已，只得重回到議定和約的途徑上來。雙方最後於乾隆五十八年（1793年）正月制訂《欽定藏內善後章程》，加強了清政府對西藏的統治。

以上就是乾隆的十全武功。

## 乾隆以獅子搏兔的精神來平定大小金川叛亂

兩次平定大、小金川是清朝乾隆皇帝的十大武功之一。

大、小金川不過偏居川西一隅的彈丸之地，充其量不過今天的一個屯，參與叛亂者不滿三萬。

但，為了平定大、小金川，乾隆先後共投入了近六十萬人力、七千萬帑幣，所付代價為十大武功之最。

平定之日，乾隆帝手舞足蹈，親詣東陵、西陵，禮泰岱，告闕里，受俘廟社，上皇太后徽號，勒碑太學和大、小金川，依次封賞文武官員，郊勞備至，不亞於任何一次成功的開疆辟土。

為什麼會這樣？

話說，乾隆十一年（1746年），大金川土司莎羅奔助其女欺凌女婿小金川土司澤旺，並奪取了小金川澤旺印信。

清廷四川總督和巡撫出面調停，無果。

不聽調停？打！

乾隆一聲令下，興起四萬大軍前往督討。

乾隆認為，天兵一降，小小莎羅奔還不束手就擒？

沒承想，大、小金川咫尺皆山，清軍八旗兵無從縱騎馳突，處處被動。而莎羅奔築壘成碉，守寨據險，以槍矢礌石往外擊，打得清軍人仰馬翻。

次年，乾隆帝調張廣泗任川陝總督，再從雲貴調將入川，共擊莎羅奔。

饒是如此，清軍還是討不到半點便宜，屢屢失利。

一怒之下，乾隆十三年（1748年）四月，乾隆帝又命訥親督師前往增援。

俗話說，一軍不設二主。張廣泗和訥親互成掣肘，都不服對方管理，致使軍心不一，被莎羅奔一舉擊破。

乾隆氣得直翻白眼，下詔處斬張廣泗、賜死訥親；改用傅恆為統帥，起用已廢黜還籍的名將岳鍾琪，再征莎羅奔。

莎羅奔曾於康熙六十一年（1722年）跟隨岳鍾琪征戰川西北羊峒（今南坪）藏族地區，得岳鍾琪栽培，領「金川安撫司」印信。聽說是恩主親來征討，親率十三騎入清營請降。

乾隆息事寧人，詔赦莎羅奔，事情告一段落。

但大小金川之間的矛盾並沒有解決，時有衝突。

乾隆三十六年（1771年），莎羅奔的侄孫、大金川土司索諾木突然與澤旺的兒子、小金川土司僧格桑聯手反清。

乾隆鼻子都氣歪了，命四川總督阿爾泰聯合九家土司會攻大、小金川。

大、小金川乃是有備而反，為了阻擊清軍，他們增疊設險，嚴陣以待，乾淨俐落地將來犯的清軍挫敗。

乾隆怒不可遏，革掉阿爾泰之職，另派溫福入川督師。

溫福並沒比阿爾泰強到哪裡去，兩年之後，即乾隆三十八年（1773年），戰死陣前。

乾隆只得派阿桂為將軍，增兵金川。

經輪番血戰，清軍死傷眾多，終於於乾隆四十一年（1776年）艱難獲勝。

歷時數十年，屢易將帥、死傷逾萬人、耗銀七千萬帑幣的大、小金川之役宣告結束。

乾隆由是長吁了一口氣。

大、小金川之戰，其實並非土司之間單純爭風吃醋、爭權奪利所引發的戰爭，裡面是有深層原因的。

唐宋時期，統治者為了羈縻西南少數民族地區，採取「以土官治土民」的措施，建立土司制度，即承認各少數民族的世襲首領地位，給予其官職頭銜，以進行間接統治。

這一措施，是中央與地方各民族統治階級的互相妥協，是不得已而為之的策略。朝廷的敕詔在少數民族地區很多時候都沒有能夠得到真正貫徹。

土司對中央叛服無常，恣肆虐殺百姓，騷擾與之接壤的漢民，土司之間也戰爭頻密，人為地製造出極不穩定因素。

為了解決土司割據的積弊，明朝晚期的統治者實施改土歸流政策，即改土官為有一定任期的流官，革除土司制，建立州縣制。

明亡後，清雍正帝於雍正四年（1726年）接受雲貴總督鄂爾泰的建議，沿襲明朝的做法，逐步取消土司世襲制度，設立府、廳、州、縣，派遣流官進行管理。

朝廷這一做法，觸及土司的世襲利益，理所當然地引起了土司的反彈。

大、小金川之亂，就是發生在這種背景之下的。

乾隆對大、小金川之亂的反應迅速，十二分重視，並以獅子搏兔的態度對待，除了擔心少數民族形成脫離中央統治的割據勢力外，更擔心漢人與藏人、羌人諸部聯合起來反清復明，動搖到清朝的統治。

所以，平定大、小金川後，儘管勞師糜餉，表面上看來是得不償失，但乾隆還是連聲稱：值得值得！

以大歷史觀的眼光來看，也真是值得。

如果不是用無比堅決的手段平定大、小金川，以武力配合政策，鞏固和發展西南地區自雍正以來「改土歸流」的成果，加強了中央政府對邊疆的控制，很可能邊疆和內地的經濟文化交流大為減少，邊疆對中央也缺乏應有的歸屬感，也就極不利於滇、黔、桂、川、湘、鄂這些地方的少數民族地區融入中華民族這個大家庭。

可以說，乾隆帝以大小金川之戰來鞏固和推行改土歸流政策，對中華民族的形成、統一和經濟文化的發展有著積極意義。

## 清軍四次大規模進攻緬甸失敗之謎

話說，南明最後一個皇帝永曆帝在清軍的摧壓下，倉皇退出昆明，與李定國、白文選等幹將失散，誤走誤撞，進入了緬甸。

永曆一行，多為王室內眷、文臣宦官，受制於緬王，被軟禁於緬甸都城阿瓦。

李定國和白文選經過多方打探，得知永曆流落到緬甸，趕緊分工合作：李定國率所部從孟定抵猛緬駐紮，召集流散各處的潰眾，以抗擊清軍；白文選部則入緬尋找永曆。

白文選部只有兩千多人，進至緬境雍會地區後，因天氣炎熱，將士卸甲解鞍，在樹林中休息。

白文選另外派出兩名使者找尋緬甸地方官，申明自己入緬只是為了接回主上。

哪料，緬人欺負南明勢屈途窮，竟將這兩名使者殘忍地殺害了。

白文選等不到兩名使者的回音，又派十名騎兵出去打聽。

這十名騎兵同樣遭到了緬兵的擊殺。

殺了這十名騎兵，奪了馬匹，緬甸官員及緬將緬兵聽說前面樹林裡還有大量馬匹，繼續糾合了數百來人前來搶奪。

白文選率將士還擊，一下子就把這群緬將緬兵殺得死的死、傷的傷，一直追殺至大金沙江江邊。

俗話說強龍難壓地頭蛇，何況這時的南明已是落在淺灘奄奄一息的病龍！

駐紮在大本營的數萬緬兵操刀操槍，傾巢而出，在江對岸列陣，準備滅掉白文選。

白文選不退反攻，讓部下士卒砍伐樹木編造筏排，渡江作戰。

一百多名明軍騎兵撐著木筏渡過大江，一鼓而前，揮刀猛砍，緬軍的陣腳一下便亂了。

白文選率主力渡河掩殺，緬軍望風而潰，死傷兵萬餘人。

緬甸當局震駭莫名，趕緊敲起警報鐘，據城堅守。

白文選本想攻城，卻又投鼠忌器，擔心緬人會傷害主上性命，只好傳令收兵。

緬甸當局覺察白文選有所忌憚，便放下心來，利用手中的人質，責令白文選退兵。

白文選接到永曆帝吩咐退兵的敕諭，不敢將「接駕」演變成「劫駕」，只好退出緬境，找李定國商議。

李定國多次派遣使者來向緬王索還主上，均遭到拒絕。

一不做、二不休。

1661年（順治十八年，永曆十五年）二月，李定國、白文選決定率兵馬攻克緬甸，救出永曆。

明軍長驅直入，一直推進到緬甸都城阿瓦附近，並立刻發兵強渡錫箔江。

緬人集結起十五萬人迎戰，其中，有巨象千餘頭，兼有槍炮，橫陣二十里，鳴鼓震天。

明軍兵力不及緬兵十分之一，武器唯有長刀、手槊、白棓而已。

李定國親自出戰，一馬當先，大敗緬兵，殲滅緬兵數以萬計。

渡過了錫箔江，與阿瓦城隔大金沙江相望，平滅掉緬甸，指日可待。

可惜，四月，緬甸流行起瘟疫，明軍的船隻尚未打造完備，士兵多有水土不服，死亡甚眾。

無奈之下，李定國和白文選只好退出緬境。

李定國和白文選萬萬沒有料到，這一退，南明小王朝就宣告徹底滅亡了。

緬王既已與明軍交惡，為求自保，將永曆父子引渡給了清軍。

不久，大漢奸吳三桂在昆明殘忍地絞殺永曆父子，明朝從此畫上了句號。

不過，誰也沒有想到，表現懦弱得不堪一擊的緬甸在其貢榜王朝建立後，竟然成了我國西南的一個巨大邊患。

在清雍、乾年間，緬甸多番向我國內地土司徵收貢賦，且溝壑難填，於乾隆二十七年（1762年）出兵入侵中國。

乾隆政府正忙於平定回疆內亂，無暇南顧，一味奉行綏靖政策，致使貢榜王朝的軍隊連年入界侵擾掠奪。

乾隆三十年（1765年），侵擾規模驟然升級。雲貴總督劉藻發兵迎戰，被緬兵擊潰，死傷無數。

從回疆內亂中脫身的乾隆皇帝勃然大怒，將劉藻革職。

乾隆皇帝的態度是「緬甸明朝時尚在版圖之內，並非不可臣服之境」，派出他器重的邊疆大吏楊應琚前往教訓緬甸人。

楊應琚為漢軍八旗出身，時擔任大學士，由陝甘總督移任雲貴總督，出征前發布了檄文，號稱「發兵五十萬，大炮千樽」，對緬甸大舉進軍，震懾一時。

緬兵彼時正與暹羅交戰，面對清兵的強大攻勢，留守阿瓦的緬王孟駁一面下令繼續攻打暹羅大城，一面調遣緬兵數千（清朝官方記載為三萬，但據各方資料，大約只有六七千）沿大金沙江與清兵對抗。

儘管緬兵遠少於清兵，卻占盡天時地利之便，屢戰屢勝。

不過，緬王孟駁清楚本國軍隊主力遠在暹羅，無法長期與清朝抗衡，其戰略思想是以戰逼和。

乾隆三十一年（1766年）十二月十六日，清雲貴總督楊應琚眼見取勝無望，只好答應與緬兵議和停戰。

二十八日，緬兵開始撤兵。

不過，乾隆三十二年（1767年）正月初四日，正在猛卯附近紮筏渡江撤還的緬兵看到有清兵出現，以為清朝撕毀協議，便向清軍發起攻擊，清軍傷亡慘重。

乾隆皇帝又驚又怒，命人將楊應琚逮捕進京賜死，任外戚親貴並在平定回疆中立下大功的悍將明瑞為雲貴總督，轉調廣東將軍楊寧接任雲南提督，以對付緬甸人。

乾隆三十二年（1767年）十二月二日，明瑞發起著名的「蠻結之役」，殺敵二千餘，俘三十四名，繳獲槍炮糧食牛馬甚多。

乾隆皇帝聞訊大喜，封明瑞為一等公。

蠻結之戰後，明瑞驕傲自滿，大肆發兵深入，致使後路被斷絕。

緬甸大軍已經攻占下了暹羅大城，於次年正月初八完成了集結，向清軍發起反擊。

清軍大潰，其中，領隊大臣扎拉豐阿中槍陣亡，大將觀音保自己以箭刺喉殉國。

明瑞身受重傷，策馬疾馳了二十多里，越想越接受不了現實，自縊身亡。

乾隆皇帝悲憤莫名。

明瑞的靈柩歸京後，乾隆帝親臨弔唁，賜諡號果烈。

處理了明瑞的後事，乾隆皇帝任重臣傅恆為經略，阿里袞、阿桂為副將軍，舒赫德為參贊大臣，鄂寧為雲貴總督，增調一萬三千名滿洲兵以及九千名貴州兵入滇。隨後又加派一千名滿洲兵和兩千名福建水師。

乾隆三十三年（1768年）四月，率先進入了雲南的舒赫德和鄂寧瞭解到前期軍情，認為對緬甸戰事勝算不大，聯手上疏，勸乾隆皇帝適當收手，與緬議和。

乾隆皇帝痛罵兩人乖謬無恥，將此兩人降職調任。

乾隆三十四年（1769年）二月，傅恆率兵出征。乾隆皇帝親自在太和殿授之敕印，並把自己用的甲冑贈給傅恆，為傅恆壯行。

傅恆老謀深算，穩紮穩打，大軍水陸並進，夾大金沙江而下，直取木梳、阿瓦。

然而，仗從七月打到十月底，雙方互有勝負，戰局陷入了僵持。

十一月初，雙方已經精疲力竭，無力再戰。

這種情況下，只能握手言和了。

十一月初十日，傅恆向緬甸當局商議停戰。

十一月十六日，雙方前線將領均在未取得最高統治者同意的情況下簽訂了停戰協定。

十八日，清兵沉炮焚舟，全數撤走。

這一場歷時長達七年的大戰，以清朝的實際失敗而告終。

自稱十全老人的乾隆皇帝在晚年不得不承認，「五十多年八樁戰事，就征緬這樁不算成功」。

## 乾隆修十三陵，調包換東西

乾隆是一個相當自負的皇帝。

乾隆曾自我總結一生有「十全武功」，自詡為「十全老人」。

乾隆喜附庸風雅，以詩人自居，一生作詩41863首，是世界上詩作產量最多的人。

乾隆目空四海，斜睨蒼生，自言古今以來只把三個人放在眼裡，一為唐太宗，一為宋仁宗，一為清聖祖康熙大帝，餘者皆不在話下。

乾隆在世之日，把皇權推到極致，乾綱獨斷，說一不二，完成了中國歷史上最縝密、最完善、最牢固的封建專制統治。

乾隆累積祖、父兩代國力，把「康雍盛世」延續為「康雍乾盛世」，好大喜功，大興土木，六下江南，耗盡國家人力物力，把大清王朝推向「道咸衰世」，之後一蹶不振，迅速墜入消亡。

乾隆是如此喜歡享樂，那麼，他給自己修的陵墓自然不會含糊。

乾隆的陵墓叫裕陵，規模宏大，珍藏億萬計。

民間卻有一個說法，為建造這個陵墓，乾隆偷盜了相當一部分明陵的金絲楠木。

這種說法，史家諱莫如深，但史料卻是有據可考的。

明十三陵建築分為地上與地下兩大部分。

地上部分，最為壯觀的是祾恩殿。

祾恩殿是行祭的場所，為全木結構的大型宮殿，富麗堂皇，所用的木料幾乎都是上等的金絲楠木。

金絲楠木性穩定，不翹不裂，經久耐用，材質含香，且耐腐蝕、防蛀，埋在地裡可以幾千年不腐，是最優質的木材。明謝肇淛的《五雜俎・物部二》（卷十）記，能充當棟梁的楠木，價值以黃金計。

楠木主產地在中國南方的四川、雲南、貴州、湖南、湖北等省，生長在深山密林之中，採伐和運輸都十分困難。

工人採木，要防毒蛇猛獸，要防瘟疫瘴氣，運輸得等雨季，借助山洪暴發而將木沖下大山，再在山下結成筏，由水路經運河運往北京。

最要命的是，經過明朝的大量採伐，到了清朝，即使有錢，也找不到合規格的大楠木。

所以，一生奢侈、自我感覺極為良好的乾隆豔羨明陵的大楠木並不奇怪。

明十三陵中，長陵、永陵和定陵的楠木使用量最大，品質也最好。

以長陵為例，祾恩殿共有六十根楠木巨柱，中間最大的四根讓人瞠目結舌，兩個人都抱不過來。

最奇的是，這些金絲楠木即使沒有刷漆，也光澤油亮，紋路細密瑰麗，質地溫潤柔和，光照之下發出絲絲金光，遇上雨天則散發陣陣幽香，沁人心脾，嫻靜低調。

清朝在入關後不久，就有過盜取前朝楠木來修建陵寢的前科。

從現代考古中發現，順治皇帝的孝陵很多建築材料取自明宮。

順治死時只有二十四歲，因為死得突然，建陵寢有點措手不及。

在這種情況下，負責工程的大臣就盜取了前朝的磚木材料。這些，在1990年國家維修孝陵時是得到證實了的。不過，這些主要是來自西苑明世宗朱厚熜嘉靖年間所建的清馥殿、錦芳亭和翠芳亭，並非明十三陵。

拆自明宮和拆自十三陵有本質上的區別。

拆自十三陵，那是掘人墳墓，按中國人的說法，是要遭萬人詛咒、受天收雷劈的。

乾隆有點忌憚這個。

但明十三陵的楠木吸引力巨大，乾隆還是想冒天下之大不韙。

文淵閣大學士紀曉嵐捧出《大清律》，指著上面明文盜墓「杖一百，流三千里，已開棺槨見屍者，絞」的字樣，提醒他不要明著來。

乾隆於是改「毀」為「修」，明詔下令調集天下能工巧匠，對明十三陵來一次整理修繕。然後密傳口諭，要工匠將明陵上的楠木撤換下來。

怎麼撤換法呢？

負責修繕明陵的是工部尚書金簡、戶部侍郎曹文埴等大臣，他們領會上意，上了一道奏摺，聲稱十三陵修繕範圍較大，楠木難採，不能照舊式修整，請皇帝批准通過拆大改小的方案。

乾隆自然笑嘻嘻批准。

這麼一來，偷梁換柱之計便在「拆大改小」一法中得以實施。

修葺後，置換出來並被運走的材料有大小楠木兩百三十八件、木墩頭五百八十四件、改砍糟楠木兩百二十四件、小件楠木截頭折方兩萬五千七百餘尺、花斑石五百餘塊、舊磚一百三十萬塊……。

運走後派什麼用場了呢？

金簡、曹文埴等人的奏章說是「擬運回京城，以備各工取用」，但具體有沒有用於修建乾隆的陵寢呢？

畢竟，從《清高宗實錄》（卷一二二六、一二七六）上來看，乾隆修繕明陵的時間是乾隆五十年（1785年），但乾隆的陵寢（裕陵）始建於乾隆七年（1742年），乾隆十七年（1752年）已經建成了。乾隆會不會將已經建好的陵寢拆掉再建，這就不得而知了。

# 乾隆八十壽丟庫頁島

清乾隆皇帝弘曆自視甚高，一生內心都在自我膨脹，自我感覺良好。

當然，他有自負的資本。

比如說，七十歲壽辰，他曾自撰一聯：

七旬天子古六帝；
五代孫曾餘一人。

得意之情，活現於紙。

這副對聯的意思是說，歷史上的帝王年過七十歲的，不過只有六位：漢武帝在位五十四年，壽七十一歲；梁武帝在位四十八年，壽八十六歲；唐高宗在位九年，壽七十一歲；唐玄宗在位三十二年，壽八十歲；聖祖爺爺康熙在位六十一年，壽七十歲，連他本人共六人。而五代同堂者，僅自己一人而已。

但這種說法並不準確，有張冠李戴之處。

補一句，歷史上過七十歲的帝王其實不止乾隆說的這幾位，比如十六國後燕慕容垂七十歲；南燕慕容德就活到了七十九歲；大周國皇帝武則天更活到八十一歲；五代十國的吳越國王錢鏐八十歲；前蜀高祖王建七十一歲；南平武信王高季興七十一歲；南宋高宗趙構八十歲；明太祖朱元璋七十歲等。但乾隆爺對這些人不認可。

乾隆五十五年（1790年）八月，乾隆爺八十歲大壽，又是即位五十五周年，乾隆爺更囂張、更狂了，慶典辦得相當隆重。

大臣彭文勤題了一副這樣的對聯賀壽：

龍飛五十有五年，慶一時，五數合天，五數合地，五事修，五福備，五世同堂，五色斑斕輝彩服；
鶴算八旬逢八月，祝萬壽，八千為春，八千為秋，八元進，八愷登，八音從律，八鳳飄渺奏丹墀。

對聯大王紀曉嵐的壽對氣魄更大：

八千為春，八千為秋，八方向化，八風和慶，聖壽八自逢八月；
五數合天，五數合地，五世同堂，五福備至，高期五十有五年。

該年重陽，乾隆爺也不怕身子累壞，按慣例到熱河秋獮，途經萬松嶺。彭文勤和紀曉嵐又合成一聯拍馬屁。

彭文勤的上聯是：八十君王處處十八公道旁介壽。

「十八公」代松，用了《江表傳》的典故，且「十八」與「八十」的數字傾倒使用，非常不好對。

但對聯大王紀曉嵐從容對答：九重天子年年重九節塞上稱觴。此千古絕對一出，君臣歡聲笑語，響徹山谷。

乾隆五十八年（1793年）八月，乾隆爺八十三歲壽辰到了，這一年，英國馬戛爾尼使團訪華。

這是到達中國的第一個英國外交使團，是中英之間最重要的一次早期交往，堪稱中西關係史上的重大事件。

如果處理得好，這將是中西方一次文明交流的絕佳機會。

可惜，自大的乾隆爺只把英國使團視為海外蠻夷前來進貢、前來祝壽，草草接洽了一下，就將之遣返回國了。

要知道，在上一年（1792年）十月初三，乾隆還親自撰寫了《十全記》，記述一生「十全武功」，自稱「十全老人」。

乾隆在給英國喬治國王的回信裡說：「天朝物產豐盈，無所不有，原不借外夷以通有無。」

乾隆盛世，表面文治繁榮，風光無限；「十全武功」，武功赫赫，震懾四方。

但是，很多人不知道，中國第一大島嶼就是在乾隆盛世丟失的！

「十全武功」，在入侵強盜的眼中，不過是小孩子玩扮家家酒。

在乾隆帝當政之前，中國一個大島嶼，它的面積比臺灣島、海南島、崇明島加在一起還要大。

這個大島嶼的名字叫庫頁島。

庫頁島位於黑龍江出海口之東，東面和北面臨鄂霍次克海，西面隔韃靼海峽與大陸相望，南隔宗谷海峽與日本國接壤。地形南北狹長，面積七萬六千四百平方公里，其形狀如魚，擁有超過六千條河流及一千六百個湖泊，自然資源豐富，物產豐裕，擁有大約五千億立方公尺的天然氣儲量和大約十億桶的石油。

庫頁島在中國唐代稱「窟說」、「屈設」；元代稱「骨嵬」；明代稱「苦夷」、「苦兀」；清代稱「庫葉」、「庫野」、「庫頁」。這些稱法都是對同一個詞語的不同音譯，在實際意思上沒有多少差別，都是「黑江嘴頂」，也就是黑龍江入海口的意思。

在地理發現史上，中國是最早發現庫頁島的國家。

西漢初年的地理書《山海經》裡就記載了庫頁島上的住民是「毛氏」。「有毛人在大海洲上」，指的是居住在庫頁島上的吉烈迷人。

在《後漢書》的《東夷列傳》中，進一步記載：在北沃沮「海中有女國」。

以後的史書也有相同的記載，如元朝的《開元新志》和明朝的《殊域周咨錄》都記載居住在庫頁島上的吉烈迷人，「人身多毛」，還提到島上住民「女多男少」的情況，這顯然是母系氏族社會的標示。

清代《萬紱圖考》明確指出：「庫頁島即古女國，亦名毛人國。」這些記載證明早在兩千年以前，中國已經知道庫頁島是一個海上的島嶼，並對島上住民也有了一定的瞭解。

中國也是最早管轄庫頁島的國家。

最遲從唐朝開始，中國就管轄著包括庫頁島在內的黑龍江和烏蘇里江的下游地區。當時庫頁島上由阿伊努族建立的流鬼國向唐朝政府進貢，唐朝皇帝還加封其使者佘志為騎都尉。據費正清等所著的《東亞史》記述，自唐始，中國就對包括庫頁島在內的黑龍江、烏蘇里江地區實施有效的直接統轄。725年，唐朝在黑龍江下游地區設置黑水府；至十世紀，中國遼朝的五國部節度使管轄著庫頁島。

1264年，蒙古帝國派大軍攻占庫頁島；1285年在奴兒干地方設置東征元帥府，加強對黑龍江下游及庫頁島等地的管理，元朝將其納入遼陽行省的管轄範圍。這是中國首次將庫頁島納入行政範圍。

1412年，明朝征服苦兀，在庫頁島北部、中部、南部分別設衛，隸屬於奴兒干都司。明朝政府為了更有效地管理黑龍江下游地區及庫頁島，曾先後十次派太監出巡此地，並建立了永寧寺，立碑記事。

清朝建立以後，庫頁島歸寧古塔副都統管理。

在目前的考古發掘中，考古專家也在庫頁島上發掘出了隋、唐和宋時期的玻璃珠和耳環，遼、金時期的銅鐘，一切表明，這個島嶼在歷史上屬於中國。

可是，沙俄是一個充斥著擴張和侵略的國家。從十七世紀三十年代開始，其侵略軍擴展到清政府管轄的領土邊緣，到了十七世紀中葉，其以勒那河流域的雅庫次克為據點，入侵黑龍江下游達斡爾人居住區。

當政的康熙帝忍無可忍，派軍隊將沙俄侵略者驅逐了出去。

1689年，清政府與沙皇俄國簽訂《尼布楚條約》，其中規定黑龍江以北、烏蘇里江以東包括庫頁島在內的地區，都是中國的領土。

其實，由於清朝統治者輕視北方這極寒不毛之地，參與談判的大臣索額圖、佟國綱均是昏庸糊塗之輩，簽訂《尼布楚條約》已導致中國丟失了貝加爾湖以東的尼布楚之地。但按照該條約，庫頁島尚在中國版圖內。

但沙俄人是不肯老實遵守條約的。

這些在雅克薩之戰中敗北的殖民者繞開中國的勢力範圍，北進勘查，於1789年，派出遠征軍大肆屠殺島上的赫哲族居民，將他們驅逐回大陸，並在母子泊地方修築行政廳、教堂、監獄、學校等建築。

1790年，俄國徹底占領庫頁島。

也在這一年八月，日本松前藩派遣松井幹藩和新井隆助到島上窺探，並在庫頁島南端的白主設置市集。

荒唐的是，日俄根本不把大清放在眼裡，背著中國，討論瓜分中國的領土庫頁島。

還要特別注意，1790年，就是乾隆五十五年，這一年八月，乾隆爺正在興高采烈地擺八十壽宴。

可是，中國第一大寶島就被人家在光天化日之下霸占了。

日俄侵占、瓜分庫頁島，乾隆爺是否一直蒙在鼓裡？

不是的，乾隆也多次發外交辭令，強烈譴責，然而並沒什麼用。

有人會覺得奇怪，乾隆「十全武功」，威勢赫赫，怎麼就不拎起刀子與其玩命呢？

老實說，就因為這「十全武功」，乾隆爺已經被攪得筋疲力盡、心力交悴了。

遠的不說，光說沙俄霸占庫頁島前後這幾年，乾隆爺都疲於奔命地做了哪些事吧。

1787年三月，林爽文率眾起義，攻克淡水、諸羅（今臺南市佳里鎮）等地，稱盟主大元帥，建元順天。臺南天地會首領莊大田起兵回應。

同年五月，湖南鳳凰廳的苗民起義。

1791年八月，廓爾喀再犯藏，陷定日各寨，據濟嚨。

1795年，貴州、湖南發生苗民起義。

1796年，爆發了持續九年的白蓮教起義。

……

看看，臺灣、西藏、貴州、湖南都發生了戰事，基本都在南方，而對於北方的庫頁島，乾隆實在是有心無力，而從實際情況來說，的確無法展開南北兩線戰事。

其能做的，只能是致力於攘內而無力安外了。

鴉片戰爭之後，清朝走向衰落。沙俄強迫清政府簽訂了《中俄瑷琿條約》，1860年又以調停中英法第二次鴉片戰爭為藉口，強迫清政府簽訂《中俄北京條約》，將烏蘇里江以東包括庫頁島在內的約四十萬平方公里的領土割讓與沙俄。

自此，庫頁島在法理上和實際上，都已經徹底脫離了中國。

## 乾隆帝的愛情表達方式讓人欲哭無淚

清史學家閻崇年認為，清朝皇室注重繼承人（諸皇子）教育，皇帝個人綜合素質高，情商和智商比歷朝歷代的皇帝都要高，有清以來無昏君。以情商論，封建皇帝，大多三宮六院七十二妃，罕有愛情。而清朝皇帝，從清太祖到末代皇帝溥儀，十二個皇帝幾乎每一位都有熱烈的愛情故事。如努爾哈赤之於阿巴亥、皇太極之於海蘭珠、順治之於董鄂氏、康熙之於赫舍里氏、雍正之於年貴妃、乾隆之於富察氏、嘉慶之於喜塔拉氏、道光之於鈕祜祿氏、咸豐之於慈禧、同治之於阿魯特氏、光緒之於珍妃、溥儀之於譚玉齡。因此，清朝是個多情的王朝，納蘭詞與《紅樓夢》的產生，也得賴於這種多情的背景。

自稱為「十全老人」的乾隆帝覺得，他對孝賢皇后富察氏的愛，是沒有任何人能比擬的。那麼，乾隆爺是怎麼表達出如此高境界的愛情的呢？

乾隆十三年（1748年）正月，乾隆帝奉皇太后，偕孝賢皇后富察氏東巡，謁孔廟、登泰山。三月十一日，乘船沿運河回京路上，孝賢皇后富察氏去世，病死於巨舟青雀舫上，年僅三十七歲。

乾隆認為青雀舫曾保留了富察氏最後的體溫，下命令無論如何都把這艘大船運進北京城。

聽到這個命令，人們都驚呆了。

這座青雀舫體積龐大，城門門洞狹窄，如何進城？

乾隆不管，很任性地說，把城門樓拆掉。

所幸，禮部尚書海望想出了一個方法，即命人搭起木架從城牆垛口通過，上設木軌，木軌上滿鋪鮮菜葉，使之潤滑，再由千餘名人工推扶拉拽。

饒是這樣，也是費盡了周折，才把御舟運進了城內。

而後，乾隆不惜耗費鉅資、大興土木籌措皇后的葬禮，單就把皇后金棺從長春宮移至景山觀德殿，就動員工匠八千二百四十二個，各作壯夫九千五百九十三名，耗費白銀九千六百餘兩。

為了表示出自己的喪偶之痛，乾隆要求天下同哀。

皇長子和皇三子哀慕的誠意不夠，乾隆嚴加斥責，其中永璜的師傅俺達受到處分，和親王弘晝、大學士來保、侍郎鄂容安各罰俸三年，其他師傅俺達各罰俸一年。

倒楣的還有刑部尚書阿克敦，因在皇后冊文的滿文譯文中將「皇妣」一詞粗心大意譯成了「先太后」，乾隆咆哮如雷，將刑部尚書阿克敦交刑部治罪。其他刑部官員見皇帝盛怒，於是加重處分，擬絞監候。

哪料乾隆天霆之怒未息，責備刑部「黨同徇庇」，故意「寬縱」。將刑部全堂問罪，包括滿尚書盛安，漢尚書汪由敦，侍郎勒爾森、錢阿群、兆惠、魏定國，均革職留任，而阿克敦則照「大不敬」議罪，斬監候，秋後處決。

隨後，乾隆又埋怨光祿寺籌備的給皇后的祭品等「俱不潔淨鮮明」，光祿寺卿增壽保、沈起元、少卿德爾弼、竇啟瑛俱降級調用；工部因辦理皇后冊寶「製造甚用粗陋」，全堂問罪，侍郎索柱降三級，涂逢震降四級，其他尚書、侍郎從寬留任；禮部「冊謚皇后，未議王公行禮之處」，尚書海望、王安國降二級留任，其他堂官也分別受到處分。

舉行祭奠孝賢皇后典禮，各地督撫大臣、提督、總兵、織造、鹽政等官員誠惶誠恐，紛紛呈遞奏章，要求「跪請聖安」並「叩謁大行皇后梓宮」。

乾隆認為這些奏請赴京的都是有良心的人，其餘全是白眼狼，下令，各省滿族的督撫、將軍、提督、都統、總兵，凡是沒有奏請赴京的，各降二級，或銷去軍功紀錄。

兩江總督尹繼善、閩浙總督喀爾吉善、湖廣總督塞楞額、漕督蘊著、浙江巡撫顧琮、江西巡撫開泰、河南巡撫碩色、安徽巡撫納敏等五十多名滿族文武大員叫苦不迭，含淚遭受了這種不公正的處分。

按照滿族舊習，帝、后之喪，官員們在一百天內不能剃髮，以表示自己專心悲痛。這種風俗大清會典中並無記載，雍正皇帝去世時，許多官員並沒有遵照舊習，百日內已經剃髮，乾隆也沒有追究責任。

這次，乾隆為了表示皇后在自己心中地位比皇考還重要，要嚴辦在皇后之喪中剃了頭的官員。錦州知府金文醇剃了頭，刑部將之定了斬監候。

殺氣騰騰的乾隆不滿判決，罵刑部尚書盛安徇私，將之下獄。

江南總河周學健剃了髮，乾隆本來要殺他的，但湖廣總督塞楞額是滿人，也剃了髮，乾隆於是下令塞楞額自殺，放了周學健一馬，讓他到邊疆做苦力。

湖南巡撫楊錫紱、湖北巡撫彭樹葵也剃了髮，因為是自行檢舉，只是革職了事。

翰林院撰擬皇后祭文，用「泉台」二字，乾隆認為這兩字分量不夠，「豈可加之皇后之尊」，怪大學士張廷玉以及阿克敦、德通、文保、程景伊等「不留心檢點，草率塞責」，俱罰俸一年。

……看得出，乾隆對亡妻是真的有真摯而深厚感情的，但卻以這種方式來表現，讓人欲哭無淚。

## 乾隆為試婚女子賦詩

給皇子安排性啟蒙老師這件事，在其他朝代是笑話，在清朝卻是一項制度。清朝作為中國歷史上最後一個封建王朝，吸取了前面歷朝歷代的各種各樣的教訓，宮中所定制度之完備、之嚴密、之周詳，讓人歎為觀止。

據說，晉武帝司馬炎是因為生了個傻兒子，不得不提前給他安排了個性啟蒙老師。清朝的皇子沒有一個是傻的，但為了保持皇族人丁興旺，以及皇子們在結婚當天不至於在新娘子面前丟臉，皇室都會早早給他們安排性啟蒙老師先對他們進行指導。

這些性啟蒙老師被稱呼為「試婚格格」，實際上也是婢女的一種，之後能不能有更高的地位，要看這位皇子對她的喜歡程度了。

宮中有明文規定，皇子在大婚之前，先由宮中精心挑選出八名年齡稍長、容貌端莊的宮女，冠以司儀、司門、司寢、司帳等女官之名，陪皇帝隨寢、「試婚」。

與之相形成趣的是，清代皇室的公主出嫁前，也需實行這項「試婚」制度，不過試的不是公主，而是駙馬爺。

即清代的公主選定駙馬、確定嫁期後，得由皇太后或皇后親自選出一名機敏幹練的宮女充當

「試婚格格」，隨同公主的嫁妝一起先行一步到駙馬家，當天晚上便由「試婚格格」與駙馬同床試婚。第二天一大早，「試婚格格」就會派遣專人回宮，向太后或皇后詳細稟報駙馬爺有無生理缺陷、性格是否溫柔等。一旦試婚合格，公主正式下嫁後，這位「試婚格格」就留在駙馬身邊或為妾或為婢。

清朝諸帝中，文學細胞最發達的就是乾隆皇帝愛新覺羅・弘曆。此人做皇帝沉穩老辣、殺伐果斷，但做起詩來，又多愁善感，有黛玉之態、李賀之病、屈原之傷，據說一生做了四萬多首詩，可惜流傳的不多。

不喜歡文學的人，肯定不怎麼寫詩，也不愛做筆記、寫日記，關於其平生事蹟就只能靠別人來描述。

喜歡文學的人，多多少少會留下一些與私生活有關的文字，這是最真實的東西，可以讓人走進他的內心世界。

由史料可以統計，乾隆一生中，有正式名分的妃子共計四十一人，而沒名沒分的試婚女子竟高達十八個！

這四十一個有正式名分的妃子中，其實有一個是從試婚女子中升級過來的。

也就是說，乾隆擁有的試婚女子，應該有十九個。

這幸運的試婚女子是察哈爾總管李榮保的女兒富察氏。

富察氏與乾隆的年齡相仿，是乾隆人生中的第一位女人，深得乾隆的喜愛。

可惜的是，富察氏福薄，消受不起乾隆的恩情，二十五歲就香消玉殞了，一個多月後乾隆才登基繼位。

為了紀念生命中經歷過的第一個女人，乾隆在登基後第二年就追封富察氏為哲妃，十年後又追贈為哲憫皇貴妃——「哲」者，知也；「憫」者，憐憫、痛惜也。

乾隆十七年（1752年），乾隆在自己的陵墓修好之後，將一直停厝於京東靜安莊的富察氏的靈柩並孝賢皇后與慧賢皇貴妃的靈柩，在同一天葬入清東陵的裕陵地宮。

乾隆四十五年（1780年），年已七旬的乾隆祭奠已逝各妃，祭奠到富察氏，腦中浮現的，是二十五歲時富察氏的面容，悲從中來，特意為富察氏寫了一首詩，詩云：

已是別多時，能無一寫悲。
七旬忽我逮，百歲任他期。
幻景徒驚速，故人不憖遺。
曾孫畢姻近，眠者可聞知。

# 第七章　由盛轉衰的嘉、道、咸三朝

## 禁宮中遇刺最多的皇帝

「仁」，是中國儒家學派道德規範的最高準則，含恭、寬、信、敏、惠五種美德。

中國歷史上的「仁宗」有好幾個，其中最著名的就是第一任「仁宗」——北宋的第四代皇帝宋仁宗趙禎。宋仁宗十三歲即位，五十三歲駕崩，在位四十一年。從他當政的所作所為來看，真當得起一個「仁」的稱號。

史書載，宋仁宗駕崩之日，開封城成了一片哭海。皇宮門外人山人海，不分王公貴族抑或平頭百姓，大家都披著白麻，燒著紙錢，哭成了淚人。甚至，與大宋南北對峙的遼國皇帝聽了宋國使者的訃告，也悲傷流淚，握著使者的手說：「我要給他建一個衣冠塚，寄託哀思。」

宋仁宗沒有秦皇漢武、唐宗宋祖的赫赫武功，卻以自己個人的獨特魅力征服了天下人的心。可以說，宋仁宗將「仁政愛人」推上了一個極致，為後世帝王樹了一個榜樣、立了一根標竿。

宋朝之後的幾個王朝，也因此都出現了被冠以「仁宗」廟號的皇帝：元朝的「元仁宗」孛兒只斤・愛育黎拔力八達，明朝的「明仁宗」朱高熾；清朝的「清仁宗」愛新覺羅・顒琰。

這三個仁宗皇帝中，清仁宗的歷史地位似乎有些尷尬。

清仁宗的年號為嘉慶，下面，我們就說幾件發生在嘉慶年間與清仁宗嘉慶帝有關的真實故事。

嘉慶八年（1803年）閏二月二十日，嘉慶帝為了準備兩日之後到先農壇親耕耤田的活動，從圓明園回宮齋戒。

乘輿剛剛進入神武門，突然從西大房閃出一人，手持短刀，勢如瘋虎地殺向乘輿。神武、順貞兩門之間守衛的侍衛有上百人，但禁宮之內行刺，乃是從來未有之事，侍衛意所未料，全都手足無措，呆立當場，不知如何是好。

危急之中，嘉慶帝的侄子，定親王、御前大臣綿恩本能地衝出，奮力推卻刺客。推搡中，刺客的刀捅入了綿恩的前胸，綿恩痛呼一聲，軟綿綿地倒在血泊之中。

不過，綿恩這一推搡之間，喀爾喀親王拉旺多爾濟、喀喇沁公丹巴多爾濟、御前侍衛扎克塔爾等人從驚慌中回過神來，大聲呼喝，互相壯膽，從四面圍上，將刺客拿下。

儘管嘉慶帝在這場變故中毫髮無傷，但事件極具震撼力，消息不脛而走，一下子就傳遍了整個北京城，舉朝驚怖，人心惶惶。

當日，嘉慶帝命軍機大臣會同刑部嚴審。

軍機處提人審訊，刺客供認不諱，自稱姓陳，名德，年四十七歲，北京人，自幼隨父母為奴，後來，奴隨主遷，全家跟隨主人遷往山東青州。陳德長大成人，即在青州娶妻生子。陳德的父母病逝後，陳德重新攜妻子回京謀生，在富豪之家當廚役。前年妻子病故，陳德一人拉扯兩個未成年的兒子外，還要贍養八十歲的癱瘓岳母，生活日見困頓，陷入困境。到了這年二月，陳德失業，從富豪家出來，數次搬家，均找不到差事，從而想一死了之。但陳德自幼練有武功，想到就此死去，不免藉藉無聲，枉自在世上走了一遭。於是起了行刺皇帝的心思，企求死得轟轟烈烈。

陳德直言：「我想我犯了驚駕的罪，當下必定奉旨，叫侍衛大臣們把我亂刀剁死，圖個爽快，也死個明白。實在並無別故，亦無冤枉，亦無人主使。」

陳德的確武藝超群，這一出手，便連傷數人，並在以一敵六的過程中將御前侍衛刺倒，著實令人吃驚。

而陳德的作案動機居然又是如此簡單，讓人大感意外。

一開始，嘉慶和眾審案大員均難以置信。但是，經過次日添派的滿漢大學士、六部尚書會審，第三日再增添九卿科道的會審，並對陳德加以重刑，再三推鞫，供詞並無改變。

由此，這樁驚天行刺大案只好宣告結案。

嘉慶帝下旨：「所有此案凶犯陳德並二子，即行公同按律定擬具奏，候旨施行，其餘俱行釋放，不可累及無辜。」

隨後，嘉慶帝還引咎自責說：出現了這種事，朕有也責任。現在，朕所羞慚和恐懼的是良好的風化沒能推行，這也證明了朕有失德之處。從今而後，朕應當謹身修德，勤政愛民，自省己咎。

最終，參審諸臣擬定將陳德凌遲處死，二子一併處決，其岳母年已八十，免議。

嘉慶八年禁宮行刺案過後，僅僅一年，又出現了一件怪事。

嘉慶九年（1804年）十一月二十四日這天，天氣特別冷，寒風裡好像夾著刀子，刮得人臉生疼。

當晚深夜約五更時分，萬籟俱寂。

如果是平時，大內宮中巡夜的護軍早困得不行了。但這天實在太冷了，連打盹的意思也沒有。幾個護軍不斷來回溜達，使勁跺腳，以驅趕身上的寒意。也幸虧這樣，才沒釀出事端。

因為，他們遠遠看見有幾個人打著燈挑著食盒往這邊走來。

這些人，都往宮裡送食的人，算是熟人。但他們這些人的後面，若即若離地跟隨著一個可疑的身影。

什麼人?!其中的一個護軍喝問了一聲，那個身影在閃爍的燈光裡似乎打了一個哆嗦，猛然朝黑暗裡逃竄。

哪裡走?!

眾護軍覺察不對勁，迅速追趕、包抄、攔截，很快就將那人擒獲。

拉到燈光下一看，此人居然是一個和尚!

好傢伙，竟然狗膽包天，潛進大內禁宮，真是不想活了。

經過審訊，這個僧人法號了友，原是安徽寧國府涇縣人，因妻兒於乾隆五十八年（1793年），相繼去世，心死如灰，遁入空門，在梵覺寺受戒，並領有度牒（僧人執照），隨後就四處遊募化緣。這天夜裡潛入皇宮，是一年前在浙江參拜普陀山，異想天開，想進京求皇上賞給自己主持。遂從江南、山東募化往北，於三月二十五日抵京，歇息在各處寺廟，屢至東華門外跪拜，請求進宮，均被拒絕。十一月二十四日這天，其先到東華門外觀望，被守門護軍驅趕，轉而來到景山東門外，忍飢受凍一直待到了深夜五更，看有人往宮裡送食，便悄悄地跟在後面，輕鬆混入神武門內，走進右東夾道，沒想到被巡夜護軍發現，束手就擒。

嘉慶帝知曉此事，既驚又怒。

驚的是一個普通僧人竟能如此輕鬆破禁入宮，如若是再如陳德之類要圖謀不軌的刺客，後果不堪設想。

怒的是宮闈重地，防範竟是如此疏漏。

驚怒之下的嘉慶帝下諭令嚴懲了友，將其勒令還俗，依擅入神武門者本律上加一等杖責六十，流放一年，再枷號（舊時將犯人上枷標明罪狀示眾）兩個月示眾，期滿後送交安徽巡撫衙門折責充徒。當晚神武門值班的護軍官三達色等被從重杖一百，照例革職；護軍明通等也被革退差使、從重杖一百，先行枷號一個月，滿日鞭責後交本旗管束；神武門至東夾道失察的護軍交護軍統領鞭八十免其革退；職官諮送兵部照例議處。

了友不是刺客，總算是虛驚一場。

但沒過幾個月，不要命的刺客又來了。

嘉慶十年（1805年）二月二十日這天上午，一中年男子肩扛一杆用袍子裹著槍頭的鐵槍，不知怎麼，就摸到了神武門外。這人明明看見門口有護軍把守，仍大大咧咧地扛著鐵槍往裡闖。

好大的派頭，禁宮是你家嗎？想入就入?!

值班護軍圖塔布不知他包裹著的一端是槍頭，屬於行凶凶器，還像平日一樣耍威風，用呵斥小平民的口氣要將他驅走。

這人的臉上突然殺氣大盛，抖槍朝圖塔布猛力扎去。

圖塔布不愧是行伍出身，猛吃一驚，大叫不好，扭身閃過，但衣服已被戳破。

在神武門當班的其他護軍趕緊圍上來圍捕。

這人殺氣更盛，把一杆長槍舞得虎虎風生。

不過，護軍的包圍圈越縮越小，長槍難以發揮作用，他就丟棄了槍，抽出了兩把藏在腰間的殺豬刀，衝著護軍們劈頭蓋臉一陣狂砍。

鏖戰中，守門章京舒當阿的帽簷兒被砍破，護軍莫爾根的手指頭被砍傷，另一護軍校八十四的頭臉也被砍傷，且傷勢嚴重。

不過，人多不怕人少，人多勢眾的護軍亂棍將男子打翻在地，五花大綁，綁成了個粽子。

男子被帶至東值房審問，僅供姓名為薩彌文，山西五台王家莊人，因盟兄支使來京，其餘問話堅不吐露。

不吐露，就用刑！

但還等不及用刑，男子就因傷勢過重一命嗚呼了。

嘉慶皇帝氣怒交加，下諭速查急奏。

還好，男子的身分查清楚了：其原名叫劉士興，居住在直隸省正定府槁城縣崗上鎮杜村，山西五台縣西王家莊人，兩年前與人拜把結盟，很少回家，在外邊幹些什麼家人也不得而知。

嘉慶皇帝因此只吩咐將劉士興「戮屍梟示」。

原本，嘉慶皇帝認為值班護軍精勉驍勇，將刺客消滅於宮門之外，第一時間就發出上諭獎勵有功人員。但隨著此案的深入瞭解，嘉慶帝得知，劉士興衝進禁門時，當班的護軍竟然都沒有配備武器，有些當班的護軍擅離職守在屋內閒坐聊天！

嘉慶皇帝肝火又起，但鑑於自己已頒布了嘉獎令，不好自打自臉，只好再發上諭更換守門器械並加強門禁章程了事。

事過六年，嘉慶十六年（1811年）十二月初十日這天，在負責宮禁的領侍衛內大臣值班的景運門內，當班的內閣中書屈廷鎮的海龍皮褂後襟竟被潛入宮中的小偷割開了一道口子。人們只發現這個口子，並沒看到賊人的蹤跡，足見來人身手如鬼如魅，來去自如。

嘉慶皇帝知曉了此事，下令嚴查。

查來查去，一無所得。

沒奈何，嘉慶帝只好再次頒發上諭加強門禁。

單純的加強門禁並沒有多少用，真正讓人驚破膽的事兒來了。

嘉慶十八年（1813年）九月十五日，紫禁城內爆發了一起震驚全國的「林清起義軍攻打紫禁城案」，史書中又稱「紫禁城之變」。

這天，北京天理教教首林清趁嘉慶帝於九月十五日（農曆）巡幸熱河發動起義，以兩百人潛入城內，分由東華、西華門攻進清宮。

宮廷內的皇子、顯貴大臣、武將勛戚等，突遇驚變，頓時手足無措，紛紛要作鳥獸散。

負責守午門的清將策凌溜得最快，在親兵的保護下開門首遁。

清護軍統領石瑞齡第一個想到的就是：「可速備車乘，以備后妃之行。」

禮親王昭槤也對石瑞齡的反應大加讚賞。

所幸皇次子旻寧（即後來的道光皇帝）還算鎮定從容，火速調來正好留駐京師的火器營、健銳營兵入宮，與天理教眾在隆宗門外展開激戰。

最終，天理教眾寡不敵眾，被抓的被抓，被殺的被殺。

饒是如此，此事在清朝歷史中還是震撼極大。

想想看，一夥兩百人的「烏合之眾」，居然順利地攻入了由八旗軍層層守衛的皇宮，如果不是火器營恰巧開到紫禁城內，後果真是不堪設想。

史家因此評論：「自是役而後，清廷綱紀之弛廢，臣僚之冗劣，人心之不附，兵力之已衰，悉暴露無餘。」

嘉慶帝本人也只得承認，此乃「漢、唐、宋、明之所未有」、「從來未有事，竟出大清朝！」並下了一道「罪己詔」，告誡群臣，「永不忘十八年之變」，同時下令徹底加強禁衛。

歷史就這樣幽默，廟號為「仁宗」的嘉慶帝，竟然是中國古代歷史上在禁宮中遇刺最多的皇帝。

為什麼屢屢遇刺，並非只是禁衛問題，背後的原因，更值得深思。

## 清朝貝勒爺誤家誤國，其父天天盼其早死

道光帝的第六子恭親王奕訢是史學家公認的晚清諸王諸公中最為聰明能幹的人。

吳相湘先生在他的《晚清宮廷實紀》第二篇《身系安危的恭親王》中就說：「恭王性質開明，臨事敏決，能力之富強，當時廷臣中，實罕其比。」

蕭一山先生也在他的《清代通史》卷下第十三章《同治中興時代》中說：「蓋奕訢性質開明，臨事敏決，能力亦頗富強。」

但是，由於種種原因，道光帝最後還是立了第四子奕詝（即後來的咸豐帝）為帝位繼承人。作為補償，道光定奕詝為皇太子的同時，封奕訢為親王。他把立奕詝為皇太子的朱諭與封奕訢為親王的朱諭同時藏入「儲位緘名金匣」裡面。

史稱：「此為清朝家法所未有之特例也。」

奕詝即位為咸豐帝後，奉道光帝遺詔封奕訢為「恭親王」，並多方倚重。

奕訢也不負眾望，巧妙周旋於英、法等國外使之間，平息爭端，援引外國力量，重用曾國藩、張之洞等一批名臣，大辦洋務運動，鎮壓了太平天國和撚軍之亂，迎來「同治中興」。

可惜的是，作為晚清名王重臣，奕訢在後代的培養上很失敗。

奕訢的長子載澄本是天才少年，人很聰穎，讀書習武都小有成就，頗有乃父之風。

載澄年紀稍長，受封為郡王銜貝勒，人稱「澄貝勒」，任內大臣和正紅旗蒙古都統，著有《世澤堂遺稿》三冊傳世。他的同父異母弟載瀅寫了序文。序文中稱讚他：「自束髮受書，過目即能成誦。喜為詩，叉手而成。」

可惜的是，載澄貪圖玩樂，又因兩個弟弟早殤，被父母視若掌上珠寶，萬分溺愛，因此以放蕩頑劣馳名，比《水滸傳》裡的高衙內還要高衙內。

不過，《水滸傳》裡的高衙內只有他欺詐別人的份，而沒有人敢欺詐於他。

載澄人雖聰明伶俐，卻活生生在陰溝裡翻了船。

且說，某年夏天，載澄和自己的一幫狐朋狗友遊什剎海，在岸邊茶樓品茶，發現鄰座有一單身妖豔婦人向他頻拋媚眼。載澄是個喜歡偷腥的主，哪受得了這個？派手下小廝買了一束蓮蓬相贈，勾引婦人說：「這是貝勒爺所贈，想與你相會哩。」婦人大大方方地說：「相識不如偶遇，請貝勒爺選相會的地方。」載澄聽了，猶如雪獅子向火，六月天裡身子癱成一堆泥，帶婦人尋旅館開房去也。隨著交往日深，載澄對婦人難捨難分，情難自拔，就說：「我倆情投意合，卻不能長相廝守。這可怎麼辦？你不如嫁給我。」婦人羞答答地說：「我是有丈夫的人，如何能再嫁於你？不如，你帶人在路上把我劫走。我夫家知道是澄貝勒劫人，還能怎麼樣？」的確，這辦法既簡單又直接。載澄拍手稱好，便和婦人說好了時間、地點，依計而行，果然成功了。但恭親王家的名聲也臭了。一時輿論沸騰，人們道路相見，無不大嚼載澄搶奪良家婦女之事。那婦人的公公原為浙江布政使，後因犯事逃至普陀為僧，家境破落。婦人的丈夫為京曹官，聽說妻子被載貝勒劫去，不敢控告，氣急攻心，竟激成瘋癲。而那婦人也是愛新覺羅氏的宗室女子，論起輩分，竟是載澄的姑姑。

載澄的惡行劣跡當然並不止於此。他最大的罪過就是帶壞了同治皇帝。載澄小時到宮內上書房做同治皇帝的伴讀，經常提供春宮畫冊以及誨淫誨盜的書籍給小皇帝翻閱。長大後，又把自己在外間胡作非為、淫亂於花街柳巷的奇聞趣事繪聲繪色地講給同治聽，致使同治心旌搖曳，禁不住誘惑，跟隨他微服出宮，到娼樓酒館宵遊夜宴。

恭親王奕訢對兒子帶皇帝外出的事是有所耳聞的，卻不敢張揚，生怕會敗壞皇家聲譽。當載澄鬧出了誘搶族姑的醜聞後，恭親王就趁機下令把這個不肖子關入宗人府的高牆內，意在永久監禁。哪承想，奕訢的福晉在這個時候去世了。載澄振振有詞地向慈禧太后請求：「當盡人子之禮，奔喪披孝。」母親去世，焉有不讓兒子披孝之理？被蒙在鼓裡的慈禧太后不知內情，特旨放出。

載澄於是如同逃出八卦爐的孫大聖，不但不思改悔，反而變本加厲，越加倡狂，帶同治帝流連妓娼之家，最後終於釀出了大禍：同治帝染上梅毒，撒手塵寰。

恭親王奕訢氣得直瞪眼，發誓不要再見到這個兒子，父子情斷義絕。

光緒十一年（1885年）六月，載澄患上重病。奕訢知道了，不但不悲痛憂傷，反而面露喜色，嘴發呵呵之音，日日盼其死。

載澄延醫吃藥，病情還是一日重過一日，眼見不能活了。

家人報告奕訢，說：「父子一場，好歹還是看他一眼吧。」

奕訢點點頭，決定見兒子最後一面。

可是，才一入屋，赫然看見載澄黑綢衣褲上用白絲線繡滿的蜘蛛，不由心中火起，呸了一聲，罵道：「穿這樣一身匪衣，合該早死！」一跺腳，走了。

載澄扭頭看著父親的背影，氣絕身亡，時年二十八歲。由於是恭親王長子，被賜予「果敏」的諡號。

## 大清四品翎頂將軍華爾到底是英雄還是流氓

清末亂世，堪稱一個風雲變幻、光怪陸離的大舞臺，在這個舞臺上，處處充斥著形形色色的良臣、名將、盜賊、義士、軍閥、野心家、造反家的身影，此外，還時時活躍著許許多多藍眼睛、高鼻梁的外國人。

這些外國人中，有一個人不得不提。

此人不但加入了中國國籍，做了中國女婿，被歸化成了「華籍美人」或「美裔華人」，還當上了大清四品翎頂將軍。

在美國，他被美國國民稱頌為一個為中國而獻身的國際主義者，一個時代的英雄。美國記者阿本德為他寫了傳記，稱他是「西方來的戰神」（The God from the West）。

而在中國，他曾被推崇備至，後又被徹底醜化，被說成美國流氓、劊子手和殖民主義者。

這個人就是「洋槍隊」的創造者華爾。

華爾的全名是費雷德瑞克・湯森得・華爾（Frederick Townsend Ward），1831年11月出生於美國麻塞諸塞州薩勒姆鎮。華爾的父親是一個商船船主，華爾很小的時候就喜歡跟隨父親或商船裡的水手出海，養成了喜愛冒險、勇於進取的性格。

華爾在諾維奇大學肄業後，接受了一些基礎軍事訓練，並到中南美洲及墨西哥從事冒險活動。後來投入法國軍隊，任尉官，參加過克里米亞戰爭。

太平天國攪得南中國山河動盪之際，富於冒險精神的華爾毅然決然地來華尋找建功立業的機會。

1860年春，華爾來到了上海，在清軍水師炮船「孔夫子號」（Confucius）擔任大副。「孔夫子號」產自美國，原本屬於上海銀錢業工會，專業為銀莊護送銀兩，在國難當頭之際，被政府徵用。

由此，華爾結識了「泰記銀號」的經理楊坊。

自從太平天國定都天京後，勢力越來越大，在擊潰了清軍江南大營後，乘勝東征，連克丹陽、常州等地，進逼上海。

楊坊等中國銀莊老闆們非常緊張，擔心自己打造的商業帝國陷落到太平軍手裡，考慮到清軍的作戰能力欠佳，而在第一次鴉片戰爭中洋人所表現出來的凶悍戰鬥力讓他們記憶深刻，所以，私下裡有意籌組一支由洋人組成的雇傭軍以保衛上海。

華爾得知，立即大包大攬，聲稱自己完全可以負責招募外籍士兵，並擔任統領，親自訓練以及指揮作戰。

此事又得到了清朝蘇松太道吳煦的支持。

於是，雙方達成了協定：由華爾招募外籍士兵成立一支洋槍隊對太平軍作戰，而由吳煦、楊坊負責供應軍械、軍費每月一百至六百美元不等。另外，華爾每攻下一個太平軍占領的城鎮，就可以得到四萬五千美元到十三萬多美元不等的「賞金」。

華爾是個實幹家，說幹就幹，馬上大張旗鼓地招兵買馬。

上海附近有幾百艘外國商船和軍艦停靠，商船上的水手和軍艦上的兵痞聽說美國人華爾招募部隊，薪水可觀，紛紛前來加入。

華爾很快就募集了一支由清一色洋人組成的雇傭軍，大概三百多人，擔任副領隊的是美籍軍人法爾思德（E. Ferester）、白齊文（H. A. Burgevine）。

6月2日，華爾率領這支剛剛成立的洋槍隊前往攻打太平軍占領下的松江。

對於這次進攻，華爾自信滿滿。畢竟，他的部隊裝備齊全，使用的是當時世界上最為先進的武器彈藥，而太平軍的兵器還停留在原始的大刀長矛階段。

然而，戰爭的結果卻讓華爾大吃一驚。

很多太平軍將士都是血海刀山中趟過來的，可謂身經百戰，兩下一交手，華爾手下這群烏合之眾就被打得四散奔走、潰不成軍。

華爾狼狽不堪地逃回到上海，一清點人數，暈了，三百多人，逃回來的不足一百人！

負責提供軍火與薪餉支援的中國銀行業商人們大感失望。

華爾也感到無地自容。

有意思的是，那些生活在上海的洋人不但不為同類華爾的失敗為羞，反而幸災樂禍，取笑華爾不自量力。

面對失敗，華爾沒有放棄，反而更加認準了自己的選擇，繼續向中國商人要槍要資金，以圖東山再起。

華爾的表現雖說令人失望，但上海的危情的確讓人揪心，沒辦法，中國商人們只能再出銀子讓這個洋冒險家做第二次嘗試。

這次，華爾改變了策略，招募的人員重於品質而不重數量，將很多意志不夠堅定的人淘汰掉，重新組織了一支五百多人的新「洋槍隊」，其中大部分成員是來自菲律賓的水手。

1860年7月16日，華爾率領著他的「洋槍隊」再次攻打松江城。

這次，太平軍傷亡了大約五百多人，抵擋不住，棄城而逃。

洋槍隊一擁而入松江城，搶掠了無數金銀財寶。

這還不算，按照合同，清政府和上海商人還必須獎勵華爾白銀三萬兩。

這麼一來，洋槍隊上上下下全發達了。

洋槍隊也將松江開闢成為自己的基地。

華爾的大名一下子傳遍了上海洋人世界，原先那些譏笑他的人笑不起來了，其中的很多人轉變了態度，前來報名，爭著搶著要加入華爾的「洋槍隊」。

本著選優汰劣原則，華爾又招收了大量優秀從業人員。

這些從業人員之所以「優秀」，是因為他們本身就是正規軍的士兵。

英國和法國都有軍隊駐守在上海，這些軍隊裡的士兵經受不起華爾開出的高薪誘惑，紛紛跳槽到了華爾軍中。

上海的英國和法國當局不樂意了，一致指責華爾是個騙子，要聯合逮捕他。

華爾雖然有所覺察，但他並不打算停止自己的做法，因為，他正準備進攻下一個太平軍所占據的城市——青浦，需要更多的兵員。

8月2日，在擴充足兵源後，華爾集結起自己的洋槍隊，大舉進攻青浦。

讓華爾萬萬沒有料到的是，在青浦，他遇到了一個強硬的對手——曾為英國皇家步兵團上尉的英國人薩維治（Savage）。

薩維治現在是太平軍李秀成的手下，帶領有一萬多人把守青浦。最致命的是，這一萬多人都配備了精良的武器，其中不乏從洋人手中購買的新式槍炮。孫子兵法說，知彼知己，百戰不殆。

華爾既不知己也不知彼，後果很嚴重。戰爭才開始，他就為他的冒失付出了代價：一顆子彈從他左下顎穿過右臉，滿臉開花。

洋槍隊被打得丟盔棄甲，死傷了三四百人，所有大炮、軍火以及炮船均被太平軍俘獲。

華爾狼狽不堪地逃回松江城，傷口感染，患了瘧疾，不得不先到上海療傷，再轉往巴黎養傷。

華爾在巴黎養傷期間，太平軍順利收復了松江，並開始進攻上海的西門和南門。

駐守上海的英、法軍隊為了維護既得利益，只好配合清軍以攻為守，從水陸兩方面猛擊太平軍。

有趣的是，英法在上海的軍隊與清軍是站在同一戰壕的戰友，但這兩國組成的聯軍卻又猛攻北京，迫走咸豐皇帝，火燒了圓明園。

當真是亂得天昏地暗，不可開交。

8月18日，進攻上海的太平軍被英、法聯軍所敗。

8月20日，太平軍再攻上海又敗，李秀成面頰受傷，太平軍從上海前線撤退，李秀成開始籌畫西征事宜。

洋槍隊乘機復占松江。

1861年1月，英國水師提督何伯（J. Hope）乘船上駛天京，與太平天國當局達成了「在一年內太平軍不干涉長江商業，同時也不以任何方式進攻上海」的協定。

上海的戰事遂暫時趨於沉寂。

華爾傷癒回滬後，鑑於洋槍隊在作戰中損失慘重，華爾為補充兵員，繼續擴軍。他聘外籍軍人為教練，以招募中國人為主，將兵額擴充至千人，士兵一律穿青呢服，小袖短衣。以新式洋槍洋炮為武器，另有輪船一艘以供運輸及作戰之用。士兵每人「月給銀八餠（元）五角」，遠比清軍薪餉為高。所以，有不少清兵往投華爾。

英國水師提督何伯忍無可忍，於5月19日親自帶領四艘登陸艇，滿載著英國海軍陸戰隊員，氣勢洶洶地前往洋槍隊的基地松江，聲稱要抓捕軍隊裡的逃兵。

洋槍隊的士兵們多是一群亡命之徒，手裡端著先進的武器裝備，哪肯輕易給何伯入城？雙方弩張劍拔，衝突一觸即發。

華爾表現得很男人，聽說何伯來了，二話不說，喝令部下們放下武器，打開松江城門，迎接英軍進城。

何伯入了城，就手腳俐落地找出了二十九名英國逃兵，連同華爾，一同逮捕而去。

洋槍隊看見首領被捉，喊打喊殺，流血事件隨時會發生。

何伯將教唆犯華爾交給美國駐上海總領事館審理。

審判於5月21日舉行，英國軍方控告華爾非法捲入戰爭，破壞中立，並且誘惑和煽動軍事人員擅離職守。

面對這些指控，華爾不慌不忙，一口否認了該法庭的管轄權。他說，他早已不是美國公民了，而是「大清帝國的臣民」。

華爾的紅口白牙當然不能讓英國公訴人和美國領事相信，但參加旁聽的中國代表隨即向法庭呈交了一份清朝總理衙門的檔，上面明確無誤地表明，華爾已經放棄美國國籍，加入中國國籍。

美國領事傻了眼，只好宣布當場釋放。

楊坊為了慶祝這次外交上的勝利且激勵華爾日後在戰場上的鬥志，以邱家灣里倉沈氏宅作為華爾的「公館」，以女妻之，和華爾結成了翁婿之誼。

1862年春，洋槍隊已發展到五千人左右，且有水陸新式技術裝備。清政府正式下令把洋槍隊改名為「常勝軍」，升華爾為副將。

特別要說明的是，美國正在進行南北內戰，以至華爾不得不時常關注祖國時局的發展，時刻準備著回應祖國的召喚。

又因為英國方面支持美國南方邦聯，英美兩國持續緊張，而華爾就成了遠東地區唯一可以抗衡英軍的美國人。

1861年11月7日，一艘名為「特倫特號」（Trent）的英國郵輪被美國北方軍隊的軍艦「聖亞辛托號」（San Jacinto）攔截了，原因是「特倫特號」上運載著兩名美國南方邦聯的代表，而這兩名代表之所以出現在「特倫特號」上，是他們正在前往歐洲訂購武器以對付北方軍隊。

消息傳出，英美之間的局勢驟然緊張。

英國已經著手準備戰爭，將一支滿載八千人的龐大艦隊開進了加拿大。

美國方面即指令華爾帶領他的洋槍隊隨時向駐紮在上海、長崎等地的英國艦隊發動襲擊。

老實說，華爾的洋槍隊背後有中國政府撐腰，占盡了天時地利的優勢，英國人還是相當忌憚的。

一時間，上海的上空，戰雲密布。

不過，因為美國總統林肯的妥協，英美雙方的戰爭最終沒有打起，而點燃起戰火的卻是太平軍。

1862年1月7日，太平軍第二次進攻上海。

這種情況下，上海的英軍和華爾的洋槍隊不但前嫌盡釋，還聯合上了法國軍隊，還有清朝軍隊，為共同守衛上海站在了一起。

1862年1月30日，華爾洋槍隊將從青浦開往松江的太平軍擊退。

2月5日，華爾在在天馬山、辰山設伏，再破來自嘉興的太平軍。

2月10日，華爾又在廣富林、天馬山、陳坊橋等地連敗李秀成部，打傷打死太平軍二千餘人。

2月21日，華爾洋槍隊約六百人、英法聯軍約五百人、清軍數千名，四國軍隊會攻距上海不遠的高橋。

戰前，華爾偕英國水師提督何伯「假扮西洋打獵商人，親入賊巢，察看周圍形勢」，盡得太平軍虛實。

戰鬥開始，華爾「首先衝入高橋」，「冒煙直進」，所部大隊繼之，「以洋炮連環轟擊」，將太平軍擊潰。

2月27日，華爾復同何伯由閔行渡江，窺探偵察浦南要地蕭塘鎮的太平軍營壘。

3月1日，四國聯軍發動進攻，華爾揮軍從左翼入攻，何伯率軍從右翼進擊，槍炮齊發，彈落如雨，一舉攻下蕭塘。

此戰，洋槍隊傷亡五十餘人，華爾本人「疊受槍傷七處」。於是江蘇巡撫薛煥保奏，賞以華爾參將銜。洋槍隊因累次獲勝，亦由薛煥奏報清廷，「取名常勝軍」。

太平軍深悉華爾「常勝軍」為自己進攻上海之勁敵，故決意消滅這一反動武裝力量，並占領其根據地松江。

太平天國忠王李秀成被打急眼了，以主力「屢撲七寶，窺伺上海」。

可是華爾的洋槍隊鋒銳正盛，又得到來自天津的英國海軍上將史迪佛立（C. Staveley）所部海軍來援，再次大敗李秀成。

太平軍敗退後，「泗徑、七寶之路既通，松江、上海之嚴騾解」。

清政府大加「獎勵華爾及常勝軍各領隊，以彰其功」，並給華爾加四品翎頂。

4月27日，英法聯軍三千人，「常勝軍」一千人，攜大炮三十尊，輔以清軍五千人攻下嘉定。

……

1862年的1月到8月，是華爾大出風頭的時光。

9月，「常勝軍」的威風仍在，但華爾的好日子不再。

9月20日，華爾率「常勝軍」七百人馳援寧波，在慈谿「以（望）遠鏡瞭賊，槍彈中胸達背」，翌日死於寧波。

他臨終前遺囑以銀一萬兩捐贈美國聯邦政府，以供討伐叛逆的南軍之用。這是美國政府在內戰中收到的最大一筆個人捐款。

李鴻章因華爾已入中國籍，乃「以中國章服殮葬松江，從其屬中國之志也。請於朝，松江、寧波俱建祠」。

梁啟超評價華爾說：「李鴻章平吳大業，固由淮軍部將驍勇堅忍，而其得力於華爾戈登者實多……蓋本朝絕而復續，英法人有大功矣。」

## 清朝對皇子的教育

蒙古人在馬上得天下，不注重文治，結果是其興也勃，其亡也忽，龐大的元帝國來去如風，入主中原的時間不過百年，匆匆退縮回漠北，只留下關於成吉思汗的傳說。

清政府統治者也是在馬上取得了天下，為了吸取蒙古人的教訓，對皇子的教育，達到了變態和喪心病狂的地步。

皇子學習的內容包括滿、蒙、漢等語言文字，《四書》、《五經》等儒家經典，以及騎射武功等訓練。

康熙皇帝資質有限，他回憶，自己從五歲開始讀書從不間斷，累得咳血。每日老師給指定那一段要念一百二十遍，之後再背誦一段新的內容，背了十多年，才把《大學》、《中庸》、《論語》、

《孟子》完全背下來。

在康熙「平定三藩」後，清代皇家教育確立了正規制度。

《養吉齋叢錄》就驕傲地稱：「我朝家法，皇子、皇孫六歲，即就外傅讀書。」意思是皇子虛歲滿六歲便開始讀書。

每天讀書的時間可不短，為「卯入申出」，即早晨五點至下午三點，共計十個小時。

正式的上課時間是凌晨五點開始，但皇子必須在凌晨四點到書房復習前天的功課，每學一個字，即要寫一百遍，一段課文，要朗誦一百二十遍。

想想看，四點鐘進書房，相當於至少三點半就要起床準備了。

這活，可不苦過「半夜雞叫」中周扒皮家的長工？

而且，最難的是，這樣的日子，一年之中，只除了元旦、端午、中秋、皇帝生日、自己生日例外，其他天天如此，包括除夕，可不是要命？

清嘉慶年間的學者趙翼曾在軍機處值夜班，常常目睹到皇子們凌晨上學這一幕：每天凌晨三四點鐘時分，就有一串串的燈籠經過隆宗門，各皇子在自己宮裡太監的導引下，打著呵欠，間或發著牢騷，到上書房讀書。

俗話說，三更燈火五更雞，正是男兒讀書時。

普通人家的讀書人三更起床苦讀，那是為了博取功名，這些皇子，一個個都是富貴命，而且小小年紀，卻也這樣玩命，趙翼因此佩服得五體投地，在《簷曝雜記》大發感慨：「我朝諭教之法，豈惟歷代所無，即三代以上，亦所不及矣。」說自古以來沒有皇帝這麼教育皇子的，竟然嚴格到如此程度。

可也甭說，皇帝對皇子讀書的事也真抓得很緊。

清盛期皇帝幾乎每天都會去上書房巡視。其中的康熙最準時，每天九點左右都要到上書房聽皇子們背書，有時下午還會再來一趟，帶著大臣們一起聽皇子背書。

醇親王奕譞在《竹窗筆記》記載：「如屆時功課未完或罰書罰字，俟師傅准去吃飯方去，隨侍內諳達、太監等無敢催促者，下書房亦然。師傅在書房惟吃晚飯。某屋念書及某人在某間下屋均由上指定。」

少年讀書苦就算了，但皇子讀書讀到什麼時候結業，卻沒有相應的年齡限制。

一般來說，清朝皇室子弟十五歲就要分封爵位，接著就要搬出皇宮，自個兒在外面開牙建府。從理論上說，這個時候就可以不用回上書房念書了。但大多數情況是，分封後的皇子，甚至是結婚後，因為還沒有得到具體的差事，還得到上書房「回爐深造」，所以就有了「寒暑無間，雖婚娶封爵後，讀書不輟」的說法。

在上書房讀書時間最久的皇子，當數嘉慶帝第三子綿愷。

這個綿愷從六歲起入上書房，到嘉慶去世，二阿哥綿寧即位，他的學業還未成，還需要安排專門的老師專門帶著他讀書，而且在長達二十年的讀書生涯中，鬧出過不少笑話和風波。

嘉慶二十四年（1819年）正月，嘉慶帝六十大壽，心情高興，分封皇子，比綿愷小十歲的四弟綿忻受封為親王，綿愷卻只封郡王，可見是其學業不佳而影響了前途。

二阿哥綿寧繼位後，是為道光帝，雖然給綿愷授封了親王，但也是不情不願，嚴肅告誡說：

「皇弟你讀書心不在焉，學業差勁，即使做了親王，還要繼續學習。」隨後給他安排了專門的老師侍讀。

即使這樣，綿愷的學業還是沒有長進。

道光十三年（1833年）五月，皇后去世，大家在商量喪禮，綿愷自以為聰明地來了句：「百姓如喪考妣，四海遏密八音。」這句話，形容的是百姓日子難過的狀態，與皇后去世風牛馬不相及，正處喪妻之痛的道光帝聽了，鼻子差點氣歪，下令罰其俸十年。

道光帝性情嚴苛，對綿愷這位皇弟恨鐵不成鋼，但礙於兄弟禮節，也只僅僅停留在批評、喝斥、罰俸等手段上，而對於他自己的兒子，那就是拳打腳踢，揠苗助長了。

道光皇帝長子奕緯的生母是出身卑賤的和妃，奕緯因此沒有得到道光帝重視。

但是，道光九年，皇次子奕綱、皇三子奕繼在這一年相繼夭折，奕緯成了當時道光帝的獨子。

道光帝於是對奕緯的起居學業關心和嚴格起來了。

但這時的奕緯已經是二十多歲的小夥子了。

奕緯原本是非常討人喜歡的，尤其是受到他爺爺嘉慶帝的喜歡。奕緯身體好，騎馬射箭無一不精，曾在跟隨嘉慶打獵過程中，一箭雙雕，射中了兩隻兔子。

騎射本領雖好，讀書卻跟三叔綿愷是同一路數，糟糕得很。

奕緯不喜讀書，對道光嚴厲的教導與無微不至的關心非常反感，常常在暗中進行反抗。

有一本名叫《老太監的回憶》的書記載，某日，奕緯在上書房不用心讀書，老師就苦口婆心地勸：「阿哥好好讀書，將來好當皇上。」奕緯卻不領情，回敬說：「要是我將來當了皇上，第一個把你殺了！」道光帝知道此事，火冒三丈，命人傳奕緯來教訓，因為氣在頭上，沒控制好，越訓斥越是怒火中燒，一腳踢去，正中奕緯襠部要害。當日，奕緯醫治無效，一命嗚呼。

道光帝由此悲痛欲絕，追封奕緯為「隱志貝勒」。

不過，奕緯死後不久，即道光十一年（1831年）六月初九日以及同年同月十五日，皇四子奕詝和五子奕誴就相繼降生了。

道光從此也吸取了踢死奕緯的教訓，收斂了火氣，而奕詝後來也就長成了一代風流皇帝。

## 清官爺爺與貪官孫子

話說，乾隆二十六年（1761年），乾隆皇帝又興致勃勃地開始了他人生中的第五次巡視江南遊玩活動，浩浩蕩蕩的御舟沿京杭大運河南下，旗幟招展、鑼鼓喧天，好不熱鬧。

沿路各地方官員都格外珍惜這次在皇帝面前獻殷勤的良機，省、府、州、縣各級官員，齊齊上陣，各顯神通，接駕伴駕，竭力要給皇帝留下好印象，夢想得到皇帝青睞，青雲平步，更上幾層。

乾隆滿心歡喜，優哉游哉，好不快意。

然而，到了山東濟寧州，乾隆遭到冷落了。

境內不見一支儀仗隊，碼頭接駕者稀稀疏疏，甚至知州擺譜，居然沒有出現。

反差太大了！

一股無名火苗嗖地從乾隆的腳底竄上腦門，忍無可忍，把山東巡撫找來，痛斥了一頓，命他立刻、趕緊、馬上把山東巡撫顏希深的一家老少綁來見駕。

顏希深家的男男女女都綁來了，獨獨缺了顏希深一人。

真是反了他！

乾隆一拍龍案，喝道：「狗膽包天的顏希深，到底哪兒去了？」

雷霆震怒，沒人敢動，鴉雀無聲。

良久，才有一個頭髮蒼白的老婦顫抖著聲音說：「我兒顏希深早就接到了下扎，也做好了接駕的準備，並不敢離開濟寧。誰知前兩天，河道出險，大水淹了城外的村莊，災民流離失所，無依無靠。由於情況緊急，他率濟寧文武官員，堵塞運河缺口，保城池與糧倉不失。今天早上，他回到家中，準備接駕，無奈災民成群結隊，來到府衙，慘苦萬狀，要求開倉賑災。一邊是天子巡視濟寧，一邊是災民嗷嗷待哺。我兒子左右為難，但天子以民為本，最終開倉賑災去了！」

原來這是顏希深的母親。

乾隆被她最後那一句「天子以民為本」的話打動了，火氣頓消，溫柔地說：「國無民，哪有君？既是這樣，情有可原。」

也在這個時間點上，顏希深匆匆趕到，全身泥水，面色疲憊，官容不整，見了皇帝就叩頭謝罪，一個勁地解釋說：「臣面對成千上萬的災民，以民為本，抓緊開倉賑災。為防混亂場面發生，親自監督，接駕供差來遲。」

乾隆笑顏逐開，大贊說：「他時可大用。」

果然，顏希深步步高升，先後出任湖南巡撫、兵部侍郎、貴州巡撫、雲南巡撫，因積勞成疾卒於任上，終年五十一歲，歸葬老家廣東連平。

顏希深為官一生，始終把明朝泰安知州顧景祥「官箴」三十六言牢記在心，云：「吏不畏吾嚴，而畏吾廉；民不服吾能，而服吾公。公則民不敢慢，廉則吏不敢欺。公生明，廉生威。」

顏希深的兒子顏檢也受父親的薰陶，把「官箴」三十六言當成自己的人生格言，認真恪守，歷侍乾隆、嘉慶、道光三朝皇帝，宦海沉浮，起落不斷，堤京西永定河工地、遣戍烏魯木齊，晚年僅以五品銜告終。

嚴格地說，顏氏家族中，名氣最大的還是顏檢的兒子顏伯燾。

顏伯燾是嘉慶十九年（1814年）殿試二甲中進士，先後任陝西督糧道，陝西按察使，甘肅、直隸布政使。

廣東連平顏氏家族也因此被譽為「一門三世四節鉞，五部十省八花翎」。

雖然顏伯燾也把「公生明，廉生威」等語掛在嘴邊，但辦起公務，各種撈錢手段無所不用其極，公款只要從他手裡過，沒有不被擼一層的，包括修橋鋪路賑濟災民的款項，只要有錢拿，從不放過。

不過，顏伯燾雖然是個雁過拔毛的貪官，卻能力極強，他身為封疆大吏，每到一地，都政績璀璨。

史稱「嫻習吏治，所至有聲」。

1840年，鴉片戰爭爆發，顏伯燾接替鄧廷楨出任閩浙總督。

顏伯燾是個強硬的主戰派，天不怕、地不怕，發誓要對入侵的英國人「痛加攻擊，使其片帆不留，一人不活，以申天討而快人心」。

到了福建，他在廈門海岸構築起一條長約一千六百公尺，高三百三十公分，厚二百六十公分的石壁。

石壁，全部用福建特產的花崗岩壘砌，每隔十六公尺留一炮洞，共安設大炮一百門；石壁的外面護以泥土，可以防止敵軍炮彈炸起的飛石傷人。石壁後面建有兵房，還有圍牆防護。更有週邊的島鏈體系，每個島都有花崗岩炮臺，之間還有戰船聯防，防禦陣線無比強大。

與英軍開戰當日，顏伯燾會同金廈兵備道劉耀椿親臨一線指揮，命令白石頭汛、嶼仔尾、鼓浪嶼三面炮臺向英艦兜擊，發射萬斤至數千斤以下的大炮數百門，一時間，炮火交雜，炮聲震天。

沒料到的是，英國艦隊射程遠，威力強，大概花了一小時零二十分鐘左右，白石頭汛、嶼仔尾、鼓浪嶼上的炮臺，全部啞火。

隨即英軍悍然登陸，占據各炮臺。

這些英國人上演了嫻熟的搶灘登陸場面，從側後方包抄「石壁」。火槍射殺加血腥拼刺刀，打得清軍紛紛潰退。各個陣地相繼陷落。

坐鎮指揮的顏伯燾，看到了自己親手修築的防線輕而易舉地成了英軍的囊中之物，當場悲憤交加，和金廈兵備道劉耀椿「同聲一哭」。

下午四時，英軍開始攻擊廈門城。

傍晚，顏伯燾與劉耀椿退走，廈門陷落。

整個廈門之戰，歷時約四個小時。清軍總兵江繼芸在士兵潰逃時投海自殺，副將以下軍官七人陣亡，士兵減員三百二十四名；而英軍僅官兵陣亡一人，傷十六人。

敗訊傳回京師，道光帝以「未能進剿」之罪，將顏伯燾革職回原籍。

顏伯燾雖是被革職回家，但排場很足，搬運的財物有一百多箱。給他搬運這些財物的苦力，人數就達到了七百多，另外跟隨的僕人雜工，人數更有三千多，每頓飯都是四百多桌酒席，每天路程要花白銀上萬兩。

有史學家認為，大清官場上，論富貴奢華，除了大貪官和珅，就數顏伯燾。

顏伯燾回連平，在州城西面西門崗處（現惠化中學所在地）建一莊園，花天酒地了十二年之久。

## 大清小販在紫禁城賣饅頭

我們知道，在封建王朝，大內禁宮是皇帝生活的地方，是國家機器運行的樞紐，是帝國賴以生存的心臟地帶，其戒備之森嚴、防衛之縝密，可想而知。

有人形容，皇宮之嚴密，就連一隻蒼蠅也休想飛進去。

我們看金庸、梁羽生、古龍創作的一類武俠小說，皇宮是俠客們熱衷於光顧的地方，但那些能自如進入皇宮，在月圓之夜、決戰紫禁城之巔的，都是輕功出神入化，可以高來高去，迅若閃電、來去如風的絕世高手。

沒有任何武功的韋小寶，被茅十八裹脅著混入皇宮，被當成入宮做太監的志願者。

現實生活中的輕功高手，誰也破不了由古巴跳高名將索托馬約爾在1993年7月27日創造的兩米四五的男子跳高的世界紀錄，表演出來的輕功絕技也只不過跑酷一類玩意。

似乎，普通人要進入皇宮，也只有閹割做太監一途了。

然而，世界之大，無奇不有。

清咸豐年間，卻有一個賣饅頭的小販，把生意大大方方地做到了皇宮裡。

這個饅頭小販名叫王庫兒，順天府宛平縣鄉下人，十二歲那年隨父母到了京城，一家人在貓耳朵胡同租了個店面，開起了饅頭店。

王家的饅頭用料實在，手藝也精，只是店面位置偏僻，生意始終火不起來，王家夫妻起早貪黑，只能勉強度日。

為了擴大市場、打開銷路，王庫兒在十五歲那年獨自挑著蒸籠擔子，四處叫賣饅頭。

王庫兒也沒讀過什麼書，也不懂得行銷之路，但他懂得堅持一條簡單樸質的道理：哪人多就把饅頭挑子擔哪裡去！

風裡來、雨裡去，王庫兒慢慢找到了人最多、最熱鬧的地帶——紫禁城外的金魚胡同一帶。

發現了這個好地方，王庫兒的身影就絕跡於他處，而把饅頭挑子固定在了這個地方。

金魚胡同每天都有不同的故事發生。

王庫兒不關心任何故事，只關心自己饅頭的銷量。

咸豐元年（1851年）九月的一天，王庫兒在金魚胡同口賣饅頭，發現了一塊躺在地上的腰牌，覺得好玩，就撿起來，繫在自己的腰間。

王庫兒萬萬沒有想到，這塊腰牌，竟給他帶來了好運。

因為，王庫兒注意到，凡是腰間有這樣牌子的人，都可以自由出入宮門。

於是，王庫兒也挺起了腰桿，挑著蒸籠擔子，大大咧咧走進了宮門。

可也真別說，把守宮門的護軍，遠遠看了他腰間繫的牌子，連搭理都不搭理他。

走進了紫禁城，王庫兒發現某大房子前地坪開闊，人多熱鬧，還有涼亭，亭裡有石桌上，於是就在石桌上擺起了饅頭攤。

這其實是宮裡的御茶膳房，附近有上駟院、太醫院、內庫、車庫、戲衣庫，所以來往人多。宮中賣饅頭，那是獨門生意，一下子就賣光了。

生意這麼好，這之後，王庫兒就把宮中御茶膳房前的石桌當成了自己的固定攤位，天天練攤，風雨不改。

咸豐二年（1852年）四月間，王庫兒過繼給親戚家的哥哥張貴林回家看望親生爹娘，晚上兄弟倆同睡一床，閒聊，王庫兒說到了自己在宮中賣饅頭的事兒。

張貴林正為自己的生計發愁，聽弟弟說了這樁奇事，大喜，說，你既然在宮中廝混了大半年，肯定還有其他門路，不如，就把這牌給我賣饅頭算了。

王庫兒正好結識了一個叫張春成的宮內廚師，知道宮裡缺少燒火做飯的人，而自己天天出入宮門，與看守宮門的護軍都成了熟識，就一口答應了哥哥。

這樣，張貴林和王庫兒一個在宮裡賣饅頭，一個在宮裡做飯，日子一過堪堪就是一年。

咸豐三年（1853年）三月，宮中稽查突然嚴密了起來，王庫兒再出入宮門，護軍提出要驗腰牌了。

不得已，咸豐三年（1853年）三月初六這天，王庫兒辭去工作，回頭向哥哥張貴林要回腰牌，重操舊業。

但好日子還是一去不復返。

咸豐三年（1853年）三月二十三這天，王庫兒挑著蒸籠擔子從隆宗門外經過，被巡守人員捉了個正著。

隆宗門離皇帝起居的養心殿非常近，一個來歷不明的賣饅頭的，竟然出現在這個地方，如何了得?!

咸豐皇帝下令嚴查。

案情並不複雜，一查就有了結果。

原來，腰牌是鑾儀衛一個負責廚房事務的校尉袁士棟的，烙在其上的火印名字清晰可辨。但丟失腰牌卻是與袁士棟同處服役的翟二套。咸豐元年（1851年）九月間，哥倆多喝了點，走時，翟二套暈暈乎乎地錯拿了袁士棟的腰牌，在金魚胡同口不慎丟失。因怕受責罰，哥倆不敢呈報，而是花錢托內務府管事的人擅自製辦了一張腰牌。

根據《大清律例》：擅入紫禁城杖一百。

王庫兒年輕，受了一百杖，一個多月就恢復了。

而在紫禁城練攤賣饅頭一年半，王庫兒還是賺了不少錢。靠這筆錢，王家在京城繁華地帶買地置業，新開張的饅頭店生意紅火，過上了小康生活。

# 第八章　女人當國（上）

## 慈禧是美人嗎？

問：慈禧是美人嗎？

答：非常遺憾，慈禧並未留下年輕時的相片，而生活在當下的任何人，都沒法一睹慈禧青春時代的真容，所以，對這個問題，只能從情理上去猜測了。想想看，慈禧是在選秀活動中經過層層選拔，最終成為咸豐的女人的。而且，從後來咸豐對她的寵愛程度來看，說她是醜八怪，恐怕說不通吧?!

因此，年輕的時候，慈禧大概、也許、或者、可能、應該就是一位美人吧?!

滿族女子德齡在慈禧晚年做過兩年女侍官，她的《御香縹緲錄》一書中這樣讚美慈禧的外貌：「太后當伊在妙齡時，真是一位風姿綽約、明媚鮮明的少女，這是宮中人所時常稱道的；就是伊在漸漸給年華所排擠，人於老境之後，也還依舊保留著好幾分動人的姿色咧！」

美國藝術家卡爾女士也曾和慈禧朝夕相處了九個月，她在《慈禧寫照記》（*With the Empress dowager of China*）中也寫道：「太后……嫣然一笑，姿態橫生，令人自然欣悅。我怎麼也不敢相信她已享六十九歲的大壽，平心揣測，當為一位四十歲的美麗中年婦女而已。」

慈禧保養得這麼好，據說是接受了御醫的建議，每日用雞蛋清敷面、用人奶沐浴、用宮中特製的玉容散化妝……。

但是，卡爾女士給慈禧畫的油畫肖像是保存下來了的；另外，荷蘭人胡博・華士（Hubert Vos）也有給老年慈禧畫過兩幅油畫肖像；德齡的二哥勛齡更是給慈禧照下了很多經過精心擺拍的精彩照片。

老實說，看這些畫像和相片，我就有打人的衝動，想把德齡和卡爾拉來打一頓。

這兩個人，分明是睜著眼睛說瞎話！

說什麼「也還依舊保留著好幾分動人的姿色咧」、「嫣然一笑，姿態橫生」呢？那畫像和相片上的老女人長著鷹鉤鼻、三角吊睛眼，一副陰惻惻的吊死鬼表情，怎麼看怎麼讓人不爽。

胡博・華士為慈禧所繪的一幅肖像現存於哈佛大學福格美術博物館，1905年曾在巴黎畫廊展出，展出中曾有報刊評價此畫：「最佳處就是雙眼，讓人直視片刻就不得不閃避開，彷彿這位東方的太后就在你的面前，肆意燃燒著她的權勢和淫威。」

溥儀在《我的前半生》中說，他第一次見到慈禧太后的尊容時，就被嚇得在地上打滾，哭著喊著要找嬤嬤。

溥儀的這個說法，我信。

關於德齡的作品，朱家溍先生作有《德齡、容齡所著書中的史實錯誤》一文，裡面指出：「美籍滿族女作家德齡著有《瀛台泣血記》、《御香縹緲錄》、《清宮二年記》等書。國內外有許多讀者以為這幾本書是可作為史料參考的回憶錄……問題在於《瀛台泣血記》、《御香縹緲錄》的實質是小說，卻以親身經歷的姿態出現，一般讀者可能會認為書中所敘述的處處都是事實，其實不然！」

原來，德齡的作品不過是虛構的小說，那些阿諛奉承式的讚美根本就不能採信。

卡爾其實也在《慈禧寫照記》中坦承：中國的太后為了讓我畫好她，有時早朝後「竟肯出座三四次」。卡爾還說，作畫過程中，中國太后多次踱到畫幅前，請求我不必把她畫得那麼老，臉上最好少一點陰影。最後，卡爾依其所說，將年近七旬的太后的老臉抹畫得如少婦的面龐一般粉嫩。

慈禧的確就這麼自戀。

慈禧曾恬不知恥地說「宮人以我為美」，說自己的容貌美到處處遭人嫉妒。

卡爾給慈禧太后所作的油畫像原藏於美國史密森尼學會國家美術文物典藏署，曾存於臺灣。畫像中的慈禧，身著黃袍，手戴翡翠手鐲一對及翡翠護指，頭戴玉蝴蝶及鮮花，穿的和戴的，富麗堂皇，整個一暴發戶。

慈禧穿這樣一身珠光寶氣的行頭來畫像，應該也是事實。

清宮檔案《大行太皇太后升遐紀事檔》記載，慈禧為了死後繼續「美」下去，先後向金井中放了六批珍寶。至於下葬時隨葬的珍寶，李連英和侄子著的《愛月軒筆記》記：慈禧屍體入棺前，先在棺底鋪三層金絲串珠錦褥和一層珍珠，共厚一尺。頭部上首為翠荷葉；腳下置粉紅碧璽蓮花。頭戴珍珠鳳冠，冠上最大一顆珍珠大如雞卵，價值一千萬兩白銀。身旁放金、寶石、玉、翠雕佛爺二十七尊……。

……

無論慈禧如何愛美，如何暴殄天物來保養和裝扮自己的「美」，看她的畫像和相片，我都無法將之與一個「美」字聯繫得起來。

## 一杯殘茶選定的皇后

眾所周知，慈禧太后是一個權力慾極強的女人，強到了幾乎喪心病狂的地步。她的兒子，六歲的同治剛剛繼位時，慈禧還只是咸豐帝的懿貴妃。為此，在兒子登位前的一天，她千叮嚀萬囑咐，反復教兒子在登位大典上要說一句話，即：「封親額娘做太后。」但小同治不過一介乳毛未乾的黃口小兒，在登位時面對的是眾多滿臉鬍子的大臣，哪裡還記得起親額娘的囑咐？什麼都不說！於是，那天過後，宮中自動稱皇后為皇太后，稱懿貴妃為懿貴太妃。慈禧氣得肝氣發作，竟然沒能出席咸豐帝的奠酒典禮。

最後，是皇太后弄清楚了原委，在咸豐帝遺體入棺的「大殮」禮上，讓小皇帝當著眾大臣的面封了慈禧為皇太后。於是，同治朝出現了東西兩宮皇太后——住在東宮的慈安皇太后和住在西宮的慈禧皇太后。

慈禧太后托言同治年紀太小，自己垂簾聽政，操持了國家權柄。

同治一天天長大，慈禧卻遲遲不肯歸政，拖著，拖得一天是一天。

清朝滿族盛行早婚早育，一般男孩在十歲至十四歲就完婚生子了。但同治一直到了十七歲，還單著。個中原因，不言而喻：一旦同治結婚，就意味著成家立業，慈禧就必須撤簾歸政了。

慈禧這麼拖，慈安都看不過眼了，屢次向她提醒。迫不得已，慈禧只好同意為同治籌辦大婚。

不過，在同治的婚事上，慈禧又動了歪主意。

經過層層篩選，皇后候選人集中在兩個人身上。

一個是蒙古狀元崇綺的女兒阿魯特氏，一個是刑部江西司員外郎鳳秀的女兒富察氏。

阿魯特氏十九歲，成熟穩重，舉止端莊。

富察氏只有十四歲，單純秀麗，稚氣未脫。

慈安太后看中的是阿魯特氏，她認為阿魯特氏出自狀元之家，知書識禮，年紀大，老成持重，足以母儀天下。

慈禧看中的是富察氏，原因很簡單，富察氏單純，容易操控，一旦成為皇后，易於受自己擺布，自己可以繼續操弄朝政。

同治呢？同治自小喪父，又缺乏母愛，嚮往的是娶一個可以像姐姐一樣依戀的對象。阿魯特氏可不就是這樣的對象？而且，阿魯特氏慧中外秀，知識淵博，世間難求。

然而，雖然同治喜歡阿魯特氏，慈安也鼓勵他選阿魯特氏，但他的生母慈禧卻一次次警告，要他必須選富察氏。

這年二月初二，到了最後確定皇后時刻了，夾在兩位太后中間的同治惶惑無措，不知怎麼辦才好。

一邊是慈安太后慈愛而鼓勵的目光，一邊是母親慈禧陰森嚴厲的目光，同治口乾舌燥，左右為難。

窘迫之下，只好大口大口灌茶。

突然，同治有了主意。他把茶壺裡的殘茶潑在地上，讓兩個皇后候選人從上面走過。富察氏年幼活潑，就連蹦帶跳地走來，她愛乾淨，怕茶水弄壞了衣服，走的時候，還把袍幅兒提起，看著地面上的水，小心翼翼地走了過去。

阿魯特氏卻像平時一樣，邁著端莊穩重的步子，大大方方地從茶水上走過。

同治大喜過望，一拍手，對兩宮皇太后說：「提衣服的愛衣，不提衣服的知禮。選后選德，選妃選色。崇綺的女兒能知大體，不失身分，舉動端莊，可為皇后；風秀的女兒，聰明有餘，穩重不及，可為貴妃。」說完，便定崇綺的女兒為皇后、風秀的女兒為妃。

慈禧太后氣得臉都變色了，但同治的話句句在理，她也不好說什麼，只好拂袖而去。

阿魯特氏在茶水選后的環節中勝出了，但也迎來了無比悲慘的人生。

阿魯特氏的祖父為大學士、軍機大臣賽尚阿，外祖父是鄭親王端華，父親崇綺則是有清一代唯一的「蒙古狀元」。滿蒙士林，均以其為榮。阿魯特氏出身於官宦名門、詩書大家，工詩善畫，多才多藝，深得同治帝喜愛和敬重。

但慈禧太后卻視這個皇后兒媳婦為眼中釘、肉中刺，常常變相折磨這位小皇后。

慈禧惡狠狠地警告阿魯特皇后，不許她與同治皇帝同房。回頭又勒令同治要對富察氏好。同治帝覺得自己連愛一個人的權利也沒有，悲憤之下，獨宿乾清宮。慈禧以為同治此舉是阿魯特氏挑唆所致，更加遷怒於阿魯特氏。住在乾清宮的同治帝生活寂寞寡歡，後來偷溜出宮尋花問柳，染上梅毒（也有天花一說），病倒了。

《崇陵傳信錄》載，同治帝病倒後，阿魯特氏去乾清宮探望，流著眼淚傾訴自己獨處宮中、備受虐待的苦楚。同治帝安慰她說：「卿暫忍耐，終有出頭日也。」說這些話時，小倆口萬沒料到慈禧正在外面偷聽，結果，後果很嚴重。只見慈禧凶神惡煞般地闖了進來，抓住阿魯特氏的頭髮，一邊打，一邊往外拽，並吆喝著要備大杖伺候。病床上的同治帝欲救不能，眼睜睜看著阿魯特氏慘遭凌辱，急火攻心，昏厥了過去。慈禧一時慌了神，這才饒了阿魯特氏一命。

經過這場劫難，阿魯特氏身邊的人勸她要設法討慈禧歡心，否則，連皇后位都難保。阿魯特氏卻說：「敬則可，則不可。我乃奉天地祖宗之命，由大清門迎入者，非輕易能動搖也。」

慈禧是透過選秀女進入皇宮的，最忌諱別人提從大清門而入。阿魯特氏的話傳入慈禧耳中，慈禧氣得渾身發抖，認為這是故意蔑視自己，對阿魯特氏切齒痛恨，必欲除之而後快。

《道咸以來朝野雜記》載：慈禧起了廢除皇后位的想法，把擔任宗人府宗令的咸豐帝的五弟醇親王奕譞找來，商議此事。敦親王說：「欲廢后，非由大清門入者不能廢大清門入之人，奴才不敢奉命。」慈禧氣得直翻白眼，從此也恨上了醇親王奕譞。

同治十三年（1874年），同治帝全身潰爛而死，時年十九歲。

同治既死，慈禧就沒有資格再當太后了。

為了可以繼續當太后，慈禧不為同治立嗣，另立同治帝的堂弟載湉（也是慈禧外甥）為嗣皇帝，承繼咸豐帝為子。

慈禧這麼做，一方面是可以繼續保留自己的皇太后的位子；一方面也是將阿魯特氏置於處境尷尬的皇嫂之位，既不是皇太后，又失去了原來中宮皇后擁有的權力和尊貴地位。不難想像，新即位的光緒帝將來冊立了皇后以後，阿魯特氏的地位就更為尷尬了，這將是有清以來從來沒有出現過的角色。

崇綺非常著急，上奏慈禧，詢問應該如何安置自己的女兒。

慈禧的批示是：殉葬。

崇綺驚得半晌說不出話來，但也只能照辦。

崇綺給女兒送去了一個空食盒，暗示她儘快絕食而死。

剛遭喪夫之痛，又收到父親催死的暗示，阿魯特氏除了死，別無選擇。

光緒元年（1875年），阿魯特氏在同治去世七十五天后，悲慘自盡，時年二十一歲。

有野史稱：阿魯特氏其實是懷了孕的，慈禧害怕她生下皇子，將來纘承大統，那時，阿魯特氏成了皇太后，自己就不能垂簾聽政了，所以不擇手段把阿魯特氏逼死，一屍兩命，乾乾淨淨。

傳說，阿魯特氏是吞金自盡的。1948年，有盜墓賊用炸藥炸開埋葬同治帝和阿魯特皇后的惠陵後，不但盜盡珍寶，還把阿魯特皇后的衣服剝光，開膛剖腹，索取皇后腹中的金條。

一代皇后阿魯特氏的命運竟然悲慘至此。

## 同治中興：紙糊的輝煌

清咸豐帝奕詝是個智商很高的人，以資質論，清入關後十個皇帝中只有康熙、乾隆可以與之媲美。但他很倒楣，不但接手的是個爛攤子，而且趕上了第二次鴉片戰爭和太平天國運動，差點就成了亡國之君。

太平天國運動，洪秀全等人已坐擁江南半壁江山，並且割據長達十四年之久。

第二次鴉片戰爭，在大沽口之戰和八里橋之戰中，八旗最後一批可戰之兵皆斃命於歐洲步槍之下，圓明園被焚，咸豐倉皇出逃承德。

幸虧，一方面，清政府與英法媾和成功；另一方面，賢王能臣如恭親王、曾國藩、李鴻章、胡林翼等盡心輔國，太平天國終於被平滅，政治上出現了一個和諧時期。

這時候，曾國藩適時上了一份《江南北無庸分省片》，將當時形勢與唐中興、宋中興相提並論，使人們沉醉於一片「中興」景象之中。

由於咸豐已在咸豐十一年（１８６１年）駕崩於承德避暑山莊，這時坐帝位的是咸豐的獨子載淳，即同治帝，後世因之稱這個時期為「同治中興」。

那麼，清朝真的是出現中興了嗎？

其實，由於咸豐錯定了顧命大臣，安排了肅順、載垣、端華等八個人做贊襄政務大臣，八個人的意見難於協調，又有帝胤勢力、帝后勢力摻和進來，互相交叉廝殺，致使出現了辛酉政變，差不多是小學畢業水準的慈禧掌握了大權，統治了中國近半個世紀之久！

幼沖登基的小皇帝同治，一直生活在母親的陰影之下。

同治十一年（１８７２年），在慈安皇太后的堅持下，慈禧皇太后被迫同意同治帝成婚。

同治成婚，就意味著「成家立業」，慈禧必須歸政。

正在婦女更年期的慈禧撤簾歸政，無事可做，暫時陷入了空虛。

而早在三四年前，慈禧就有意修復被英法聯軍燒毀的圓明園，曾一度透過大太監安德海指使御使德泰奏請修復圓明園、內務府庫守貴祥擬出籌款章程。此舉遭到了恭親王奕訢等人的反對，德泰、貴祥二人被革職並發落黑龍江披甲為奴；安德海不久也在濟南為山東巡撫丁寶楨執殺。

同治終於獨掌國家大權了，心裡卻還是忐忑不安，擔心慈禧回來干政，為了讓慈禧頤養天年，樂不思政，就以頤養太后為名，發布了重修圓明園的上諭，並要「王公以下京外大小官員量力報效捐修」。

同治這個決定，太對慈禧的胃口了。

慈禧眉開眼笑，樂不可支，精神抖擻，全力以赴地投入到修園大業中去。

晚清政治腐敗，貪污成風，國家一旦有大型工程項目，有關人員便有了中飽私囊的大好機會。

內務府上上下下因此興奮異常，雇傭民工、清理舊園、採辦木材，風風火火地忙碌起來。

其實，這個時候修園太難了。

西南面，法國正加緊侵略越南，直接威脅到中國的西南邊疆；東南面，日本開始發動侵略臺灣的戰爭；西面，新疆又爆發阿古柏叛亂，左宗棠率軍西征日夜為難以保障的龐大軍需發愁。

這個時候重修圓明園，錢從哪兒來呀？

雖然同治帝下旨要求「王公以下京外大小官員量力報效捐修」，但官員的個人「報效」只是杯水車薪，無濟於事。

御使遊百川上疏懇請緩修，「帝師」李鴻藻也苦苦勸諫。

就在同治帝愁苦計窮之際，一個超級大騙子出現了。

這個大騙子的名字叫李光昭，原為販賣木材、茶葉的小商販，後來「捐輸」得一個知府銜，但並未得部照。李光昭與內務府大臣誠明相識，覺察到這是一個發財的機會，便大吹特吹，說他在雲貴幾省的深山老林裡存有無數珍貴木材，可以報效。誠明喜出望外，飛報同治帝。

同治帝笑顏逐開，以為此人肯以木材報效，那就不用花戶部的錢，修園就不成問題了。

得到同治帝的首肯，李光昭便打著「奉旨採辦」名義南下運輸木材，並私刻了「奉旨採運圓明園木值李銜」的關防。在南方吃喝玩樂、招搖撞騙，很是風光了一把，並且腰包鼓了起來。

其實，李光昭壓根就沒有什麼木材，玩的純粹是「空手套白狼」的把戲。看看爽得差不多了，就對內務府的人說，木材在深山老林裡，運輸不便，不如去香港購買。

內務府的人沒轍，只好依他。

李光昭的嘴皮功夫不錯，在香港，順利地聯繫上了一名法國商人，簽訂了購買三船價值五萬四千二百五十元木材的協定，並交付了定金，約好貨到天津即付現款。

說來很多人都不會相信，李光昭交付的定金竟然只是十元錢！

回到北京，李光昭向內務府說，自己購買了價值三十萬元的木材「報效」。

把五萬說成三十萬，這膽兒也真夠肥！

貨船到了天津，同治帝令直隸總督、北洋大臣李鴻章免稅放行，迅速運京。

但李光昭既無力付款，也不想付款，托稱木材尺寸與原議不合，拒絕提貨付款。

法商當然不幹，由法國駐天津領事出面，照會天津海關和天津道，指控李光昭私自廢約有意欺詐，要求清政府扣留李光昭，令其付款並賠償法商損失。

同治帝命令李鴻章查辦此事。

李鴻章不查不知道，一查嚇一跳。

李光昭不僅欺騙朝廷多報了二十多萬元的貨價，還私自以「圓明園李監督代大清皇帝」的身分與外商立約，致使此案險成外商與「大清皇帝」之間的訴訟，這可是嚴重的外交糾紛。

李鴻章根據有關律令，判處李光昭斬監候，秋後處決，並把查明的情況如實上報朝廷。

李光昭欺天詐騙之事傳開，輿情大嘩。

人們也因此看穿了所謂「同治中興」裡面政治的腐敗、經濟的空虛。

經濟乏力的同治帝最後不得不灰溜溜地發旨停修圓明園。

## 丁寶楨設計斬殺慈禧心腹

大家都知道慈禧太后身為女流，文化程度不高，卻貪戀權力，癡迷弄政，把大清帝國搞得烏煙瘴氣，邦不邦，國不國，最終嘩啦啦如大廈傾，落了個白茫茫大地真乾淨。

原本，在舊社會，女人是不方便拋頭露面的，慈禧既是女人，要向朝廷傳達自己的主張意志，就必須有心腹，有狗腿子。

說起慈禧早期的心腹，就不得不提一個人。

這個人是宮中小太監、直隸南皮（河北省南皮縣）人安德海。

安德海淨身很早，八九歲就進宮了，後來在咸豐帝身邊為御前太監。安德海聰明伶俐，善於奉承，很得咸豐帝和葉赫那拉氏的喜愛。葉赫那拉氏為了監督咸豐，還讓他在咸豐身邊充當臥底的角色。

咸豐十一年辛酉七月十七日，咸豐皇帝在承德行宮病逝。安德海進獻「苦肉計」，自己忍受了皮肉之痛，在熱河和北京之間來回奔竄，幫助葉赫那拉氏發動「辛酉政變」，奪去了肅順等八位顧命大臣的權力。

政變成功，安德海被晉升為總管大太監，成了朝中顯赫的人物。安德海小人得志，恃功自大，打壓恭親王奕訢，挑撥兩宮皇太后，干預朝政，得意忘形，不可一世。

同治八年（1869年）七月，安德海奉葉赫那拉氏——即慈禧太后懿旨，出京赴南方採辦同治皇帝大婚服飾。

按大清朝皇室的祖宗家法制度，太監是不可以出宮的。但安德海有恃無恐，大張旗鼓，招搖過市，一路遊山玩水，比欽差大臣出巡還要氣派。安德海的氣焰囂張激怒了山東巡撫丁寶楨。

丁寶楨，貴州平遠（今織金縣）人，淮軍名將，曾任江海關監督、山東巡撫、四川總督等職，晚清洋務運動重要成員，是個天不怕、地不怕的主。他早聽說安德海在朝中以功名利祿為釣餌，培植黨羽，廣交朝臣，有「清朝魏忠賢」之稱，現在安德海無視大清制度，離京誇耀，處處斂財，就有了斬殺安德海、為國除害之心。

可憐安德海渾然不知，大模大樣地闖入了丁寶楨的地盤，被丁寶楨候了個正著，打入了大牢。要說，丁寶楨的辦事效率那是相當驚人的。

他是在八月二日抓拿到安德海的，八月七日，經親自查驗確實後，就將安德海斬殺於濟南。從抓捕到處決，不過五天時間。

同時被殺的還有安德海的黨徒二十餘人。

丁寶楨給安德海開出的罪名簡單明瞭：太監擅自遠出，按大清祖宗家法，就地正法。

丁寶楨雖然剛直，卻並不莽撞。他也深知自己這是在太歲頭上動土。為了讓慈禧有苦說不出，巧施妙計，命人將安德海曝屍三日。

丁寶楨此舉有一箭雙雕之妙：一、朝野都憤恨安德海，將安德海陳屍於市，可以平息民憤；二、一直以來，社會上都盛傳慈禧太后和安德海有不正當男女關係，現在安德海橫屍街頭，人們都可以清清楚楚地看到安德海是個貨真價實的太監，可以洗去慈禧太后的不白之冤。這麼一來，慈禧不但不好怪罪丁寶楨，還要反過來感激他丁寶楨。

果然，丁寶楨將處殺安德海、並曝安德海屍三日的事蹟上報給慈禧，慈禧有苦說不出，敢怒不敢言，不但無法怪罪丁寶楨伏法，還提拔了丁寶楨。

## 「楊乃武與小白菜」冤案的背後

晚清同治年間，浙江省餘杭縣發生了一件案子。這原本是一件很普通的案子，可是，慈禧太后插手後，馬上搞成了一件震驚天下的奇案、大案、要案，其所造成的後果不但撼動朝野，而且硬生生地扳正了清廷發展的軌道，為清政府續命數十年。

這件案子，就是與名伶楊月樓冤案、太原奇案、張汶祥刺馬案並列為「晚清四大奇案」的「楊乃武與小白菜」案。

該案發生背景是這樣的：浙江省餘杭縣餘杭鎮有一風姿綽約的大姑娘名叫畢秀姑，生得水靈嫵媚，卻嫁給了賣豆腐的大老粗葛品連，又因為畢姑娘喜歡穿綠衣白裙，街坊喚她外號「小白菜」。

「小白菜」兩口子租了餘杭鎮縣前街澄清巷口的一間屋子開豆腐作坊。

屋子的主人姓楊，名乃武，同治十二年舉人，時年三十三歲，為人耿直，好管不平之事，與餘杭知縣劉錫彤有積怨。

葛品連白天擔豆腐沿街叫賣，「小白菜」在家無聊，就常常蹭到楊乃武的書房聊天。

楊乃武心腸熱，可憐「小白菜」大字不識一個，就教「小白菜」識字經。

不知不覺地，和《水滸傳》裡面武大沿街賣炊餅、潘金蓮在家勾搭西門慶的情景相像了。

街坊中漸漸有了風言風語，說什麼「羊（楊）吃小白菜」之類的閒話。

一來二去，閒話傳入了葛品連的耳朵裡。

葛品連疑竇頓起，便搬出楊家，移住太平弄口。

可是，搬出不過兩個月，葛品連突然死了。

葛品連死後兩日，屍身色變，口鼻有淡血水流出。

這和《水滸傳》裡面武大暴死的情景太像了，太恐怖了。

葛品連的母親葛喻氏懷疑兒子是中了毒，告之縣衙，懇求相驗。知縣劉錫彤既與楊乃武有隙，聞告，斷言是楊乃武與畢秀姑所謀毒，親率衙役、仵作前往驗屍，並將「小白菜」和楊乃武帶回縣署審問，日夜用刑。

「小白菜」和楊乃武抵不過，屈打成招。

楊乃武的胞姐楊淑英和楊乃武妻詹彩鳳不服，上京控告。

此案從同治十二年（1873年）一直折騰到光緒二年（1876年）十二月，整整三年。最後驚動了垂簾聽政的慈禧太后。慈禧太后要求刑部徹底根查。

在老太后的干涉下，刑部大審，都察院、大理寺會審，案情出現逆轉，且發展神速，真相很快大白天下：葛品連純屬暴病身亡，楊乃武和「小白菜」並無私情，也未合謀下毒。

楊乃武獲釋，出獄後，萬事俱灰，以養蠶種桑為生；「小白菜」則在南門外石門塘準提庵為尼，法名慧定。

當然，事情並未就此結束。

不日，清廷下諭，革去劉錫彤餘杭縣知縣職務，從重發往黑龍江贖罪。杭州知府，寧波知府，嘉興知縣，候補知縣，侍郎胡瑞瀾、楊昌睿等，被一擼到底，或革職，或流刑，牽涉面之廣，出乎包括楊乃武和「小白菜」在內的所有人的意料，大大小小共有三百多名官員受到了懲治。此案成了一件震驚天下的奇案、大案、要案。

為什麼會這樣呢？

原來，同治、光緒年間，太平天國已經平定，但在鎮壓太平天國過程中發展起來的湘軍已呈尾大不掉之勢，這就成了清廷當政者的一塊心病。

實際上，早在咸豐朝，曾國藩攻克武昌勝利，就有滿族大臣提醒咸豐，說：「曾國藩以侍郎在籍，猶匹夫耳。匹夫居閭裡，一呼蹶起，從之者萬人，恐非國家福也。」當時的咸豐就疑神疑鬼，對曾國藩防範有加。但在太平天國的威脅下，他也只能眼睜睜地看著曾國藩坐大。

慈禧當政，太平天國已經不復存在，但她也不敢明目張膽地對湘軍怎麼著。

可是，有一句話怎麼說來著？瞌睡就遇上了遞枕頭的。

楊乃武和「小白菜」案的出現，正好給了慈禧太后一個剪除湘系勢力的絕好機會。

首先，湘系勢力在浙江最盛，隨便對浙江任一個官員下手，都會削減到湘系的根枝。

其次，楊乃武和「小白菜」的確有冤情，借澄清此案對湘系勢力動手術不但不會讓人警覺，反而深得民心，一舉兩得，何樂而不為？

此事的處理結果是：三百多名官員被懲，湘系勢力果然大受打擊，而湘軍領袖人物曾國藩也因此看到了朝廷的心思，很配合地主動奏請裁軍歸鄉，自斷臂翼。

慈禧太后這一不顯山不露水的處理手法，成功地解除了湘軍對清廷的威脅，為清政府續命數十年。

## 清朝驚世奇案之刺馬案

同治九年（1868年）七月二十六日，按照慣例，是一年一度的兩江總督閱視武弁投射的日子。

可是，這天雷閃雷鳴，狂風大雨，閱射只好往後推移。

第二日，天氣轉晴，閱射正式在督署西邊的校場演武廳開展。

該閱射為江寧一大盛典，允許百姓參觀，熱鬧非凡。

閱射結束後，兩江總督馬新貽在巡撫、藩司臬司、知府等的陪同下徒步回署。

馬新貽，字穀山，號燕門，別號鐵舫，回族，山東菏澤東北五十里馬海村人，生於道光元年（1821年），道光二十七年（1847年）中進士，先任安徽建平（今郎溪）縣知縣，再任合肥縣知縣，參與打洪楊、剿撚軍，由縣而府，由府而道，一直做到安徽布政使（俗稱藩台），有「能員」之稱，得到朝廷的賞識，後升浙江巡撫（俗稱撫台），成為一省行政長官。

同治六年（1867年），馬新貽升任閩浙總督（俗稱制台、制軍），成為節制浙江、福建兩省軍政的方面大員。

同治七年（1868年），馬新貽改任兩江總督，節制安徽、江蘇、江西三省軍政事務，並兼辦理通商事務大臣（虛銜），官居一品。

兩江總督地雖在疆臣之首直隸總督之下，但實權卻在直隸總督之上。蓋因為清廷財源的主要來源都來自兩江總督下轄的省份。

馬新貽能坐上實權最大的兩江總督的位置，既有機緣巧合的成分，也有他自身能力不凡的成分。

且說閱射結束，馬新貽在巡撫、藩司臬司、知府等的陪同下回署，負責警衛的有督標中軍副將喻吉三和替總督傳令的武巡捕葉化龍及兩三名馬弁。
回署的箭道兩旁擠滿了圍觀的群眾。
馬新貽到了後院門外，突然有人攔道跪倒，口中高呼求助。
此人是馬新貽的同鄉，山東鄆城武生王咸鎮，此前曾經得到過馬新貽兩次慷慨的資助，現在又來了。
馬新貽眉頭皺了皺。
武巡捕葉化龍會意，立刻上前將王咸鎮推開，另一巡捕唐得金上前查問，其他人仍舊跟隨在馬新貽身後繼續前行。
沒走幾步，又有一人攔道跪倒，口中高呼冤枉，一把抱著馬新貽的右腳。
馬新貽的眉頭再皺了皺，葉化龍等人還來不及做出反應，那人已迅速站起，寒光一閃，一柄鋒利的匕首疾若電光火石一般刺入馬新貽右脅肋。
馬新貽啊呀一聲，撲倒在地。
說時遲，那時快，跟隨馬弁方秉仁一把扭住了那人的辮子，奪過他手中的匕首。其他馬弁一擁而上，將之扭住。
按《清代野記》的記載，那凶犯既不掙扎，也不逃走，從容就縛，口中大呼：「刺馬者我也。我願已遂，我絕不逃。」
親從、家丁扶起馬新貽，只見他面如土色，神態委頓，身子顫抖，已不能站立。
馬弁即取下門板，將其抬進督署上房。

中軍副將喻吉三一面命巡捕將凶犯押到督署候訊，一邊差人飛報江寧將軍魁玉和司道各員。魁玉聞訊如遭雷擊，飛奔督署探視。

馬新貽面如白紙，氣若遊絲，自知大限已到，口授遺疏，命嗣子馬毓楨代書，請魁玉代呈朝廷。

魁玉回到將軍府，飭委藩司梅啟照、署鹽道凌煥、江寧知府馮柏年、署理上元縣知縣胡裕燕、江寧知縣莫祥芝、候補知府孫雲錦、候補知縣沈啟鵬、陳雲選等訊詰凶犯。

案犯只供稱自己是河南人，名張汶祥。至於行刺動機，「語言顛倒」、「一味閃爍」，難得實情。

魁玉不信邪，又加派臬司賈益謙、候補道勒方、候補知府錢海永、皖南道李榮、江蘇候補道孫衣言、山東候補道袁保慶等輪流審訊，但仍是不得要領。

魁玉只好一面督飭司道各員繼續會審，一面馳奏朝廷。

同治帝覽奏，「實深駭異」，一日之內，連發四道諭旨，要求魁玉督同司道各官趕緊嚴訊，務得確情，盡法懲辦。同時，火速調補曾國藩為兩江總督，密旨安徽巡撫英翰加強長江防務和地方治安。

面對朝廷的嚴令，魁玉不敢怠慢，晝夜審訊，但最後呈報朝廷的結果卻仍是：該凶犯「一味混供」、「支離狡詐」。

這樣的結果，朝廷當然不滿，下諭說：「情節重大，亟應嚴切根究」，告誡魁玉「不得含混奏結」。

的確，督臣遇害，疆臣人人自危，其中利害，豈可等閒視之?!

改日，清廷又下諭旨：「張汶祥行刺督臣一案，斷非該犯一人逞忿行凶，必應徹底研鞫，嚴究主使，盡法懲辦。」並加派欽差大臣張之萬馳赴江寧會同魁玉審辦。

魁玉誠惶誠恐，再次奏陳：伏思前督臣馬新貽被刺一案，案情重大，張汶祥刁狡異常，奴才督飭司道晝夜研審。張汶祥自知罪大惡極，必遭極刑，所供各情一味支離。訊其行刺緣由，則堅稱既已拼命做事，甘受碎剮。如果用刑過久，又恐凶犯倉促致命。

魁玉的奏報上咬定是凶犯張汶祥「語言閃爍」、「一味支離」，到底是張汶祥「閃爍」和「支離」呢，還是你魁玉「閃爍」和「支離」呢？

且看張之萬到江寧後的審訊結果。

張之萬到了江寧後，連日提審張汶祥，最後，呈上朝廷的奏章是：「該犯張汶祥自知身罹重辟，凶狡異常，連訊連日，堅不吐實，刑訊則甘求速死，熬審則無一言。既其子女羅跪於前，受刑於側，亦復閉目不視，且時復有矯強不遜之詞，任意污蔑之語，尤堪令人髮指。臣又添派道府大員，並遴選長於聽斷之牧令，晝夜熬審，務期究出真情，以成信讞。」

案子從魁玉到張之萬，已經審訊了四個多月了，得出的結果仍是「凶狡異常」、「堅不吐實」，朝中的君臣都坐不住了。

12月9日，同治帝下諭旨嚴加訓斥，說：「現已五旬之久，尚未據將審出實情具奏，此案關係重大，豈可日久稽延！」

張之萬、魁玉遂成為眾矢之的，遭到了朝野的抨擊。

給事中劉秉厚就奏劾說：「派審之員以數月之久，尚無端緒，遂藉該犯遊供，含混擬結。」不得已，張之萬、魁玉只好於12月12日呈上了一份飽經推敲錘煉的「審明謀殺制使匪犯，情節較重，請比照大逆向擬，並將在案人犯分別定擬罪名摺」，奏道：「凶犯張汶祥曾從發撚，復通海盜，因馬新貽前在浙撫任內，剿辦南田海盜，戮伊伙黨甚多。又因伊妻羅氏為吳炳燮誘逃，曾於馬新貽閱邊至寧波時，攔輿呈控，未准審理，該犯心懷忿恨。適在逃海盜龍啟等復指使張汶祥為同伙報仇，即為自己恨，張汶祥被激允許。該犯旋至新市鎮私開小押，適當馬新貽出示禁止之時，遂本利俱虧。迫念前仇，殺機愈決。同治七八等年，屢至杭州、江寧，欲乘機行刺，未能下手。本年七月二十六日，隨從混進督署，突出行凶，再三質訊，矢口不移其供，無另有主使各情，尚屬可信。」

看看，前面說凶犯張汶祥參加過太平軍和撚軍，又加入海盜，和馬新貽有仇，刺殺馬新貽純屬仇殺，但結尾卻別出心裁地加了個點睛之筆——「尚屬可信」。

看來，案子裡面還是有內幕，這內幕居然讓他們遮遮掩掩，欲說還休，什麼意思？

朝廷一面下旨切責張之萬、魁玉辦事不力，案情「不實不盡」，一面加派刑部尚書鄭敦謹作為欽差大臣攜隨員赴江寧複審，同時諭令曾國藩速回江寧。

咦？早在馬新貽遇刺的8月25日，朝廷就諭令調補曾國藩為兩江總督了，他怎麼還遲遲不肯動身？

事實上，在8月30日，曾國藩就接到了調他再任兩江總督的上諭了，他的表現是：上呈「謝調任江督恩因病請開缺折」，固辭兩江總督。

這是怎麼回事？

曾國藩在處理天津教案中，兩面不討好，外國人嫌他懲處不力，國人罵他「殘民媚外」，人生正跌落在一個低谷中，回任兩江，正是復起振作的大好時機，他怎麼不感興趣？

相關史料表明，8月23日，馬新貽被刺事件傳入直隸督署曾國藩耳中時，曾國藩午睡，「心不能靜」。

馬新貽被刺，似乎和曾國藩有某種聯繫。

朝廷駁回了曾國藩的請辭，說他「老成宿望」，是江寧的安寧所賴，務必動身赴任。

10月20日，慈禧太后還親自在養心殿東間召見曾國藩，敦促他速赴江寧。

可是曾國藩就像一塊口香糖，黏在北京，就是不動身。

慈禧太后不得不在11月1日再次召見他，催：「爾幾時起程赴江南？」

曾國藩再也推託不開，只好在11月7日動身南下。

可是，路上磨磨蹭蹭，一直到12月12日才到達江寧。

仔細算起來，從清廷調他任兩江總督到正式上任，歷時三個多月，而他從北京到江寧，也用了長長三十六天，這速度，嘖嘖，龜速。

看見曾國藩來了，張之萬如獲大赦，匆匆交接了案件，一道煙溜往清江浦任江蘇巡撫去了。

曾國藩來是來了，卻不理會案件，每天除了和來訪客人聊天，就是翻閱紀大菸袋的《閱微草堂筆記》。

這個曾國藩，葫蘆裡面到底在賣什麼藥呢？

他在等專案負責人員欽差大臣鄭敦謹。

鄭敦謹於1871年1月7日入宮請訓，2月18日才抵江寧。

2月18日是大年除夕，全城包餃子，吃團圓飯，當然，牢中的張汶祥例外。

會審從正月初二正式開始，連訊十四天，仍是一無所獲。

參加會審人員有：欽差大臣鄭敦謹和他的隨員伊勒通阿、顏士璋；曾國藩和他委派的江安糧道王大經、江蘇候補道洪汝奎；後來又增加候補道孫衣言、袁保慶。

鄭敦謹向以能審、會審著稱，但才接觸到這個案子，就知道裡面水太深，不能亂來，搞不好，自己怎麼死的都不知道。

審了十四天，都不知道該如何了結，只好請教曾國藩。

在這十四天時間裡，曾國藩一直與鄭敦謹並坐正堂，但幾乎沒說什麼話。現在，聽鄭敦謹求教，不緊不慢地說：「仍照魁、張二公原奏之法奏結。」

真是一語道破天機！

行了，就這麼辦。

3月19日，鄭敦謹、曾國藩聯銜上奏：「會同複審凶犯行刺緣由，請仍照原擬罪名及案內人犯按例分別定擬。」

鄭敦謹、曾國藩還特別強調張汶祥「聽受海盜指使並挾私怨行刺」、「實無另有主使及知情同謀之人」，要求「按謀反大逆律問擬，擬以凌遲處死」外，還要「摘心致祭」。

這前前後後忙碌了五個多月，結果也只能是這個結果了。3月26日，朝廷下諭旨通過了鄭、曾的奏結。

4月4日，曾國藩奉旨監斬，將張汶祥凌遲處死，並摘心致祭。

候補道孫衣言參與了會審，知道這個判處對馬新貽並不公平，在寫給馬新貽的神道碑銘中秉筆直書：「賊悍且狡，非酷刑不能得實，而叛逆遺孽，刺殺我大臣，非律所有，宜以經斷，用重典，使天下有所畏懼。而獄已具且結，衣言遂不書諾。嗚呼！衣言之所以奮其愚戇為公力爭，亦豈獨為公一人也哉！」

孫衣言屬於馬新貽的親信，和鄭敦謹的隨員顏士璋有深交，從顏士璋的嘴裡知道了一些內幕。他這麼一弄，天下震驚，都知道案子中另有重大隱情。

鄭敦謹也於心不安，不等聖旨下達，甚至沒等張汶祥正法，就默然離開了江寧。曾國藩送他程議，他分文不收，以有病為托詞，終生不再為官。

事情為什麼這麼離奇？這麼蹊蹺？

「刺馬」的真正內幕是什麼？

民間大致有以下幾種說法：一、幕後指使者是慈禧，所以此案無法深究。二、馬新貽通匪，為張汶祥激於大義所殺。三、馬新貽審理江蘇巡撫丁日昌之子丁惠衡傷人命案，從而招致殺身之禍。四、馬新貽曾在浙江嚴剿海盜，海盜分子之一張汶祥為報仇而「刺馬」。五、馬新貽「漁色負友」，張汶祥為友復仇而刺馬。六、馬新貽觸犯湘軍集團利益，被湘軍集團祕密會幫謀殺。

真相只有一種，到底是哪一種？

顏士璋寫有一本《南行日記》，記述了南行審案的全部過程。多年以後，他的曾孫顏牧皋說，日記中寫道：「刺馬案與湘軍有關。」、「刺馬案背後有大人物主使。」

## 紅頂商人胡雪岩商海沉浮

胡雪岩是中國商業史上的一個奇蹟。

他從小學徒做起，白手起家，以一己之力締造出龐大的商業帝國，讓人歎為觀止。

胡雪岩幼時家境貧寒，曾替人放牛、打短工。但人貧志不墮。某次放牛，在路上拾得一個包袱，裡面裝著滿滿的銀子。胡雪岩並未迷失本性，將包袱收藏好，在路邊放牛，靜等失主。失主是杭州錢莊老闆，回來尋包，喜胡雪岩品行難得，將他帶到杭州學做學徒。

胡雪岩天資聰穎，勤奮好學，從掃地、倒尿壺等雜役幹起，三年師滿，成了錢莊正式的夥計。又因為不謀私利，做事膽大心細，自信誠實，很快擢為跑街。

在這一時期，胡雪岩遇上了他命中的第一大貴人王有齡。

王有齡早在道光年間就捐了浙江鹽運使，但無錢進京。胡雪岩眼光獨特，認定奇貨可居，拿出了自己辛辛苦苦積蓄下的五百兩銀子，慷慨資助，供其進京跑關係。

王有齡涕淚橫流，感激不盡。

王有齡跑官成功，得侍郎何桂清薦舉，在浙江巡撫門下任糧台總辦。

為報答胡雪岩大恩，王有齡資助胡雪岩自開錢莊，號為阜康。

自此，胡雪岩的事業越做越大，漸脫寄居藩籬之境，成杭府之巨富。

這還沒有完，王有齡的官不斷高升，胡雪岩獲助更廣，除錢莊外，還開起了許多的店鋪。

曾對王有齡有薦舉之恩的江蘇二品學台何桂清調動到浙江任巡撫，胡雪岩八面玲瓏，知道何學台是雲南人，立刻置辦好四樣雲南土產相送：宣威火腿、紫大頭菜、雞樅菌和鹹牛肉乾。

何學台收禮回訪，向胡雪岩道謝：「離家萬里，兵荒馬亂，能吃上家鄉的風味，太感謝了。」替胡雪岩策劃準備四樣雲南土特產的是他的相好阿巧。

阿巧風姿綽約，妖豔動人。

何桂清一見之下，神魂顛倒，不能自持。

胡雪岩雖然也迷戀阿巧，為抱上何桂清的大腿，忍痛割愛，將心愛的女人相贈。

何桂清要上京碰碰運氣做京官，胡雪岩立刻奉上一萬五千兩銀子。

捨得捨得，有捨才有得，這就是胡雪岩的人生哲學。

得王有齡、何桂清等人的相助，胡雪岩捐班了一個候補知縣，從商場跨入官場。

入了官場，視野大為開闊。胡雪岩又認識了精通外語和洋場生意的人才古應春，進入洋場。

1860年，英法聯軍侵京師，咸豐以「狩獵」為名，倉皇出逃。一時間，諸軍躍然欲試，要救京師。

有王有齡的指點，胡雪岩迅速與軍界搭上了鉤，吸納了大量的募兵經費存入自己的錢莊。

不久，王有齡又委以其辦糧械、綜理漕運等重任。胡雪岩由此幾乎掌握了浙江一半以上的戰時財經，為今後的發展奠定了良好的基礎。

1861年11月，太平軍攻杭州，胡雪岩做起了軍火生意，給清軍提供了大量槍支、糧米，獲利巨大。

當時，京內外諸公皆以胡雪岩的阜康錢莊為外庫，寄存無算。

次年（1862年），王有齡因喪失城池而自縊身亡，胡雪岩失去了一大靠山。

但是，胡雪岩命中的第二大貴人已經出現。

這人就是民族英雄左宗棠。

經曾國藩保薦，左宗棠繼任浙江巡撫一職。

左宗棠所部在安徽時餉項已欠近五個月，餓死及戰死者眾多，進兵浙江，問題更加突出。

胡雪岩抓住了這次機會，在炮火紛飛中為左宗棠籌措到了十萬石糧食。

左宗棠喜出望外，對胡雪岩青眼有加，屢屢委以重任。

得到左宗棠的支持，胡雪岩主持上海採運局，兼管福建船政局，經手購買外商機器、軍火及邀聘外國技術人員，從中獲得大量回傭。

此外，他還操縱江浙商業，專營絲、茶出口，操縱市場、壟斷金融，在各省設立阜康銀號二十餘處，並經營中藥、絲茶業務，操縱江浙商業，資金超過千萬兩以上，成為「中國首富」，被慈禧太后御封為四省稅務代理總管，後又御賜一件黃馬褂，封為二品頂戴，是中國歷史上唯一的紅頂商人。

真正讓胡雪岩成為大清舞臺上的重要人物的，是資助左宗棠平定新疆。

1875年，左宗棠被清廷任命為欽差大臣，督辦新疆軍務。由於缺乏軍餉，左宗棠透過胡雪岩向外國銀行借高利貸籌措軍餉。

胡雪岩找到在上海滙豐銀行任幫辦一職的古應春，聯繫上了英國渣打銀行，先後六次借款，累計金額為一千八百七十萬兩白銀。

可以說，左宗棠能收復新疆，胡雪岩功不可沒。

巔峰時期的胡雪岩，阜康錢莊遍布全國，資金高達兩千多萬兩銀子，坐擁一萬畝田地，富可敵國。

據說，胡雪岩娶了十二房姨太太，號稱「東樓十二釵」。每到晚上，侍女端上盛有各姬妾牙牌的銀盤，胡雪岩隨手翻一個，侍女就按牌上名字安排這個姬妾侍寢，與皇上翻牌子沒有什麼兩樣。

還有小道消息說：胡雪岩家裡家外的女人是能組成象棋盤隊的，胡雪岩曾組織起這些女人來了場真人象棋比賽。

沙漚所作《一葉軒漫筆》就說，胡家有侍妾近百人。

李蓴客的《越縵堂日記》則說「（胡宅）所蓄良賤婦女以百數，多出劫奪」。

這裡所說的「劫奪」，多指以錢劫奪。

李伯元的《南亭筆記》卷十五中講述有這樣一個故事：

胡雪岩經過一家裁縫店，看見有一身姿曼妙的美女倚門而立，就多看了幾眼。女子覺察，白了他一眼，入屋關門。

胡雪岩大怒，差人拿了七千銀元找到美女，要納其為妾。

洞房之夜，胡雪岩只顧自己喝酒，讓新娘子裸體躺在床上，安排好幾個僕人各執巨燭立床邊照亮，大笑道：「汝前日不使我看，今竟如何？」

酒飽意足，揚長而去。

第二天早晨，派人轉告女子：房中的物件你隨便拿，也可以改嫁他人，胡家沒有你的位置。女子也不客氣，帶走了價值兩萬兩白銀的家什，成為當地巨富。

所謂樂極生悲。

胡雪岩的悲劇就在於不能收斂低調，最終淪為政治犧牲品。

左宗棠晚年和李鴻章互相攻訐，胡雪岩和左宗棠這麼親近，又這麼高調礙眼，自然成了李鴻章打擊的對象。

1881年，胡雪岩試圖壟斷江浙生絲生意出口，開始大批囤積生絲。

洋商與胡雪岩之間的一場商戰因而不可避免。

最終，胡雪岩陷入了國外金融資本勢力和國內金融買辦勢力的內外夾擊之中，資金鏈斷裂，宣告破產。

恰巧，1883年，國內爆發金融危機，李鴻章等人咬定這場危機就是胡雪岩囤積生絲投機失敗引爆的。

胡雪岩雖得左宗棠力保，但左宗棠不久病逝。

1885年9月，在李鴻章等人的操控下，胡雪岩被「拿交刑部治罪，以正國法」，家屬則被「押追著落，掃數完繳」。

當年11月，胡雪岩黯然離世，終年六十二歲。

## 左宗棠收復百萬領土之功

提起中國的晚清時期，稍微懂一點歷史的人都會長歎一聲。

這是一個貧窮落後、遭受西方列強蹂躪的悲慘年代。

經濟上積貧，軍事上積弱，完全照應了鴉片戰爭前林則徐沉痛無比的論斷：「中原幾無可以禦敵之兵，且無可以充餉之銀！」

有人做過統計，第一次鴉片戰爭中，中國軍隊參戰人數為二十萬人，英國軍隊參戰人數為一萬九千人；中國死亡人數兩萬兩千七百九十人，英國死亡人數五百二十三人。

中英雙方傷亡人數比例竟為六百比一。

這是一個讓人震驚的數字，也是讓我們感到無比恥辱的數字。

這個數字直接揭露出中國的國力弱到了何種程度。

外憂之外，又有內患。

太平天國運動讓孱弱不堪的大清王朝搖搖欲墜，幾近覆亡。

所幸曾國藩、李鴻章、左宗棠、張之洞等蓋世名臣適時而現，練兵，籌餉，積極引入外援，大搞洋務運動……終於剎住了頹勢，迎來了所謂的「中興」。

說是「中興」，其實不過是為振奮國民放出的自欺欺人的謊言。

李鴻章就曾悄悄對身邊的人說自己是「一生風雨裱糊匠」，在忙忙碌碌地裱糊起的紙屋子就是大清王朝，這個紙屋子外表光鮮好看，其實不堪風雨。

所謂破鼓萬人擂，不但列強蜂擁而來欺負大清國，就連一些名不見經傳的蝦兵蟹將也張牙舞爪地跳了出來。

中亞地區浩罕汗國（在今烏茲別克境內）的一個名叫阿古柏的軍官覷準了這個時機於１８６４年帶兵入侵，占領了新疆近一百六十六萬多平方公里的領土。

其實，想吞占新疆的還有當時的世界第一強國英國和號稱歐洲大陸第一軍事強國的沙俄。英國占領了印度後尚需時間消化，一時還不能騰出手侵占新疆，只是從經濟、武器等方面大力援助阿古柏。而沙皇俄國卻於１８７１年悍然出兵占領新疆伊犁地區。

如果晚清政府再坐視不理，新疆將很快落入他人之手。

而新疆丟失，內蒙古、西藏等必大亂，陝甘青等便會成為前線，彼時，中國的統治中心將面臨東西兩面海陸入侵者的直接擠壓。

但是，清政府的自身實力不免讓人搖頭歎息。

李鴻章就無比沮喪和絕望地說，清廷現在最大的憂患來自海上，現在只能全力整飭海防。至於新疆，那是化外之地，茫茫沙漠，赤地千里，即使失去了，於朝廷也沒有什麼大的損失，而收回了呢，也不過是多了幾千里的無用不毛之地，反而增加了朝廷的負擔。

誰都知道李鴻章是在無能為力的情況下說的自我安慰話，但現實就那麼殘酷，不這樣，又能怎麼樣呢？

朝野附和李鴻章的聲音比比皆是。

但是，卻有一個人，在這樣一片唉聲歎氣中發出了激盪人心的怒吼：「天山南北兩路糧產豐富，煤鐵金銀玉石藏量極豐，實為聚寶之盆，我絕不能不管。我一定要把入侵的強盜趕出去！」

這人就是著名湘軍將領，與曾國藩、李鴻章並列為晚清三大名臣之一的左宗棠。

李鴻章不以為然地哀歎說，現在的中國沒有班超、趙充國這樣的能人，新疆恐怕要丟了。你左宗棠已經老了，還能做得了什麼事呢。

左宗棠慨然道：「壯士長歌，不復以出塞為苦也，老懷益壯。」

為了展現自己的決心，左宗棠表示自己願抬棺出征。

清政府嘉賞左宗棠的志氣，任命他為欽差大臣，督辦新疆軍務，統領大軍出玉門關，收復新疆。

不過，清政府財政緊缺，無法提供足夠的西征的軍費，只出了三百萬兩。

沒有軍費就得借！

左宗棠咬緊牙關，借外債，而且是高利貸，每年的利息高達百分之十，一共借了五百萬兩，再從海關處挪了兩百萬兩，加上朝廷出的三百萬兩，硬是湊了一千萬兩銀子的軍費。

然後整頓軍務，強化練兵，練心，練膽，練體力和格殺技巧。

經過四年多的魔鬼式錘煉，一向被人們認為弱到爆的八旗兵、綠營兵都成了敢戰之士。

1876年4月，已經六十五歲高齡的左宗棠籌集齊了四千萬斤糧食，集中了五千輛大車，五千五百匹騾馬，兩萬九千峰駱駝，親自統率由湘軍主力組成的七萬多大軍，踏上了收復新疆的征程。

李鴻章憂心忡忡地對人說：「阿古柏的虎狼之師與沙俄狼狽為奸，左宗棠必敗，中國人又該被外國人笑話了。」

然而，左宗棠大軍一出，便勢如破竹，僅用一年半時間，就把肆虐西北十二年之久的阿古柏徹底擊潰，順利收復了占中國版圖達六分之一的新疆，震懾住了沙俄，粉碎了英、俄吞併新疆的陰謀。

左宗棠收復新疆的壯舉，在被外國人譽為「中國人的氣質」。

時人作詩稱讚云：

大將籌邊尚未還，湖湘子弟滿天山。
新栽楊柳三千里，引得春風渡玉門。

## 慈禧為何要光緒帝稱自己為「親爸爸」

有人做過一項有趣的活動，即評選出中國古代歷史上知名度最高的十大人物。評選結果，按年代遠近排，這十人為：黃帝、姜太公、孔子、秦始皇、關公、唐太宗、李白、岳飛、成吉思汗、慈禧。

慈禧是十人中的唯一女性。

慈禧上榜的主要原因，不外乎兩點：一、近年來清宮戲火爆，慈禧所占戲份比較重；二、慈禧統治晚清長達半個世紀之久，對中國近代史影響巨大。

慈禧，作為一個女人，又不是名義上的國家管理者，卻執掌權柄半個世紀，除了其有技術方面因素，也不難看得出其對權力的貪戀到了何等癡迷程度。

同治沒有兒子，按慣例，得從「載」字輩的下一輩「溥」字輩近支宗室中擇立一個孩子過繼為同治帝載淳的兒子，即同治立嗣，然後立這個孩子為嗣皇帝。

這是慈禧不能接受的。

因為，這麼一來，她就不是皇太后了！而升任皇太后的人，恰恰是她的眼中釘、肉中刺——皇后阿魯特氏！

因此，在慈禧的胡攪蠻纏下，為同治立嗣之議泡湯了，改為為咸豐立嗣。

而在慈禧的堅持下，被選為嗣皇帝、入繼為咸豐帝兒子的，是同治帝的堂弟載湉。

載湉的父親奕譞是道光帝的第七子，母親是慈禧的胞妹，血緣上比較接近慈禧。最重要的是，載湉這年才四歲，當了皇帝卻無法處理政事，入繼咸豐帝為子，母親就是慈禧。也就是說，慈禧依然是皇太后，還可以再次垂簾聽政。

民間有傳說，其實皇后阿魯特氏是已經有身孕的了。按一般人的心態來說，自己的兒子有後，那應該是好事。但慈禧卻擔心皇子生下來會對自己構成威脅，因此，擺在阿魯特氏面前的，只有死路一條。

事實上，在同治去世七十五天后，阿魯特氏真的被慈禧逼死了，時年二十一歲。

載湉成了皇帝，年號為光緒，人們稱他為光緒帝。

非常奇怪的是，光緒帝被抱進皇宮後，慈禧明明是他的繼母，但慈禧卻不許他叫自己「母后」，而要叫一個極其別致的稱呼——「親爸爸」。

讓光緒叫自己「爸爸」，那是慈禧的內心不甘停留在皇太后的層次上，而想成為只有男人才能扮演的「太上皇」的角色。在「爸爸」前加上一個「親」字，慈禧自己解釋說：「光緒皇帝的父親就是醇王。她的母親就是我的妹妹。我妹妹的兒子，就跟我親生的一樣。」

可以說，單單訓練光緒稱自己為「親爸爸」，慈禧已經在光緒面前獲得了絕對的尊嚴。但這還是不夠的。為了把光緒培養成一個俯首貼耳的傀儡皇帝，慈禧還不厭其煩地傳諭帝師翁同龢，要他在「孝道」方面對光緒進行灌輸、強化教育。

正是這樣，慈禧在同治駕崩後，仍然在光緒朝乾綱獨斷三十多年。

## 慈禧為什麼被稱為「老佛爺」

看清宮戲，我們常常會看到李連英一口一句稱呼慈禧太后為「老佛爺」，而慈禧太后則稱呼李連英為「小李子」。

這裡插一句，李連英是慈禧的心腹太監，很多書把「李連英」寫成「李蓮英」，這其實是錯誤的。作家霍達在寫《補天裂》一書時，專門查閱了李連英的墓碑碑文，上面寫的是「李連英」而非「李蓮英」。

稱呼李連英為「小李子」這個容易理解，李連英姓李，稱「小李子」既顯得親切，又可以倚老賣老，顯擺出一種高高在上的氣度。

可是，稱呼慈禧太后為「老佛爺」就不好理解了。首先，慈禧太后一個女流之輩，稱「爺」就讓人覺得不倫不類，再加上一個「老」字、一個「佛」字，就更讓人丈二金剛摸不著頭腦了。

這，到底是怎麼回事？

有人妄加猜測地說，之所以稱呼慈禧太后為「老佛爺」，那是李連英為拍慈禧的馬屁，專門替慈禧量身定做所構思出來的「美稱」，意為吹捧慈禧是救苦救難的觀世音菩薩再世。

事實並非如此。

只有稍微通熟一點清朝的歷史，就不難發現，「老佛爺」其實並不是慈禧專用稱呼，清代歷代皇帝都曾被稱呼為「老佛爺」。

怎麼會這樣？

這又得從古代帝王的名號說起了。

通常，歷代帝王都會有「廟號」、「謚號」等等稱呼。就拿慈禧的丈夫咸豐帝來說，「咸豐」不是名字，是年號，清朝十帝都是一帝一年號，所以，用名字來指代皇帝的名字，算得上是清朝的一大特色。咸豐帝的名字是愛新覺羅・奕詝，愛新覺羅・奕詝在位時，臣民是不能直呼他的名字的（當然，就算他死了，只要還是清朝統治，臣民也同樣不能直呼其名的），那麼，該怎麼稱呼愛新覺羅・奕詝呢？無論是書面還是口頭上，通常都是用「今上」二字，即「當今皇上」的意思。

但愛新覺羅・奕詝要是死了，則「今上」的稱呼就應該留給下一任皇位繼承人了，則對曾經的「今上」，就應該加「謚號」、上「廟號」了。愛新覺羅・奕詝的謚號很長，共有二十五個字，為「協天翊運執中垂謨懋德振武聖孝淵恭端仁寬敏莊儉顯皇帝」，按照中國人的習慣，一般用省略簡語，就稱「顯皇帝」；愛新覺羅·奕詝的廟號為「文宗」，人們稱他為「清文宗」。

再舉一個例子，中國歷史上最仁慈的君主是宋仁宗趙禎，「仁宗」是廟號，謚號是「體天法道極功全德神文聖武睿哲明孝皇帝」，宋仁宗的年號是宋朝皇帝中最多的，共有九個：天聖、明道、景祐、寶元、康定、慶曆、皇祐、至和、嘉祐。所以，就不能像清朝一樣用年號來稱呼他了。那麼，在宋仁宗的有生之年，人們又不能直呼其名「趙禎」，那除了用「今上」稱呼他之外，還會有其他什麼稱呼嗎？

有的。

通常，帝王除了「廟號」、「謚號」之外，還有一個不成文的「特稱」，當然，不同朝代皇帝的「特稱」是不同的。比如說，西漢皇帝的特稱為「縣官」；東漢皇帝的特稱為「國家」；到了宋朝，皇帝的特稱就叫「官家」。《水滸傳》第十九回中，阮小五唱了一首打漁歌，裡面就有關於「官家」的歌詞，為：「打魚一世蓼兒窪，不種青苗不種麻。酷吏贓官都殺盡，忠心報答趙官家。」

說了這麼多，該回到「老佛爺」的話題上來了。

「老佛爺」，就是清代帝王的「特稱」。

把皇帝稱呼為「老佛爺」？怎麼這麼奇葩啊？

話說，明代有一位女真部落尊長，名叫李滿住。「滿住」在滿語中的意思是「吉祥」、「仁厚」的「佛爺」，李滿住有一位很了不起的後代——清太祖努爾哈赤。努爾哈赤建國後，歷代清帝就以「滿住」作為特稱。開始時，根據這個音譯成漢語，又稱「滿柱」、「曼珠」，後來則乾脆意譯為「老佛爺」。

慈禧讓別人稱她為「老佛爺」，目的很明顯，即希望別人拿她當成皇帝看待。可見，慈禧並非清朝皇帝，本來是不應該叫「老佛爺」的，但因為她太張揚，反倒使後人只知道她是「老佛爺」，而不知道康熙、乾隆也曾經被叫作「老佛爺」！

再補充一句，慈禧的名字其實也不叫慈禧。慈禧到底叫什麼名呢？事到如今，已經成了一個永久難解的謎。所能夠考究的，是她的姓——那拉氏，因為她的祖先居住在葉赫，也稱葉赫那拉氏，玉牒（皇族家譜）稱她是「葉赫那拉氏惠征之女」。

慈禧在咸豐元年（1851年）被選入宮，當年就被封為蘭貴人，咸豐四年冊封懿嬪，生子後晉封為懿妃，次年晉封懿貴妃，咸豐死後被尊稱為聖母皇太后，上徽號慈禧，即慈禧皇太后。

## 光緒皇帝的死因

關於光緒帝的死因，百年來爭論不息。

史料記載光緒是患病暴斃的；民間卻說他是被毒殺的。毫無疑問，眾多的患病暴斃成為不了民間喜聞樂見的話題。那些死於父子之手、死於兄弟之手、死於敵人之手、死於俠客之手以及雷公震怒、花柳發作之類的說法，則具備了無窮盡的吸引力，讓眾生百談不厭，津津有味，樂趣無窮。

有人也許會問：自古到今，各朝各代的皇帝這麼多，為什麼清朝的皇帝的死亡會招惹上這麼多民間傳說？

主要是人們對清朝的認同感不夠。

清朝統治者不怎麼把大清子民視作「子民」，如雍正皇帝，總在囑咐自己的兒孫，時刻要提防漢人，如果實在在關內待不下去，就收拾東西回關外；再如慈禧太后，其一句「量中華之物力以結上國之歡娛」，根本就不把中國人當自己人。

統治者既然這樣提防漢人，這樣不把中國的利益放在心上，當然難贏得人民的擁護。

所以，在清朝長達二三百年的歷史中，很有一些人是抱著冷眼旁觀的心態在看待這段歷史的：眼看他起朱樓，眼看他宴賓客，眼看他樓塌了……。

但對我而言，我是不大相信民間那些關於清帝離奇死亡的千奇百怪情節的，而更願意相信史書上的那些平淡無奇的記載。

史料中對於光緒的死亡記載，就是平淡無奇的。

不過，光緒帝的死亡時間是光緒三十四年十月二十一日酉正二刻三分（即1908年11月1日下午5時33分）；慈禧太后的死亡時間是光緒三十四年十月二十二日未時（即下午1時至3時），兩人一前一後離開人世，時間差為二十二個小時。

考慮到光緒與慈禧之間的種種恩怨，這種巧合不能不讓人疑竇叢生。

為此，有很多專家根據光緒帝生前的病歷，結合當時的歷史背景和現代中醫學理論，縝密地推斷過光緒帝的死因：

光緒帝在位三十三年，病案紀錄有一千多條（其中光緒二十七年至三十三年七月前沒有醫案紀錄，不知是沒病還是資料丟失）。但戊戌變法前的二十年，病案紀錄僅有七十六次，變法失敗後被囚瀛台的十年中，紀錄則達到了九百多次。即這十年中，平均每年要讓御醫診視九十多次，幾乎月月患病。

光緒死亡這一年（光緒三十四年），從三月到七月，病案紀錄高達二百六十次，給他診治過的御醫有三十多人。從病案上看，藥罐子光緒的病，主要症候是肝臟鬱熱、肝旺脾弱、心腎兩虧等。

法國駐京使館的醫官多德福曾進宮給光緒診治，並做了醫學化驗，認為光緒的病是「腰火長症」，即腎炎。

但光緒身邊的御醫並沒有採納多德福的治療方案，繼續用傳統中醫治療。

上面提到，光緒二十七年至三十三年七月之間缺失醫案紀錄，光緒三十三年七月之後，有御醫力鈞、陳秉鈞、曹元恆等人對光緒的詳細診療紀錄，從紀錄的情況來看，光緒的病勢日見沉重。

光緒久病不愈，心情大差，曾嚴加訓斥御醫，指名道姓，罵他們都是些欺世盜名的庸醫。

於是，在光緒臨終前的四個月中，各地又加薦了許多名醫進宮協助宮中御醫進行診治，其中有杜鍾駿、張彭年、周景濤等人。

光緒死亡前的最後的一個月，光緒腰部痛得不行，五官變形，周身汗湧，自感越服藥就越感覺病重，一遍又一遍囑咐御醫「萬不能以藥試病」。

杜鍾駿等人心照不宣，都認為光緒已病入膏肓，卻不敢說出來，且在病案中千方百計加以隱瞞。

杜鍾駿在《德宗請脈記》中坦承，在記述每日診療病簿時，「予於案中有實實虛虛，恐有猝脫之語」。

光緒臨終前兩日，他在醫案中寫「此病不出四日，必出危險」，但內務大臣們認為這樣寫不利於病人度過生命的最後時光，他也只好將之刪去。

而兩日之後，光緒猝然昏厥。

內務大臣急召杜鍾駿、周景濤、施煥來前來診脈。

大家診斷過之後，如實相告：皇上必過不了今晚，所有針藥均無力回天，不用再開方了。但內務大臣要求死馬當活馬醫，隨便上一方子。

幾位御醫沒轍，只好開了一味生脈散。

藥還沒進上，光緒已經駕崩。

根據光緒帝這些病歷、脈案和藥方，大家得出的結論就是：光緒一生體弱，久治不癒，加上慈禧刻意虐待，病情加重，最後不治身亡。

馮伯祥在《清宮檔案揭祕光緒之死》中記道：「詳考清宮醫案，用現代醫學的語言來說，光緒是受肺結核、肝臟、心臟、風濕等慢性病長期折磨，致使身體的免疫力嚴重缺失，釀成了多系統的疾病，最終造成心肺功能衰竭，合併急性感染而死亡。」

## 晚清狀元的氣節表現不輸文天祥

晚清直隸省河間府肅寧縣人劉春霖是科舉制度廢除前一年（即光緒三十年，1904年）甲辰科狀元，也是中國歷史上最後一名狀元，所謂「第一人中最後人」。

劉春霖早年求學於京師，帝王師翁同龢初見劉春霖的筆墨和文章，曾驚歎不已，預言他將大魁天下。

撇開文章不說，單就一筆漂亮瀟脫的毛筆字，劉春霖也足以讓天下墨客傾服絕倒。

劉春霖的小楷筆力清秀剛勁，得世人推崇，有「楷法冠當世，後學宗之」之譽。

時至今日，書法界仍有「大楷學顏（真卿）、小楷學劉（春霖）」之說。

劉春霖能習成這樣的筆墨文章，全靠過人天賦和艱苦學習得來。

劉春霖家道貧寒，世代為農，父親為了一家人的生計，先後在濟南、保定府衙當差。母親到知府家中做奴僕。

劉春霖由哥嫂撫養，跟隨表叔王鐵山讀書。

劉春霖天資聰穎，學習刻苦。

王鐵山看在眼裡，喜在心頭，用心教導。

這對師徒，一個肯學，一個樂教，幾年工夫下來，四書五經都爛熟於胸。

王鐵山覺得再這樣下去，會誤了孩子，建議劉父帶他到大地方深造。

劉父於是克服一切困難，把劉春霖帶到保定蓮池書院讀書。

院長吳汝綸慧眼識才，悉心培養。

這樣，光緒三十年（１９０４年），三十二歲的劉春霖一舉奪魁，奪取了該科狀元。

劉春霖考中狀元後，念及自己讀書生涯一路走過的艱辛，有感於農村兒童讀書的困難，沒有在老家廣修「狀元府」來光耀自家門庭，而是在本村修建了一所小學堂，學堂的房屋、教椅、教桌及教具等，一力承擔，並在學堂門口題有「鑄才爐」匾額一方，立有石碑一座，作有《勸學篇》一文留念。

劉春霖初授翰林院修撰，隨即奉派到日本法政大學留學。歸國後，歷任資政院議員、記名福建提學使、直隸高等學堂提調等職。

辛亥革命後，劉春霖一度隱居家中，繼而出任袁世凱、黎元洪、馮國璋、徐世昌和曹錕等總統府內史（相當於祕書長）。

在此期間，劉春霖看到軍閥混戰、內部爭鬥、政治腐敗的局面，非常憤慨，於1928年憤然辭官，在上海、北京以詩書自慰。

劉春霖作為中國最後一名狀元，憂國憂民，胸懷治國之大略，雖隱居不仕，但對國家前途頗為關心。

1933年夏季，黃河決口，河北、河南、山東三角地帶洪水氾濫，受災嚴重，人民流離失所。劉春霖串聯起一批河北省知名人士組織成立了「河北省移民協會」，帶頭捐助，並多方募集資金，組織領導災區難民救濟，對無家可歸者，遷徙到包頭城東十五里的南海子一帶，開墾荒地，建立「河北新村」。

1934年農曆三月，「滿洲國」傀儡政府總理鄭孝胥以「滿洲國」名義特邀劉春霖前往，許以偽滿教育部部長之職，劉春霖憤然拒絕。

宋哲元任河北省省長時，出於對狀元的敬仰，即拜劉春霖為師。

「七七」事變爆發後，日軍占領北平。與劉春霖是同科進士，且是日本留學時同學的大漢奸王揖唐登門拜訪，想借劉春霖的狀元之名作招牌，邀其出任北京市市長要職。劉春霖當即翻臉，罵道：「我劉春霖是絕不會依附外國侵略者的，請免開尊口！」

王揖唐見勢頭不對，抱頭鼠竄而去。

親朋好友得知此事，勸劉春霖到南方躲避一下。

劉春霖沉痛萬分地說：「能躲到哪裡去？南方的大片國土也淪陷了，總不能躲出國門、流浪到南洋去吧？我是中國人，死也要死在自己的國土上！」

惱羞成怒的日偽第二天就抄了劉春霖的家，把他歷年收藏的書畫珍寶洗劫一空。

劉春霖氣得大罵：「寧作華丐，不當漢奸！」

受此事打擊巨大，劉春霖從此杜門謝客，於1942年1月18日在悲憤中謝世。

中國歷史上有名的狀元郎被奉為萬世楷模。

而中國歷史上最後一名狀元郎劉春霖在氣節方面也絲毫不輸文天祥，也為世人所敬仰。

## 慈禧屬羊偏喜歡吃虎

慈禧太后出生於1835年，屬羊。

都說羊兒溫柔，但慈禧太后這頭「羊」既凶狠，又特別能吃。

根據清末女官德齡的回憶錄《清宮二年記》、《慈禧太后私生活實錄》的記載，每天慈禧太后的菜餚如下：共備正菜一百種，糕點、水果、糖食、乾果等亦一百種。每天做飯共需要爐灶五十座，廚子上手五十人，廚子下手五十人，洗滌夫等雜差詳數不明。

慈禧太后喜歡吃的菜，根據《慈禧太后私生活實錄》記載有以下幾種：

清燉肥鴨，做法是先把鴨子除毛去肝臟，洗淨，加上各種調味品，密封到一個磁罐子裡，再把這個磁罐子裝在一個盛了一半清水的鉗鍋中，蓋上鍋蓋，用文火慢慢蒸上三天，等鴨子完全酥透了才開鍋動筷，味道美得能讓人把鴨肉連同舌頭咽下去！

清湯虎丹，食材取自小興安嶺東北虎的睪丸，放在微開不沸的雞湯裡燉上三個小時，然後撈出剝皮，放在調料裡浸泡兩個小時，佐以蒜泥、香菜末兒。

不客氣地說，東北虎瀕臨滅絕，跟慈禧是有些關係的。

《御香縹緲錄》上記，慈禧的「西膳房」能做四千多種菜餚、四百多種點心，每頓飯的菜餚三張膳桌拼起來還擺不下，菜點都在百種以上。

另外，慈禧還喜歡吃人奶。據說，慈禧從二十六歲開始，直到七十五歲去世，近五十年時間內，從未間斷過吃人奶，每天有三名奶媽專門為她提供充足健康的奶水。

《宛署雜記》中記載：東安門外，稍北，有禮儀房，是清宮專選奶口（奶媽）以候內廷宣召之所。清宮規定，每個季節，精選奶口四十人，在內廷之中，辟專室養護，稱為坐秀奶口。再選八十人，著籍於宮中，由內府專門供應飲食，稱為點卯奶口，意在坐秀奶口有意外時補缺。每季，更換一批。

選這麼多奶媽入宮為慈禧提供奶水，不知因此餓死了多少嗷嗷待哺的嬰孩！

唐朝詩人白居易作有七言樂府《紅線毯》，痛罵宣州太守只顧自己荒淫享樂而不顧惜織工的辛勤勞動，以絲線織地毯，詩云：「宣城太守知不知，一丈毯，千兩絲！地不知寒人要暖，少奪人衣作地衣。」

在這裡，我也要罵慈禧：「慈禧太婆知不知，一口奶，兩口血，你不知餓嬰要哺，少奪嬰食作你食。」

慈禧在吃的方面，似乎憋著勁要作踐天物。她自稱最喜歡吃西瓜，一天可報銷掉三百五十多個西瓜。

天！豬八戒吃西瓜，一天也不過只吃四個，難道慈禧的肚子比豬八戒還要大？

實際上，慈禧吃的西瓜，每個只吃瓢中心最鮮紅那一點兒，其他的全部丟棄了。

也就是說，慈禧的肚子和普通人一樣，主要是吃法太變態了。

慈禧還有一個擺果聞香的嗜好，為此，每年都要消耗大量水果。據記載，僅蘋果一項，一年就消耗十五萬八千多個。

有一張慈禧在光緒二十三年消耗的鮮果清單：蘋果十五萬八千三百二十個、秋梨十一萬一千七百五十個、棠梨七萬七千三百個、紅肖梨五萬三千二百九十五個、柿子二千二百七十五個、文官果二千四百個、石榴三百一十個、甜桃四千三百四十四點五筐、酸桃三百零二點五筐、櫻桃四百二十九筐、李子九百二十筐、杏六百九十四筐、沙果四百九十一筐、檳子七百七十筐、葡萄一萬六千三百八十五斤、鮮山楂一萬六千六百六十三斤，核桃、栗子、紅棗、黑棗、白果、榛子、曬山梨、英俄瓣共計二千三百五十六石七斗七升五合七勺。

慈禧如此暴殄天物讓人無比痛心，可她本人只知沾沾自喜，毫不以為意。

揮霍無度成了習慣，即使是逃亡路上，也念念不忘「吃」。

1900年八國聯軍攻陷北京，慈禧逃亡西安，不顧國勢垂危、民生維艱，嚴令全國各地調集猴頭、燕窩等各種貢品，以保證每天的膳食供給。

那段日子，慈禧每餐依然是選菜譜百種，價值兩百兩銀子，是老百姓一家幾年的口糧。

由於天氣炎熱，慈禧還派人到距離西安一百五十公里以外的太白山運冰，以便大快朵頤、一飽口福。

1902年，慈禧乘坐「御用火車」到奉天（今瀋陽）拜謁東陵，安排了四節車廂來建立臨時膳房，每節車廂裝五十個爐灶，每灶負責做兩樣菜，僅廚師就有一百名。

慈禧的奢侈，極大地助長了清廷貪腐之風。

從某種程度上說，大清國就是被慈禧吃掉了的！

慈禧最飽受爭議的是她那著名的六十大壽壽宴，她挪用了北洋艦隊的軍費，致使出現了黃海戰敗之辱。

據說，為了辦好這場壽宴，共花掉了白銀一千萬兩！其中，光買衣服花去黃金二十多萬兩！如此驕奢無度，大清國不亡就沒天理了。

## 慈禧太后的海量陪葬品

人們常說，錢財乃是身外之物，生不帶來，死不帶去。

是的，人一旦死了，元神俱散，萬事皆空，只剩下一副臭皮囊，保護得好，可以成為乾屍木乃伊，保護得不好，也就成為螻蟻的盤中餐，化作糞，成為有機肥，回歸大自然的循環之中。

但古代的帝王將相是不同意這種看法的，他們堅信，死後會進入另一個世界，他們希望在那個世界裡繼續享受榮華富貴，於是就可勁地打造豪華的陵墓，用巨量金銀珠寶來陪葬。

這方面，慈禧太后算是其中的一個傑出代表人物。

慈禧生前，就是一個好逸惡勞、窮奢極侈的主，愛吃、愛穿、愛打扮。

所以，在同治五年（1866年），慈禧就開始殫精竭慮地操辦自己的百年大事了。

歷朝歷代，皇后應該陪伴皇帝共陵寢的。

但清朝自康熙別葬祖母孝莊皇太后起，一句「卑不動尊」的話流傳到清末。即皇后先於皇帝死，則先葬入帝陵，等皇帝駕崩了，再打開石門，將皇帝梓棺移入地宮。而若是皇帝先死，那麼，對不起，皇后只能葬在別處了，因為，「卑不動尊」。

慈禧的丈夫咸豐皇帝的定陵選在了清東陵的平安峪，地宮中已有咸豐皇帝的原配孝德顯皇后陪伴，則由同治帝加封的慈安、慈禧二位皇太后「卑不動尊」，只能另選陵址了。

慈禧要建陵，也必須同時建慈安的陵。

同時為兩位皇太后建陵，不僅在大清國是頭一次，在中國歷史上也是沒有先例可尋的。

大臣們進行了仔細、謹慎的討論，想為兩位皇太后建一座陵，百年之後，兩位皇太后的棺槨並排奉安在一座地宮裡。

慈禧一口否定，兩人共住一宮，不嫌太狹窄嗎？不行！

大臣於是又想按照康熙皇貴妃陵的模式採取「同陵不同穴」的方案，即同一座陵墓，造兩座地宮。

慈禧還是嫌狹窄。

沒辦法，大臣只好為兩個皇太后各自選址建陵。

慈安、慈禧太后的定東陵的選址工作，從同治五年算起，到同治十二年止，歷時七年，期間花費了大量的人力、物力和財力。

慈禧陵寢的選址定在裕陵妃園寢西側的菩陀峪和平頂山，這兩個地點，不僅緊挨著，而且實現了「陵制與山水相稱」的苦心孤詣的追求。

可以說，慈禧陵寢的選址，達到了清代陵寢「三年求地、十年定穴」的要求。

開始，兩個皇太后陵的規制是完全一樣的，東、西並排，於光緒五年六月二十二日全工告竣，慈安陵用了二百六十六萬兩白銀，慈禧陵用了二百二十七萬兩白銀。

慈安死於光緒七年。

慈安一死，慈禧便表現出了對兩個陵墓建造規格相同的極大不滿。

光緒二十一年（1895年），慈禧大張旗鼓地對自己的陵寢進行了一次大規模的修繕，把方城、明樓、寶城、寶頂、大殿、東西配殿全部拆除重建，其他那些建築，全部是揭瓦大修，就是沒有把建築拆平了，把上蓋都挑了。

這麼做的原因非常明顯，一是要壓倒慈安，二是希望自己死後在另一個世界生活得更好。

其實，在重修前一年，即光緒二十年，中國遭遇了「甲午戰爭」的慘敗，北洋艦隊全軍覆沒。而重修這一年，即光緒二十一年，清政府又與日本簽訂了屈辱的、不平等的《馬關條約》，割地賠款。

還有，從光緒十八年到光緒二十一年，我國遭到了歷史上罕見的各種自然災害，水災、旱災、風災、雹災、蟲災，幾乎是同時發生，波及大半個中國。中國人民處於水深火熱之中，掙扎在死亡線上。

但貪婪自私的慈禧根本不會考慮這些，只顧著自己生前身後的安樂富貴。

這場重修工程歷時十三年之久，增設了許多名貴珍奇的黃花梨木；加鋪貼金的和璽彩畫；牆壁全部雕磚掃金；柱子一律用鍍金銅龍盤柱；石欄杆要進行精雕細刻的加工；精心鋪設玲瓏剔透的御路石。

光緒三十四年（1908年）十月十八日，重修工作告竣。

四天之後，即光緒三十四年十月二十二日，慈禧離開人世。

慈禧的棺材由兩層上等金絲楠木打造，表面塗上金漆，再寫上四大天王咒。

這些楠木都是從雲南運過來的，光運費就花掉了數十萬兩白銀。

慈禧的心腹李連英親眼見證了慈禧入殮，在《愛月軒筆記》中寫道，慈禧屍體入棺前，先在棺底鋪三層金絲串珠錦褥和一層珍珠，共厚一尺。慈禧頭部放置荷葉，青翠透亮，葉面上有天然生成的脈絡，腳下有粉紅碧璽蓮花、翡翠甜瓜、翡翠白菜。這些花果皆用寶石天然紋理雕成，真實生動。左手側放置了玉石蓮花一支；右手側放置纏蟠桃的玉雕紅珊瑚樹一株。頭部帶珍珠鳳冠，鳳冠上綴有雞蛋大的珍珠。身著金絲串珠彩繡袍褂，身上蓋著珍珠堆製成大朵牡丹衾被。棺槨裡放著兩百多個寶石製成的桃子、李子、杏子等果實。另外，玉石駿馬八尊，玉石十八羅漢，共計七百多件。葬殮完畢，又倒入四升珍珠，寶石兩千二百塊填棺。

1928年7月，孫殿英盜墓，目擊者的回憶基本印證了李連英的說法。

慈禧的棺材裡放著三層被子：第一層是金絲寶珠棉褥，上面有一萬兩千多顆珍珠。近百顆紅寶石，還有兩百多塊白玉。第二層是荷花珍珠絲褥，有珍珠兩千四百多顆，價值百萬兩白銀。第三層是繡佛串珠薄褥，上面也有很多珍珠。

慈禧屍體上蓋的是一件陀羅尼經被，上面織有佛像、佛塔，還有兩萬五千萬字的經文，鑲嵌有八百二十顆珍珠。

慈禧身上穿的壽衣也鑲滿了珍珠，有大珍珠四百二十顆，中珍珠一千顆，小珍珠一千五百顆，頭部鳳冠上的珍珠最大，有四兩重，脖子上纏繞有三串朝珠，嘴裡咬著一顆價值連城的夜明珠，手裡緊緊握著雞蛋大的珍珠，兩手邊上還放著八匹玉雕駿馬，十八尊玉羅漢，還有一座由白玉雕成的九級玲瓏寶塔，棺材裡的縫隙全部由珍珠填滿，是個十足的珍珠控！

當然，這些珍珠也只是慈禧太后墓裡面的九牛一毛。

據估計，慈禧埋在墓中的寶貝在當時的價值高達億兩白銀（當時清政府的年財政收入才五千萬兩），慈禧的禍國殃民，由此可見一斑。

孫殿英把慈禧陵墓裡的寶貝席捲一空，為了取慈禧嘴裡的夜明珠，士兵用刀割裂尚連在一起的牙骨，為了取慈禧衣服上的珍珠，士兵們甚至把慈禧的屍體從棺材裡拽了出來，把衣服扒去，最後只剩下一條襪子和一條內褲。

慈禧陵寢被盜案發後，溥儀派載澤、耆齡、寶熙等人到東陵對慈禧的遺體進行了重新安葬。載澤等人鑽進地宮，見慈禧遺體趴在棺蓋上，已曝屍四十多天，遺體上出現了許多斑點，長滿了白毛。

竭天下民脂民膏以奉一人之快活，大清不亡，就沒有天理了。

## 清末女英雄抗擊八國聯軍

人們習慣以1492年哥倫布發現新大陸為時間軸，將十五世紀末到十六世紀初這段時間稱為大航海時代。

大航海時代是人類文明進程中最重要的歷史之一，世界各地的經濟、文化、政治出現了各種激烈的碰撞和交流。

可惜的是，我國長期實行「閉關鎖國」政策，對外面世界的劇變茫然不知。直到1840年，鴉片戰爭爆發，國門被英國人用堅船利炮轟開，國人才驀然驚覺，天朝上國的優越感已經蕩然無存，我國經濟和科技已落後西方列強太多。

也就是從這一年開始，我國一步步淪落成了半殖民地半封建社會——清朝統治者連續不斷地和列強簽訂一系列喪權辱國的不平等條約，直至滅亡。

在洋人橫行的歲月裡，民眾激憤於清政府的懦弱無能，爆發了義和團運動。

義和團創始人名叫朱紅燈（原名朱逢明），山東泗水縣柘溝鎮人，1898年因避水災逃荒到長清縣大李莊（今德州齊河縣大李莊），在長清縣（今濟南市長清區）一帶設場練拳，提出了「興清滅洋」、「拿洋教、保江山」的口號。

義和團運動興起迅猛，公開進行反洋教鬥爭，發展蓬勃，很快就席捲了北中國各地。

義和團是男人的事業，女人也要「興清滅洋」，怎麼辦？

朱紅燈的意見是：「先學義和拳，後學紅燈照，殺了洋鬼子，再燒天主教」，提倡婦女成立紅燈照。

義和團於1900年春夏之交進入天津，紅燈照隨之出現。

《拳亂紀聞》記：「聞現在津郡城廂內外，時有幼童練義和拳，又有幼女演練紅燈照。此種陋風河東一帶為尤甚，小營門內外亦有之，以致謠言四起。」

加入紅燈照的婦女都穿上紅褲子、紅襖、紅布裹腳，右手提紅燈，左手持紅摺扇，年長的頭梳高髻，年輕的綰成雙丫髻。

津門紅燈照的大師姐被稱為「黃蓮聖母」，傳說功法出神入化。凡加入紅燈照的婦女，只要跟著她在靜室習拳，幾天工夫，就能得道術成。而一旦術成，持了紅摺扇徐徐扇動，自身就能升高登天，在空中自由飛翔。彼時，右手的紅燈投擲到哪，哪就是一片烈焰火海。

民間對於紅燈照的傳說，就是這樣神乎其神。

《天津一月記》這樣描繪練習紅燈照女子行蹤：「父母不能禁，常夜半啟門，不知所往，有數日始返，有一去不復返。其返者，詢何往，則曰至外洋焚洋樓也。」

不難看出，參加紅燈照者人數眾多，這些人常選擇在夜間活動，練習飛行（類似於現在的跑酷運動）和縱火術一類的武功，反教滅洋。

和義和團一樣，紅燈照也宣稱擁有刀槍不入、靈魂出竅的法術，百姓被蠱惑得暈暈乎乎，難辨真假。

很多人認為，紅燈照首領「黃蓮聖母」不是凡胎肉身，而是降落凡間替苦難民眾驅妖除魔的仙女。

關於黃蓮聖母的事蹟，史料記載大致有：

一、《義和團在天津城鄉的反帝戰鬥》提到，黃蓮聖母參加了義和團，清軍在老龍頭火車站和紫竹林租界發起的戰鬥，黃蓮聖母本人率領紅燈照在戰鬥中做後勤補給和給傷患治病療傷。

二、《天津拳匪變亂紀事》記，黃蓮聖母率領紅燈照女兒頭披紅巾，身著紅衣，腳穿紅鞋，手持紅扇，紅燈「踩城」（即上街遊行），云：「每在街上行走，有二三十個男子相隨，皆持洋槍，其妹三仙姑行走時，亦有二十餘歲之男子數人跟隨，傳諭人等，皆須閉目不可看，於是皆敬之為神，焚香跪接焉。」、「踩城」活動，大致每十天一次，黃蓮聖母領徒眾邊走邊舞，呼喊諸如「婦女不梳頭，砍去洋人頭；婦女不裹腳，殺盡洋人笑呵呵」之類的口號。

三、《天津拳匪變亂紀事》還記載了黃蓮聖母為拳民治病療傷和發放避彈符水的事蹟。義和團有受槍傷的團民大都抬往黃蓮聖母處求治，「其治法用香灰塗抹傷處，謂能止痛收口，故受槍傷者多抬往求治；不效，則曰此人平生有過處，神仙不佑，故不能好耳」。

四、《天津一月記》記，直隸總督裕祿對義和團畢恭畢敬，曾恭請黃蓮聖母到督署，求其保護，並專門製作了黃旗兩桿，大書「黃蓮聖母」四字，還給黃蓮聖母提供了不少軍械糧草。

五、《津西文史資料選編》記，黃蓮聖母曾戲弄李鴻章兒子李經述。1900年6月下旬，天津城告急，時為四品京堂的李經述為保家中財產不失，把貴重物品打包放船上，準備運回合肥老家。黃蓮聖母帶領紅燈照將之截住。《拳匪聞見錄》還記錄有其中細節：紅燈照命其「赤足著靴隨去，到聖母舟中，呼之跪，即挺然遽跪，跪刻許方揮之使去」。

黃蓮聖母的事蹟就這樣東一麟、西一爪，猶如神龍在雲霧裡，首尾不現。

黃蓮聖母的真實身分由此成謎。

當時，比較流行如下幾種說法：

一、「看香頭的巫婆」；二、「土娼，略有姿色，而悍潑多智巧」；三、「船家女」；四、善「繩技」的賣藝人；五、「幼習拳棒」的女拳師，「善劇藝，曾挾技走江湖，在上海奏技。其父以犯洋人之禁，曾被逮入捕房，聖母以是恨洋人入骨」。

現在，經過天津一批史學研究者到民間進行調查、挖掘，總算弄清楚了黃蓮聖母的真面目。

黃蓮聖母，本姓林，名黑兒，幼時隨父跑江湖賣藝，稍長，嫁與李姓船戶之子，靠捕魚運貨謀生，生活貧苦。

1900年，林黑兒父觸犯洋教，遭人毒打，傷重身死。林黑兒聽說義團坎字團首領張德成在天津城內外大弄，遂加入其中，在其支援下組織紅燈照，在靜海獨流鎮設立壇口，做大師姐。不久，又想在楊柳青設立壇口，遭當地地主石元士反對，未成。

張德成想了個法子，建議林黑兒在進入天津城之前以「黃蓮聖母」之名行事。

於是，在6月的某一天，林黑兒率眾從楊柳青乘舟去天津，途中，裝神弄鬼，詭稱「黃蓮聖母」下凡，哄傳一時。到了天津，林黑兒將船停在北門外，用紅綢將船圍嚴，船的桅杆上升起書有「黃蓮聖母」四個大字的紅色大旗，威風凜凜，使得成千上萬看熱鬧的人不由自主地在運河兩岸向船焚香跪拜。

林黑兒上岸後，直隸總督裕祿用八抬大轎把她迎接到督署，尊崇有加。

《拳變餘聞》記，裕祿穿朝服向林黑兒跪拜，問：「天津的前途如何？」林黑兒答：「不打緊！」裕祿因此為她制黃旗兩杆，大書「黃蓮聖母」，派樂隊吹吹打打，送到侯家堠某神堂。隨後，林黑兒在侯家堠歸賈胡同北邊的南運河上設壇授徒，人數達二三千人之多。每當舉行儀式，她就「坐神櫥中，垂黃幔，香燭清供，萬眾禮拜」，風靡一時。

關於天津陷落後林黑兒的最終去向，也存在多種說法。

《拳變餘聞》的說法是：為八國聯軍俘獲，「屢於都署訽鞫，無甚要領，遂載往歐美各洲，以為玩物云」。

《天津文史資料選輯》卻說「黃蓮聖母與三仙姑被人縛送都統衙門，正法完案」。

民間還流傳有林黑兒被八國聯軍俘獲處斬後製成標本運往歐洲展覽的傳聞。

但大多數資料是說她在天津陷落後不知所終。

不過，從英國人霍布斯邦、蘭傑所著《傳統的發明》（顧杭等譯）及法國人畢耶爾・洛諦所寫《撕裂北京那一年》（允若譯）的記載來看，《拳變餘聞》的說法是正確的，即林黑兒為八國聯軍俘獲，並未殺害，而是當成玩物，運往了歐美各洲。

畢耶爾・洛諦還詳細描述了自己「參謁」被八國聯軍俘虜了的「黃蓮聖母」的過程：「房間裡邊已浮著暮色了。在一些淩亂物事中，一雙淒然默坐的少女便顯了出來。她們真是一雙形容相若的姐妹，一個坐在椅子裡，一個坐在床沿上，看著有人來，便覺驚愕不勝地垂下頭來。她們都穿著樸素的黑衣，但散亂在地上的卻有鮮美的綾羅、繡著金紋的法袍。這些，都是當初她們征戰之日，在槍彈迅飛的嘯聲中披著步上前敵的女戰士的裝飾品呀……她們真的是曾經給人當作菩薩樣地瞻拜著的女兒。炮聲震天的時候，有她們來念動真言，跑向炮火濃處，後面的兵士便會跟著衝殺上來。

就以這些本事，她們便成為一群不可思議的義和團的女性仙子——說起這個殘忍而又值得驚異的宗教運動，這真是全中國患的一次最大的歇斯底里症。這些人今天可以是毫無抵抗地驚恐狂逃，可明天他們又可以拋掉白刃，在彈雨中冒著死向十倍的敵軍衝殺上來，真使一切外國人恨也不是，怕也不是。現在，做了階下的俘囚，昔日的女神便成了聯軍的玩物了，並且是一種珍奇的玩品。」

看，這就是林黑兒，這就是「黃蓮聖母」，「她們真的是曾經給人當作菩薩樣地瞻拜著的女兒」，「今天可以是毫無抵抗地驚恐狂逃，可明天他們又可以拋掉白刃，在彈雨中冒著死向十倍的敵軍衝殺上來」！即使被俘受辱，仍然鎮定從容。

一代狂聖章太炎因此把「黃蓮聖母」納入「倡義起兵功烈卓著者」之列，並稱：「法蘭西之革命，亦擁女優為自由神，與義和團之『黃蓮聖母』何異者？」

二十世紀八十年代，天津市人民政府將「紅燈照黃蓮聖母停船場」遺址列為市級重點文物保護單位，並於1994年8月在停船場設立「紅燈照黃蓮聖母停船場」紀念碑，作為愛國主義教育基地。

## 龔自珍後人是否引導英法聯軍火燒圓明園

說起龔自珍，就算對其人、其事知之不多，也必定聽說過他的名字。因為他有一首詩，出現在中小學語文課本裡，詩名叫《己亥雜詩》，云：

九州生氣恃風雷，
萬馬齊喑究可哀。
我勸天公重抖擻，
不拘一格降人才。

必須說明的是，《己亥雜詩》並非這首詩的題目，而是創作於「己亥」年一組「雜詩」，共三百五十首，集結成冊，冊名就叫《己亥雜詩》。

龔自珍還有一篇雜文，叫《病梅館記》，被收入高中語文教材。所以，作為接受過中小學教育的人，沒理由不知道龔自珍的名字。

俗話說，唯大英雄能本色，是名士自風流。

龔自珍絕對稱得上風流名士，有才華，有學識，還富於自己獨立的思想，稱得上晚清詩人、文學家、思想家和改良主義的先驅者。

柳亞子對龔自珍傾倒服絕，譽之為「三百年來第一流」人物。

龔自珍的死法也非常離奇，傳說他是跟親王奕繪的小老婆顧春私通，被奕繪之子毒死，史稱丁香花疑案；又有說他是死於權貴穆彰阿之手；還有說被青樓女子靈簫和小雲毒死。晚清小說《孽海花》乾脆以龔自珍兒子的口吻說，他被宗人府的同事，用毒酒毒死了。

其實，真講究起來，龔自珍的兒子也算得上一代名士的，只是太狂太傲，不把士林眾生放在目中，遭到了大家的摒棄和抑制，名聲不揚。

龔自珍的兒子名叫龔橙，龔自珍對他期望殷切，在《己亥雜詩》中專門有四首是指導其學習做人處世的詩，其中一首詩諄諄叮囑其：「多識前言蓄其德，莫拋心力貿才名。」

龔橙在治學上不負乃父教導，如其父一樣通經研史，還治小學，精校勘，治金石碑刻，精通域外語文，相容並包，學問相當廣博淵深，頗受咸同學人郭嵩燾、趙烈文、譚獻、王韜等人的推崇。但他很狂，無心考取功名，也看不起那些滿嘴標榜忠君愛國的士大夫。大家嘴裡一致讚頌的社會名流和賢達，到了他的眼裡就全是男盜女娼。

著名學者王韜算是龔橙的好友，在《淞濱瑣話・龔蔣兩君軼事》一文中記：「居恒好漫（謾）罵人，輕世肆志，白眼視時流，少所許可。世人亦畏而惡之，目為怪物，不喜與之見，往往避道行。」

老實說，龔橙狂起來，那是連他自己的父親也不放在眼裡的。

他常常拿出父親的文稿率意塗改，嘴裡念念有詞：「這寫的都什麼破玩意兒，丟人丟到家了！」罵得狠了，還拿起棍子，邊塗改邊敲打父親的牌位，說：「看你是我親爹的份上，幫你修改，免得貽笑後世。」

父親是蓋世名士，龔橙都這麼看不起，家裡的其他人，就更加沒有好臉色了。

龔橙和妻子陳氏生活多年，厭煩起來，立馬分居，就連兒子龔寶（字去疾）也不願見，對於一奶同胞的弟弟龔家英（字念匏），更是形同路人。

中國人歷來講究五倫，即君臣、父子、夫妻、兄弟、朋友五倫。

龔橙不肯承認自己的世界裡存在有君臣、父子、兄弟、朋友以及夫妻——龔橙不愛原配妻子，卻對一個小妾視若珍寶，最終同意自己的五倫雖然已經丟了四倫半，但還剩下小妾所占的半倫，於是自號「半倫」（《清稗類鈔．姓名類》）。必須補充的是，這個小妾其實也不是東西，她看到龔橙晚年窮困潦倒，就和人私奔了，讓龔橙連「半倫」也沒撈到。

龔自珍在世時，在京師任職，龔橙自小即過著錦衣玉食的生活。

龔橙晚年曾不無自豪地回憶說：「曩在京師，非客不樂，廚人皆精選絕者，故龔家食品無不豔絕墨林。」

龔橙精通域外語文，跑去給英國人威妥瑪做祕書，得到威妥瑪的高度賞識，拿高薪，出入有洋車接送，護衛跟從，前呼後擁，很是風光過一陣子。

曾國藩任兩江總督，愛惜龔橙的才華，想提拔提拔他，設盛宴款待，用言語試探。龔橙眼高過頂，大言不慚地說：「以您的能力，至多也不過給我個監司當當。我龔橙豈是一個甘願位居您之下的人？今晚嘛，只談風月，別用小官小職這種話來汙了我耳朵。」

但是，三十年河東，三十年河西。

狂狷半生的龔橙晚年很落魄，自從威妥瑪對他不感冒了，生活就失去了著落，靠典賣家裡的書畫古玩藏品度日。

士林界也趁機落井下石，把一頂「大漢奸」的帽子蓋到他的頭上。

蓋這頂帽子的始作俑者，就是前文提到的小說《孽海花》。說1860年，英法聯軍侵入中國，龔橙隨英軍北上，到了北京，將辮髮盤到頭頂，戴洋人帽，穿白色西裝，出入洋兵營盤，狐假虎威，好不得意。隨後，領英國軍隊入圓明園，自己搶先一步單騎直入，取珍寶重器以歸，大發橫財。號稱「萬園之園」的圓明園隨後被英法聯軍洗劫一空，付之一炬，成了如今的斷井頹垣。後來，龔橙還代表英吉利和清政府談判，對代表清政府的恭親王百般刁難。恭親王很不舒服，責備他說：你們龔家世受國恩，為什麼為虎作倀？龔半倫回敬道：我父親才華橫溢卻不能入翰林；我本人更是窮困潦倒，不得不到外國人手裡討生活，我家什麼時候受過國恩？一句話，噎得恭親王喘不過氣來。

這一則故事，並不見於正史，純屬小說家語。

但龔橙平日太招人恨了，而且，他的確是做過英國人威妥瑪的祕書，替英國人做事，趾高氣揚，不可一世，於是各種野史筆記小說蜂起爭相記載此事，包括《清朝野史大觀》、《圓明園殘毀考》、《新世說》、《南亭筆記》，等等。

其中《新世說》的記載確鑿無疑、不容置辯，云：「庚申之役，英以師船入都，焚圓明園，半倫實同往，單騎先入，取金玉重器以歸，坐是益為人詬病。」

所謂「三人成虎」，龔橙引英法聯軍燒圓明園之事很快就成了「鐵案」。

不過，還是有些明白人的，他們秉公持正，替龔橙做過辯護。其中辯誣最多的是龔橙最要好的朋友趙烈文。但趙烈文既是龔橙最要好的朋友，世人多不願採信其說。

此外，孫靜庵在《棲霞閣野乘》一書和蔡申之在《圓明園之回憶》一文中也都公開為龔橙做過辯護，但影響力有限。

最終還是梁啟超在《飲冰室文集》之四十四（下）跋《龔孝拱書橫額》中說了句公道話：「孝拱為定庵子，圓明園之役，有間諜嫌疑，久為士林唾罵。或曰並無其事，孝拱嘗學英語，以此蒙謗耳。」

王闓運在《圓明園詞》中也同意梁啟超的說法，分析龔橙背此黑鍋的原因有二：一是龔橙不僅給英國人做過祕書，而且「英師船闖入天津，孝拱實同往焉」；二是龔橙不檢細行，放蕩不羈，不僅言語驚世駭俗，而且行為特別怪異，既讓人看不慣，又得罪了許多人。

現在回頭看此事，一則當年侵略者的回憶錄中完全沒有提及此事。二則清廷留京大臣如恭親王奕訢以及文祥、寶鋆等人上給咸豐帝的奏摺中，也未說到此事。三則當時留京官僚的日記中，如翁同龢的《翁文恭公日記》、李慈銘的《越縵堂日記》等，雖都詳細記載了北京城裡對火燒圓明園的種種傳聞，卻未提及龔橙引洋兵入園之事。日記只是記錄自己的日常見聞，不用對任何事負任何責任，那是有聞必錄，日記中沒有，即龔橙引導外國人焚園之事，純屬子虛烏有，屬小說家語。

國家圖書館出版品預行編目資料

熬通宵也要讀完的大清史 / 覃仕勇著. -- 初版.
-- 臺北市 : 臺灣東販股份有限公司, 2021.10
308面 ; 14.7×21公分
ISBN 978-626-304-849-2（平裝）.

1.清史 2.通俗史話

627.09 110014380

熬通宵也要讀完的
# 大清史

2021年10月1日初版第一刷發行

著　　者　覃仕勇
主　　編　陳其衍
美術編輯　黃郁琇
發 行 人　南部裕
發 行 所　台灣東販股份有限公司
<地址>台北市南京東路4段130號2F-1
<電話>(02)2577-8878
<傳真>(02)2577-8896
<網址>http://www.tohan.com.tw
郵撥帳號　1405049-4
法律顧問　蕭雄淋律師
總 經 銷　聯合發行股份有限公司
<電話>(02)2917-8022



TOHAN